北京高等学校"青年英才计划"(编号 YETP0784)

经典格赖斯语用学研究：
一个整体视角

姚晓东　著

图书在版编目(CIP)数据

经典格赖斯语用学研究:一个整体视角/姚晓东著. —北京:北京大学出版社,2014.10
(语言学论丛)
ISBN 978-7-301-24941-3

Ⅰ.①经… Ⅱ.①姚… Ⅲ.①语用学—研究 Ⅳ.①H03

中国版本图书馆 CIP 数据核字(2014)第 231167 号

书　　名:	经典格赖斯语用学研究:一个整体视角
著作责任者:	姚晓东　著
责 任 编 辑:	郝妮娜
标 准 书 号:	ISBN 978-7-301-24941-3/H·3594
出 版 发 行:	北京大学出版社
地　　　址:	北京市海淀区成府路 205 号　100871
网　　　址:	http://www.pup.cn　新浪官方微博:@北京大学出版社
电 子 信 箱:	bdhnn2011@126.com
电　　　话:	邮购部 62752015　发行部 62750672　编辑部 62759634
	出版部 62754962
印 　刷 　者:	三河市博文印刷有限公司
经 　销 　者:	新华书店
	650 毫米×980 毫米　16 开本　17 印张　260 千字
	2014 年 10 月第 1 版　2014 年 10 月第 1 次印刷
定　　价:	46.00 元

未经许可,不得以任何方式复制或抄袭本书之部分或全部内容。
版权所有,侵权必究
举报电话:010—62752024　电子信箱:fd@pup.pku.edu.cn

献给我的父亲

序 一

姜望琪

姚晓东博士的《经典格赖斯语用学研究：一个整体视角》是在他博士论文基础上修订而成的，值此正式出版之际，特向他表示祝贺。

晓东博士给我印象最深的是其执著精神。学习期间，他对格赖斯的经典理论表现出极大的兴趣，多方搜集格赖斯的著述。在美国访学时，他只顾忙着利用各种机会寻找格赖斯的手稿等国内很难看到的资料，连旅游景点都没有顾得上去。晓东博士可能是目前国内拥有格赖斯资料最多的学者。

这让我很高兴。我始终主张，学习国外的理论一定要读原著，不能只靠二手的转述。任何转述都有可能误解原意，都不可靠。

但是，当他告诉我要把全面研究格赖斯作为博士论文题目时，我又有点担心。格赖斯是哲学家，晓东有能力把握吗？研究哲学，就像搞音乐、美术一样，是要有天赋的。这时又是晓东的执著发挥了作用。他坚持不懈地阅读、思考、写作，拿出了文献综述，我看了很满意，论文题目定了下来。

晓东的论文围绕格赖斯理论的三个核心概念——合作、理性与价值展开。他探讨了在这三个问题上，格赖斯与其他众多学者的各种观点，并提出了自己的看法。全面、深入、充满新意，具有极高的学术价值。

例如，格赖斯的"合作"到底怎么理解？合作原则是规定性的还是描写性的？跟其准则又是什么关系？抽象关系还是具体关系？抑或主要与次要关系？语用学界众说纷纭。晓东追溯了合作原则的缘起，指明了"合作"与"理性"的内在关系。他强调，合作概念具有层次性。他认为，格赖斯不仅要求在语言层面的合作，更呼唤在社会层面的合作。在晓东看来，合作是行动原则，是行为主体在价值判断基础上的理性行动，是其内在的驱动和要求。晓东还应用实例分析了"不合作"的规律性，指出了不合作的代价，说明了合作的必要性与价值所在。

关于理性、价值，晓东也有很多精辟的论述。他看重论证理性、评介理性、实质理性，而不是像有些人那样只讲工具理性。很多学者讨论过合作与理性的关系，有的甚至主张用理性原则来代替合作原则。晓东却认为问题并不是这么简单的，合作、理性、价值这三者是互相依赖，互为因果的关系。格赖斯的客观价值思想决定了他的评价理性和实质理性诉求，而他的理性观又指引着会话合作。合作是理性主体判断和评估的结果，同时，意向的产生、会话含义的推导又反过来需要论证理性和价值判断的参与。合作是实现交际目标的最佳途径和方法，符合会话双方的兴趣和利益。从长远来看，合作对人类整体繁荣有益，是一种禀性，人们应该根据实践理性的指引而合作。能否实现目的、完成使命是判断一个人的标准，评价和理性密不可分。推理又是一个价值导向概念。因此，合作举动与理性及达到至善的境地紧密相连，与人的自我评价和相互评价紧密相连。

晓东的这些认识不一定都准确，他的观点不一定人人都同意。但是，他的探索是认真的、有效的、有益的，这一点我想没有人会不同意。

我们祝贺姚晓东博士的专著出版，我们更期待这部著作能对中国的语用学研究有所贡献，中国的语用学研究能更加健康地发展。

2014 年 3 月于燕北园

序 二

史宝辉

晓东的博士论文经过修改即将付梓,嘱我为之写序。想起他的漫漫求学之路,甚为感慨。

我是他本科阶段的老师,也是他博士论文答辩会的答辩委员,算是"有始有终"地陪伴着他走完求学的道路。他能够在北京大学英语系姜望琪老师的指导下高水平完成他的博士论文,其中既有老师的一份心血,也有他数年来孜孜以求的努力。我清楚地记得,当时答辩结束后,答辩委员进行评议的时候,委员会主席向明友老师感叹地说:"有十来年没看到这么好的博士论文了。"此时,我为我多年前的学生感到骄傲,也为我在他遇到困惑时给予他的鼓励终于有了结果而感到欣慰。

晓东博士毕业后成了我的同事,这几年他在教学的同时,并没有停止对学问的探求,连续发表了《语用学理论构筑中的理性思想及其反拨效应》《Grice 合作概念的层次性再思考》《Grice 意义理论中的意向与规约》《Kasher 对合作原则的修订:反叛还是拯救?》《〈手机〉中的称谓语与身份建构》《解构与重构》《话语分析的整体路径》《合作:在原则与准则之间》等有分量的论文,并于 2013 年获得了北京市高校青年英才计划资助项目。

晓东的这本书是对经典格赖斯语用学的研究。众所周知,格赖斯(H. P. Grice, 1913—1988)是语用学的一个核心人物,和 John Austin, John Searle 一起并称语用学形成阶段的三位大师。他们都曾在牛津大学供职,都是哲学家,因此在语用学初形成的过程中就带有浓重的语言哲学色彩。凡是学过语言学的,都会对格赖斯的合作原则记忆犹新。合作原则对后来语用学的发展影响最大,像 Sperber & Wilson 的关联理论、Horn 的 Q-/R-原则、Levinson 的 Q-/I-/M-三原则等,都脱胎于格赖斯的合作原则,常常被打上"后格赖斯(Post-Gricean)理论"的标签,对语用学的研究也就离不开对格赖斯理论的了解。

然而,我们对格赖斯理论的认识并不够清晰,因此当晓东确定这个研究课题时,我是隐隐地有些忧虑的。一是担心这一论题不够"时髦",有了成果难于发表,二是担心他是否能够最终完成这一论题,因为这里面涉及很深奥的哲学问题。

也许是我的担心给这位"夫子"形成了心理压力,而他认准了的事就一定要做好。为此,他远赴美国一年做研究、查资料、与人交流。这一年他是怎么过来的我不知道,但他对我说的一句话让我感同身受:"当我登上回国的飞机时,我突然意识到,我也算是来过美国了……"。

语用学不是我的强项,对本书的内容相信望琪老师的序中会有比较深入的评价,我就不过多说。但我相信,本书的出版,会使我们对格赖斯理论形成的背景、思维的方法以及展示出的语言哲学思想有更为深刻的认识。

是为序。

2014 年 4 月 7 日于家中

自 序

本书的雏形来自作者 2010 年北京大学英语系的博士论文，几经修正才呈现出目前的样子。研究的初衷得益于作者对当今语用学界研究取向与现状的反思。经典格赖斯语用学问世之日起，半个世纪过去了，对于语用学领域应当成为常言的理论与认识，依然言人人殊，莫衷一是，尤其是对合作原则误解重重，这不是语用学研究者想要看到的现象。语言学界只关注经典格赖斯会话理论，语言哲学界则对意义分析模式情有独钟。格赖斯语用学和语义学思想的接受程度不同。这种老死不相往来的局面不利于整体把握经典格赖斯的语用学思想，也无益于探寻他的意义理论、理性哲学观和绝对价值论之间的关联纽带。正是在这样的驱动之下，我们产生了在整体图景下把握会话理论，进而重新定性合作原则的尝试。

我们对合作原则的解读可能语用学界不一定赞同，整体把握与揭示 Grice 深层哲学关怀的研究思路也不一定能得到大家的完全认可，但这不要紧。本书的目的就是抛砖引玉，对一些语用学界的常言问题进行反思，以期引起大家讨论，使我们对语言使用的理解逐步逼近语言事实。正如书中我们对 Kasher 试图用理性化原则和有效方式原则取代合作原则的努力一样，本书也是朝着深入挖掘合作原则背后的深层动因这一方向的尝试，这一研究取向尽管不一定成功，但至少能引起一些讨论，超越语言现象表层，把研究引向深入。

需要指出的是，本书的部分章节曾以论文的形式在一些刊物上发表。第三章关于 Kasher 对合作原则的批评曾在《外语学刊》2012 年第 2 期发表，第五章中关于合作层次性再思考，部分内容见于《北京航空航天大学学报》(哲社版)2012 年第 4 期；第二章关于格赖斯意义理论中的意向与规约问题,读者可以在《外语与外语教学》2012年第3期看到部分印记;第五章关于格赖斯含义理论的伦理学基础的讨论,《语言学研究》第11辑中有所呈现,而关于合作原则与会话准则之间关系的讨论,则在《语言学研究》第15辑发表;另外,对于经典格赖斯语用学中的理性观的讨论,读者也可以在《现代外语》2012年第4期发现部分论述。在此一并感谢。

我们的初衷是,在原原本本呈现经典格赖斯语用学思想的同时,尽量挖掘合作原则与意向意义理论背后的深层关注与诉求,在Grice哲学思想的整体图景中定位其经典语用学;在尽可能多的文献材料支撑下,揭示格赖斯本真意思,而非语用学界所解读或认定的格赖斯语用学。在这一点上,和Attardo(2006)一样,我们不赞同Chapman(2005)对Grice的定位,不能把他定义为语言学家,所以对他语用思想的定位最好要超越语言学范围,在更广阔的视域中理解经典格赖斯语用学。

风雨四载,历经艰辛,论文终于草就。回望几年来的路,快乐与凄苦,五味杂陈,我感怀于自己的那份执著了。我一直被师长、家人和朋友感动着,也被自己感动。要感谢的人很多。在北大读书期间,导师姜望琪教授对我的指导和信任让我感动,他的严谨低调是我一生都要学习的。在成稿与修订过程中,大至布局谋篇,小到遣词造句、标点符号,无不浸润着恩师的心血和劳苦。在美学习期间,导师Salvatore Attardo对论文的框架提出了宝贵建议,还给我提供学校的最高奖学金。胡壮麟教授的点拨让我醍醐灌顶,高一虹教授、钱军教授的呵护与指教让我如沐春风。另外我的硕士生导师戴卫平教授引领我进入学术殿堂,多年来对我关心有加,史宝辉教授的鞭策和期望不断推动我前行,我会铭记在心。

写作过程中,国内外一些学者给予我莫大的帮助,给我惠寄文章,答疑解惑,提供不同形式的点拨和指导,在这里一并表达谢意。他们是John Searle, Laurence Horn, Jenny Thomas, Wayne Davis, Siobhan Chapman, Jeniffer Saul, Robert Thompson, Michael Haugh, Ann Greenall,Judith Baker,陈融教授、冯光武教授、林允清教授、向明友教授、钱冠连教授、周流溪教授。我感谢他们的优雅与慷慨。不得不提的是,加州大学伯克利分校图书馆档案管理员David Farrell与Texas A & M University图书馆馆际互借处的Jake,我对他们不厌其烦的帮助表示诚挚的谢意。文中的谬误,万望读者批评指正。

目 录

第一章 前 言 ·· 1
  1.1 研究背景 ·· 1
  1.2 研究根由与目的 ·· 3
  1.3 研究问题与方法 ·· 5
  1.4 全书结构 ·· 8

第二章 Grice 的意义分析模式 ··· 10
  2.1 Grice 意义分析模式的缘起 ·· 10
    2.1.1 Grice 对日常用法的坚守 ································· 11
    2.1.2 Grice 对意义使用论的反动 ······························ 17
  2.2 Grice 语用学与意向意义理论 ···································· 23
    2.2.1 会话含义理论 ·· 26
    2.2.2 意向意义理论 ·· 27
    2.2.3 意向意义论面临的困境 ··································· 29
  2.3 意义分析背后的深层假设 ··· 35
    2.3.1 理性主体假设 ·· 35
    2.3.2 合作假设的提出及其争议 ······························· 37
  2.4 Grice 意义分析的三个标签 ······································· 56
    2.4.1 意向论 ··· 57
    2.4.2 还原论 ··· 61
    2.4.3 理想主义 ·· 63
  2.5 小结 ·· 67

第三章 Grice 的意义理论与理性原则 ································ 70
3.1 Kasher 的理性原则：拯救还是破坏？ ···························· 72
3.1.1 Kasher 的理性观及其根源 ··································· 73
3.1.2 合作原则与理性化原则之比较 ······························· 74
3.2 Grice 的理性观 ··· 78
3.2.1 工具理性 ·· 82
3.2.2 论证理性 ·· 83
3.2.3 实质理性 ·· 88
3.2.4 关于非理性 ·· 93
3.3 Grice 的善意原则 ··· 97
3.4 实践必要性 ·· 102
3.5 理性与意义的推导 ··· 105
3.5.1 理性与明说 ·· 106
3.5.2 理性、暗含与意向 ··· 108
3.6 小结 ··· 110

第四章 价值理论与意义分析 ··· 112
4.1 Grice 的绝对价值思想 ·· 114
4.1.1 主观价值与客观价值 ······································· 115
4.1.2 绝对价值的必要性 ··· 119
4.1.3 绝对价值论面临的困境 ····································· 122
4.2 生物体建构 ·· 123
4.2.1 形而上学质变 ·· 125
4.2.2 休谟投射 ·· 130
4.2.3 小结 ··· 133
4.3 另一个视角：自由、行动与身份 ································ 135
4.4 目的论与幸福：作为调整性的评价概念 ························· 140
4.4.1 目的论 ··· 142
4.4.2 幸福概念 ·· 144
4.5 价值与意义 ·· 150
4.6 Grice 三角：合作、理性与价值 ································· 153

  4.6.1 合作与理性 ………………………………… 156
  4.6.2 合作与价值 ………………………………… 160
  4.6.3 理性与价值 ………………………………… 161
 4.7 小结 ……………………………………………… 163

第五章 Grice 意义思想的深层动因 ……………………… 164
 5.1 Grice 意义分析背后的深层关怀 ………………… 164
 5.2 再论合作原则 …………………………………… 167
  5.2.1 合作的普遍性 ……………………………… 168
  5.2.2 合作的层次 ………………………………… 169
  5.2.3 合作:规定、描写还是其他? ……………… 184
 5.3 Grice 意义理论的伦理学基础 …………………… 192
  5.3.1 争议:合作背后有无伦理性 ……………… 192
  5.3.2 意义理论背后的伦理性体现 ……………… 198
  5.3.3 合作的原则地位 …………………………… 205
 5.4 实例分析 ………………………………………… 207
 5.5 小结 ……………………………………………… 217

第六章 问题、思考与展望 ………………………………… 220
 6.1 传承与修正 ……………………………………… 220
 6.2 启发与反思 ……………………………………… 225
 6.3 问题与展望 ……………………………………… 233

参考文献 ……………………………………………………… 235

第一章 前 言

1.1 研究背景

Herbert Paul Grice(1913—1988)是英国牛津学派重要的日常语言哲学家,早年任职于牛津大学,1967 年移居美国,在加州大学伯克利分校哲学系任教。1979 年他退而不休,继续授课,随后在西雅图的华盛顿大学讲授课程,1988 年 8 月 28 日在旧金山去世。他在语言学界最具影响力的理论就是意义分析。这一理论的提出有其深厚的哲学背景,是为了应对当时语言哲学内部的一些纷争①。这在他的 William James 演讲前言中有概述。他对意义的研究采用了概念分析法(conceptual analysis, Grice 1989:173—174)。Strawson(1992:19)认为,更合适的说法不是"分析",而是"阐释"(elucidation):日常概念不是用封闭的基本概念集合重构的,而是靠日常语词阐释的。这种做法的好处就是使得循环分析不再成为问题,因为对一个概念的分析是阐释,即使最后援引的概念还要由被解释的初始概念来定义,也不构成致命伤。

Grice 在分析哲学学派内部的地位很微妙。Lüthi(2003:259)认为会话含义理论的提出首先要归因于分析哲学内部两大阵营之间的对立:以 Frege,Russell,早期 Wittgenstein 和 Carnap 领军的维也纳学派为代表的形式语义学和逻辑实证主义学派,和以后期 Wittgenstein,Moore,Ryle,Austin,Grice,Strawson,Hampshire,Urmson,Warnock 为代表的日常语

---

① 限于篇幅,也因于学识与精力,作者并未对哲学、语言学史上有关意义的讨论做出整体追溯与描画,而是聚焦于 Grice 所处时代的意义观,把更多的注意力放在了 Grice 意义思想的缘起及其反拨效应上。

言学派(Rorty 1967;Grice 1989:377)。前者以科学语言为研究对象(哲学为自然科学的陈述提供准确意义,成为数理和经验科学的补充,见Grice 1986a:52),力主建立理想的人工语言,以求论证的准确统一;后者则以日常语言为目标(关注普通人对世界的感知和认识),坚持日常语言不仅可以成为哲学研究的对象,且同样精准,可以作为哲学分析的介质。正如Grice所宣称的那样,在日常派内部也绝非铁板一块,大家只是接受一个共同的方向,都承认日常语言对哲学研究的重要作用,而在具体主张上从来没有统一的看法(Chapman 2005:34;Grice 1986a:50;Grice 1989:171)。从某种意义上说,Grice在日常学派内部算是一个异类或者说"叛逆者"①。从履历上看他是铁杆的日常学派成员,大家(包括他本人)都认为他是牛津日常学派的典型代表之一②。不过他的概念分析法决非日常语言学派所谓正统或者传统意义上的语言分析。Grice对Austin过于琐碎的分析颇有微词,认为他过于注重细节而忽略了理论建构。他时而还对Russell等人的形式化分析方法表现出一定的兴趣(1989:374),在解释会话意义时采用形式化手法,对古典逻辑念念不忘③。Cosenza(2001a:11)认为Grice和Davidson一样,超越了形式派和日常派的对立,即所谓的荷马斗争(Homeric struggle),试图调和二者。

在面对理想语言学派对日常语言的评判时,Grice充分肯定了常识的作用,这种立场在他的"常识和怀疑主义"(1946—1950),"感知的因果论"(1961)以及"反思性后记"(1987)和《价值构想》中都提到过(1991:127)。他在"后记"的第三条线索中提出,各方都承认某些专门理论不得建立在这些不很正式的日常思维的基础上。他(1989:345—347)集中力量纠正

---

① 这一点往往被他自己压低,评论者也不太注意,而Hanfling(2000),Chapman(2005)例外。

② 他在不止一个场合捍卫牛津学派重视"外行人想法"的立场,以此反对理想语言哲学家的科学主义倾向(Grice 1986a:52;1989:378)。

③ Grice对规约含义的处理明显采纳了Frege的一些做法或至少受其影响(参见冯光武2008a,2008b,2008c)。另外Lin(2007:244)指出,Grice日常逻辑方法的本质是要保留古典[命题]逻辑,通过增加含义理论使之适合日常逻辑。其实Grice的形式化倾向受到Hardie影响。师从Hardie研习古典哲学时,Grice接受过这方面的训练(Chapman 2005:13)。他移居美国的原因之一,也是对那里的形式化分析和逻辑方法感兴趣,对Chomsky普遍理论的宏观架构心存赏识与向往。

第一章 前言

了一些常识论者在维护常识时的偏差,包括 Moore 对"显然如此"客观性的论述,Thomas Reid 混淆原子论的组织和认识解释,Malcolm 模糊了两种正确性和非正确性(使用和逻辑统一性),他还援引范式或标准例子来捍卫常识。Grice(1986a:58)一再强调,"日常语言为大部分最基本的哲学思辨提供了不可或缺的基础",同时也忠告:一切以语言的日常使用为最终裁决者的做法也不完全可取,即在进行哲学研究和概念分析时,日常语言有首要发言权,但不是最终的裁决者(1989:150,163)。这一点 Austin([1956]1979:185)也提到过。Grice 针对 Austin 对 Ayer 和 Warnock 关于"感知数据"(sense-data,也译作常识数据)的批评表达了自己的看法和立场,以另一种方式对感知数据表示了支持。

1.2 研究根由与目的

Grice 意义理论的提出,部分地是为了回应语言哲学内部的一些纷争。他的意义分析是通过说话人的意向,经说话人的意义来界定句子意义和词汇意义。这一模式刚一提出,就在语言哲学和语言学领域引起了强烈反响。

首先他的分析模式在语言哲学研究内部具有方法论意义,体现了研究方法上的转变。Grice(1989:3)在导言中一开始就提到,在(哲学抑或是非哲学的)概念分析中反复出现的大家熟知的自然惯常做法,指的就是以 Austin 为代表的"正统"日常学派的做法,分析词语的用法,严格按照词语的日常使用来分析、检验话语表达式是否满足使用条件,否则就没有意义或者是使用不当。Grice 开宗明义地指出:如果一个人把给日常语篇中的这种或那种表达式一个准确的一般的意义解释作为自己的哲学关怀,就绝对不能简单地抛弃上述做法。同时,他指出不能对这种手段不加区分地应用,而是要建立一个方法来区分其应用的合理性。另外,最好把意义和使用区分开来(1989:3-4)。随后他列举了 Wittgenstein,Malcolm,Benjamin,Austin,Strawson,Searle 等做法的不当之处。Grice(同上:20)指出,"至少当一个怀疑条件(suspect condition)以某种方式与说话人相关时,仅仅把这一条件作为某个具体词语或短语的适用条件是错误的","因为没有满足这种说话人相关的条件而引起的不适宜最好参照语篇或理性行为的某些一般原则来解释"。他认为这种做法实际上建立在错误的意义理论基础上,没有承认或认识到会话的一般规律或逻辑特征以及会话含义的作用。他们过分倚重(或者说仅仅)从日常表达的用法出发来判断句子之真假,而不是从说话人认为的真值出发。为此,他在分析言谈特征的基础上引入了会话含义概念,使这些问题得到统一的解决,并以"修订版的奥卡姆剃刀"为支撑,坚持着语义的纯洁和简约性。他(1986a:54)认为日常语言也有逻辑方法上的一致性和系统性的优点,具有和理想语言同样的纯洁性。正如 Horn(2007)所指出的,Grice 是在逻辑实证主义、Frege 和日常语言学派之间寻求一种调和与妥协,在 Frege 和日常语言学派之间建立一种平衡,并由此揭开意义理论研究的序幕。但不可忽视的是,他的整个 William James 演讲依然是围绕着逻辑问题展开的,借助会话含义理论来证明日常语言逻辑上的合理有效性。

实际上 Grice 不太喜欢 Austin 细碎的条分缕析。他注重语言分析,但更倾向于理论建构,希望能像 Chomsky 那样建立一个普遍理论。合作原则和会话含义理论的提出,可以看作是朝着这个方向上的努力或尝试。如果往深处挖掘,我们会发现 Grice 的旨趣绝非到此为止。

在语言学界,Grice 的意义分析模式[①]一经提出,就引起广泛关注。首先是生成语义学者的追随,他们从"逻辑与会话"中受益,在研究中整合语境意义和形式语言学,对生成语法理论发起挑战(Katz & Bever 1976:49;Langedoen & Bever 1976:253);转换生成语言学也利用 Grice 对"明说"和"暗含"的区分,为研究的合理性辩护。Chomsky(1972)利用含义理论回应生成语义学者的挑战,说如果意义的某些方面能够从语篇的准则中获得,就不必要非得在语法中明示。接着会话理论在文体学、语篇分析、认知语法领域大行其道,并与社会语言学相互呼应,壮大了功能语言学派的阵营。现在它已经在心理学和语言习得领域得到证实和试验支持(Thompson 2007),并在认知语言学内应用,尤其是共有意向性和合作概

---

① Girce 研究小组负责人 J. L. Speranza 向本书作者透露:Grice 不想称其为"意义理论",而更愿意把它称作意义分析,他试图努力打破的就是意义和使用之间的对立或并置。

念,对认知研究具有重要参考价值。Grice 的遗产不仅在语用学与语言哲学领域长存,在心理学和认知科学中也是如此(Wharton 2010:183)。正如 Horn(2009:3—4)所言,虽然 Grice 的理论饱受争议,却为语用学勾勒了基本图景,没有哪个语用学派不以此为蓝本,没有哪一理论立场不是对它的补充或者修正,即使是"误订"。

不过,持保留意见的也不少,质疑的声音一直不断,这主要集中在对 Grice 的意向意义理论[①]缺失规约性,循环定义,尤其是对合作原则及准则的来源、普遍性及定性问题的批判,和对 Grice 理想主义立场的挑战。其中不乏真知灼见,也迫使 Grice 做出调整和改进,当然也存在不少误读。

一定意义上,本研究正是尝试从深层回应上述质疑和挑战。在 Grice 各个理论的整体框架下,探讨各子理论之间的整体性和统一性,挖掘其理性观、价值理论与(基于合作原则的)意义理论之间的关联。在这样的宏观图景和互相渗透中,探寻意义理论与合作原则的位置,还原其意义分析模式的本真面目,解读其背后的伦理学背景、理论内涵与深层诉求。

1.3 研究问题与方法

Grice 的意义分析模式引入说话人因素来确定句子和词语意义,可以说是对意义的非客体化和对传统的颠覆。如果说 Frege,Russell 等人的著述是对人逻辑能力的重构,Chomsky 的普遍语法是对人语言能力的重构,那么 Austin 和 Grice 等人就是对人语言行为能力的重构,是对理解何以成为可能的条件的重构。Grice 是对人类理性行为的推理过程的理性构建(顾曰国 2010:xv),而不是简单的经验描写。Grice 的意义分析,把具有划时代意义的两种分析模式(逻辑实证主义学派的真值意义理论与以后期维特根斯坦为代表的意义使用论)结合在一起,这本身就是一个创举(Thompson 2003)。

本书探讨 Grice 的意义理论,准确地说是探讨建立在合作原则基础

---

① 这一说法来自 Schiffer(1972),英文全称为"intention-based semantics"。

之上的意义分析模式背后的东西,尝试集中回答的问题是:Grice的意义理论与理性观、价值论之间的内在关联是什么,这种内在统一性对于深入理解会话含义理论和意向意义理论有什么启示?含义理论赖以立足的合作原则的性质到底是什么?

早在《言辞用法研究》问世之前,Grandy & Warner(1986a)就尝试发掘Grice各个思想领域之间的关联性和系统性。他们(1986a:1)指出,作为哲学家,Grice的思想很有体系,不过他著作的系统性很少被人认识到。他们的目标就是要展示Grice各个不同规划之间的关联,关注点落在意义、推理、心理解释、形而上学和伦理学上。他们坦承自己粗线条的描述牺牲了Grice著作中具体而微的细节,仅仅勾勒了上述主题间的相关性。从他们的论述中我们并未获取一个明晰详尽的关联纽带。Grice(1989:F36-37)在论文集的前言中也提到自己理论间的统一性。他归纳了两个主题:一个是断言、蕴涵和意义,另一个是方法论,也就是采用语言分析的方法进行哲学研究。不过他没有展开,只是在"再论意义"一文提到了意义和价值之间可能的关联,再次把神秘留给了读者。在"反思性后记"中,他试图对文集中各论文间的连贯性做出阐述,但鉴于篇幅、时间和精力,也只是分门别类地简要概括出8个论题,其中的关联性没有得到相对明晰的勾画。Warner(2001:viii-x,xxxviii)尝试挖掘Grice思想的连贯性与一体性,提及讲稿内部的关联性,没有进一步挖掘。Chapman(2005)是第一部系统介绍Grice思想的研究性传记著作,涵盖诸多方面,融Grice的生平、个性与学术历程为一体。作者提出探讨各个部分间关系的问题,给我们指明了方向[①]。冯光武(2006)讨论了意义和理性的关系,但对价值涉及的不多。陈治安、马军军讨论了理性在Grice思想中的地位之后,认为Grice著述之间的内在统一性仍需进一步探讨,关于理性、意义与价值理论间内在的统一性需要进一步深入研究(2006:263;2007:65)。很多

[①] 2008年夏Chapman在与本书作者交流时提到,自己没有把这一研究继续下去。她(2005:vii)写到,对Grice的著作了解越多,对他思想中是否存在一个统一性,能把会话这个大家熟知的理论,放到更广阔更重要的哲学图景中的这样一个问题,愈发感兴趣。事实上Chapman(2005)就是围绕这一问题进行的初步探索和尝试,但是我们并没有从中看到令人振奋的结果。

学者对 Grice 理性概念的理解有偏差,更没有揭示出这种理性假设与合作原则背后的关联,没有讨论 Grice 这种立场背后的深层原因(Allwood 1976;Attardo 2003;Kasher 1976,1977,1982,1987)。Neale(1992)对 Grice(1989)意义和语言理论的发展脉络进行阐释,评议这部著作的重要性和一些有影响的反对意见。目的之一是力争把各个松散的目标联结起来,并为重新建构 Grice 思想提供思路,消除一些模糊和不确定性。他明确指出:"尽管 Grice 在'后记'中尝试提供一些缺失的信息,努力打造各主题间的重要关联。但是若想以最佳的状态呈现 Grice 的意义和语言理论,依然需要大量的发掘工作"(1992:511)。我们希望沿着这一思路走下去,尝试做出新的解读和贡献。研究的关注点集中在 Grice 的理性观、价值论和以合作为基础的意义分析之间的纽带上,落脚点放在意义分析的深层背景和基础之上。

Grice 的意向意义理论提出之后引起了一系列质疑和误解,这也证明了深入研究和整体把握的必要性与合理性。合作原则更是面临一系列的挑战,Grice 因此被贴上了不同的标签。他被认为是理想主义者,不顾不同文化间的意识形态差异和价值观的不同,忽视同一文化中不同社会关系和权势关系,合作原则只是一种美好的愿望,不合实际或者是错误的,他的假定只是"哲学家的天堂"(Levinson 1983:102),"建筑师的草图"(Lakoff 1995:194),理性主体假设是先验的(Liu 2007)。研究者们对合作原则及准则的性质更是莫衷一是,见仁见智。有学者认为它们是规定性、道义性的;有作者认为是描写性的;还有把二者折中的(封宗信 2002,2008);也有人认为它们是理性重构,不是对会话主体心理过程的描写(Thompson 2008)。Horn(2004:7)指出,许多语言学家和哲学家都误解了准则的作用和本质。Green(1990)详细讨论了一些不正确的解读。我们认为,在整体视域下把握合作的性质,对其进行重新阐释,这一思路不仅合理必要,也是可行的。研究通过文献细读,整理 Grice 的语言哲学、哲学心理学和伦理学思想,给意向意义理论与合作原则以合理定位。

作为一位深邃的哲学家,战后日常语言学派的领军人物之一,Grice 被视为加州大学伯克利分校哲学领域新运动的精神领袖(Neale et. al. 1992)。他涉猎广泛,研究领域遍及语言哲学、认识论、逻辑、伦理学、哲学心理学、形而上学、哲学方法和意义理论等。他生前专于思考,轻于发表,在40多年的研究生涯中仅发表12篇作品。虽然著述不甚丰富,但涉及面广,影响深远。其思想体系博大精深,表面看起来错综复杂,但具有内在统一性。前面我们提到,先前研究者虽然指出他思想体系之间存在连贯和统一性,但并未深入挖掘。

  Grice的思想观点鲜明,个性突出。然而,他的观点最初都以讲座形式出现,生前也没有专著出版,发表的文章年份相差较远,也不易得到。另外他的著述艰深,不太好统领和把握。还有一些手稿、讲稿和录音也没有来得及整理和发表。本研究在现有文献基础上,在整体论视角下,进行文献细读、提炼加工和梳理阐释,发掘其底层意义。在这种意义上,文献本身就是我们立论的事实依据和语料。作者利用在美国研修的机会,从Grice工作过的加州大学伯克利分校Grice档案室获取资料,并与他的学生和同事①取得联系,获得邮寄资料,澄清了一些问题。这里的文献除Grice发表和尚未发表的著作、札记之外,还参考了他生前好友以及当代语用学和语言哲学领域相关权威专家的著述和评价,讲座、部分访谈录音资料②,和学者对Grice的回忆等资料。

  本研究是理论上的反思和梳理,采用整体视角,通过文献细读的方法厘清Grice思想之间的整体性和统一性,挖掘Grice的深层关怀,并尝试附以实例分析来支撑我们的观点。在这种意义上说,本研究带有语用学史个案研究的特征。

1.4 全书结构

  全书共六章。第一章介绍研究背景,提出研究问题、目的和方法。第二章进入本书的主体部分,再现Grice的意义理论,分析各方的反应。讨论集中在相关学者对合作原则及准则的批判与修订上,指出现存的问题

---

① 其中包括加拿大约克大学Glendon学院哲学系的Judith Baker博士,加州大学伯克利分校的Searle教授,阿根廷的J. L. Speranza,后者是Grice研究小组主席,一直不遗余力地传播和推广Grice的学术思想。

② 这主要是指1983年他与Judith Baker,Richard Warner等人的谈话录音。

和误解之源,以及正本清源的必要性;讨论 Grice 的理性主体假设及其面临的批评。在第三章和第四章,作者探寻 Grice 意义理论背后的根由,研究的触角伸向了他的理性观和绝对价值理论(二者是对他的以合作原则为基础的意义理论的支撑),挖掘 Grice 的意义分析、理性与价值之间的统一性。第五章从更广阔的视域出发,揭示 Grice 合作原则背后的深层关怀,对合作原则与准则的性质和地位进行重新界定,进一步挖掘意义理论背后的哲学基础和伦理学诉求以及 Grice 对人本身的关注。合作原则具有层次性,合作的底层有着深刻的行动诉求,合作行为是一种自觉的要求,与理性主体的身份相关。研究在他整体语言、哲学思维的观照下,尝试回应一些难题,消解一些困境和纠结。最后,作者结合实例说明合作要求并非空穴来风。最后一章是结论部分,简要分析新/后格赖斯对 Grice 意义分析的传承与修正,概括本书的主要观点,研究意义,从方法论、研究范式等方面审视 Grice 意义理论留给我们的思考。最后指出研究的局限性以及今后的努力方向。

第二章 Grice 的意义分析模式

Grice 的意义分析模式有其特定的产生背景,它出现在分析哲学中逻辑实证主义鼎盛时期、日常语言学派方兴未艾之际。一边是形式的理想语言学派,主张构拟人工语言,以准确表达语言与世界的关系,达到陈述之科学性。该学派认为意义就是句子为真(即语言与世界对应)的条件。另一边是日渐兴盛的日常学派,坚持常识的重要性,注重语言的日常用法,宣称日常语言同样具有准确、明晰、简洁的特点,不逊于理想的人工语言。在他们眼里,意义就是使用。这是大家基本都接受的典型的常规认识,虽然用法论内部并非铁板一块,各个分支各有侧重(Sbisà 2012)。本章旨在探寻 Grice 在这一对立中的立场,阐述其独特性,探讨 Grice 意义理论的缘起、作用,以及主流语言学者和哲学家对其分析模式及赖以运作的合作原则的评判,为探寻它在 Grice 整个理论体系中的位置做铺垫。

2.1 Grice 意义分析模式的缘起

我们在前言中提到,Grice 意义分析模式有着深刻的哲学背景,某种意义上是对逻辑实证主义的反动。Grice 属于分析哲学中的日常语言学派,该学派成员还包括 Moore, Ryle, 后期 Wittgenstein, Austin, Strawson 等人[①],但 Grice 的立场很微妙,甚至被认为是"反叛者","非同寻常的日常学派学者"(Lüthi 2003; Chapman 2005)。这集中体现在他的概念分析

---

① Burge(1992:620−621)概括并对比了各成员的特征,给予 Grice 和 Strawson 极高的评价。在他看来,与 Austin 相比,Grice 更愿意把语言分析应用于富有哲学成果的方向上。

法上,体现在他对"正统"日常哲学的语言分析模式既维护又批判的立场上。其实,他对两派的观点都有看法。一方面,自然语言并不像理想语言学派说的那样没有内在逻辑性,另一方面,在理解、解释自然语言的使用时,语言也不仅仅是在语境中的应用,逻辑也发挥了重要作用。

2.1.1 Grice 对日常用法的坚守

对于日常用法,可以说 Grice 一生都没有放弃。他始终坚守、并在努力纠正前人以及同时代学者的偏差。首先,Grice 澄清了对有关"日常使用"(ordianry use)的一些模糊认识。他认为 Malcolm(1942)对日常表达的使用有一个错误的假设,后者认为日常用法中不包括自相矛盾的说法。通过对 Malcolm 的纠正,Grice(1989:150,163)扩大了"日常表达"的范围,不仅包括没有自相矛盾的用法,用来表达某个情景(这是 Malcolm 的做法);也包括自相矛盾的表达,使用者借以表达某一情景,但未必成功。比如,当我们在日常情况下说,"A 相信 P",一般表达的是"A 不知道 P",或者"我们不清楚 A 到底知道不知道 P"。当日常语言使用者把"A 知道 P"表达为"A 相信 P"时,并不排除他可能认为它为真(Lüthi 2006:270),这一表达只在含义上自相矛盾或冲突,在言说层上并不矛盾。Grice([1961]1989:237)提醒我们,"在我们仓促地使用自己所发现的细微语言差别之前,首先应确保对这些差异的类型有一个合理明晰的认识"。这就是他后来所说的"句子意义"与"说话人藉以表达的意思"之间的区分,"这一区分似乎被 Wittgenstein 否定了,而 Austin 本人也时常无视它的存在"(Grice 1986a:59)。

其次,Grice(1989:172,174)强调日常用法的重要性,把日常语言作为概念分析的试探法,甚至赋予它证伪的力量。他认为,分析、描写或概括某些或某类表达式的日常用法,是日常哲学家职责当中很重要的一部分,尽管不是全部。这看似与传统的日常做法没什么差别,但事实上并非如此。Grice 对日常语言的用法在哲学分析中的作用有着清醒的认识:他知道日常用法不是最终的裁决者,强调一定要关注说话人因素。传统或"正统"的日常语言学派的习惯做法是,某个表达通常是在满足某种条件的情况下使用的,否则,关于这一日常概念的哲学论点就不成立;而 Grice

认为这一做法欠妥,需要修正,因为它预设了这一主张:任何偏离日常用法的表达在概念上必定是不正确的。

在概念分析中日常语言的用法具有首要发言权,这一向被认为是Austin方法论中的核心特征,发挥着重要作用,甚至成了概念分析的默认做法。不幸的是,很多学者往往忽略了Austin对另一面的强调——日常语言不是最终的裁决者:"词语不是……事实或者事物本身:所以需要把它们与世界剥离开来,与之分立。唯其如此,才能认清其不足与随意性,方能撇开偏见,摘下有色眼镜,重新审视这个世界。"所以日常语言用法"不是最终的裁决者:原则上,它可以被随处增补、改进和取代。敬请谨记,它有首要发言权"(Austin [1956] 1979:182,185)。不过在后来的实践中,Austin本人也忽略了这后一条款,所以才引发了对副词修饰语用法合适性的争论(Grice 1989:12—13)。

虽然Grice有语言哲学的学术背景,但绝非教条主义者,他对同时代一些学者不加批判默默地奉行的哲学研究方法颇有微词(Soames 2003:198)。20世纪50年代末60年代初,他已经开始系统地怀疑"意义就是使用"这个被周遭的哲学家广泛应用、奉为圭臬的口号了。这些批评始于50年代,在论述意义和含义时达到顶峰,发挥到极致。他在充分肯定这种惯常研究方法的同时,敏锐地注意到这可能是一些重大哲学错误的源头(Grice 1961:199)。这些论述包括Ryle对"voluntary"的探讨,Wittgenstein及其追随者Malcolm对"know"的分析,Wittgenstein对"try"和"seen as"的阐释,Strawson(1950)对预设的研究。另外还包括Moore悖论,对"good""true"和"know"的非描写理论,以及那些否认实质逻辑蕴含与自然语言中的"if, then"对等的那些作者,也包括Austin对动词副词修饰语的观点(参阅White 1990)。这些在Grice(1989)的导言部分也有论及,他还对Searle的做法提出了异议。Grice是在维护其他日常语言哲学家试图颠覆和拒斥的一些传统做法(比如形式派方法),阐明其合理因素,他也因而显得与众不同。

在分析了上述作者的做法之后,Grice(1989:20)认为,"如果把某个词或短语的'可用性条件'仅仅理解为,如果不满足就会使其丧失真值,那么至少当某一'怀疑条件'(suspect condition)以某种方式相对于某说话

第二章
Grice 的意义分析模式

人来说时,把它当作这一具体词或短语的适用条件是错误的"。这种情形下,由于这个相对于某一说话人条件的不满足而带来的不合适,最好由话语或者理性行为的一般原则来解释,这就是后来的合作原则,即日常语言和会话的逻辑。在准确把握日常话语一般特征的基础上,Grice 区分了形式逻辑和日常话语逻辑,逻辑推理和语用推理,由此提出会话含义概念,来消解一些看似矛盾的观点。他还利用著名的"修订版奥卡姆剃刀",坚持着语义的简约性和纯洁性。某种意义上,会话含义理论在他整个理论体系中只是一个工具,为其哲学分析服务。在提出这一思想之初,Grice 利用会话含义概念支持对 know 的因果论解释,进而捍卫对意义的因果论解释。他不完全反对真值对应论,并维护 Russell 的有定描写理论,利用含义概念重新解释预设、条件句、日常使用的地位等问题。所有这些给人的感觉是,Grice 试图在重新树立和复兴正统的主流日常语言哲学家想要埋葬和摒弃的一些立场与方法(Fogelin 1991:214)。

此举引起了方法论上的一个改变,让当时日渐兴盛的日常哲学的研究者重新审视自己研究的成败得失。Grice(1989:3)提到,在(哲学抑或是非哲学的)概念分析中反复出现的大家熟知的那种自然的惯常做法,指的就是以 Austin 为代表的"正统"日常学派的做法,又被称为著名的"语言采集法"(linguistic botanizing):分析词语的用法,严格按照其日常用法来分析、检验话语表达式是否满足使用条件,否则就是没有意义或者使用不当。Grice 同样不完全赞同"意义即使用":一切根据语言的实际使用来裁定。他明确表示,这是对日常用法的不确切应用,其背后蕴含着深层次上对意义的不正确界定,我们在下一节展开论述。

虽然 Grice 对当时日常学派有诸多质疑和批判,但我们绝不能简单地理解为,他是要与之决裂①。在《言辞用法研究》导论部分他明确指出:但凡以给日常语篇中各种表达式的实际意义一个准确的一般解释作为自身哲学关怀的人,就绝对不能简单地抛弃上述努力(Grice 1989:3),这里

---

① Strawson 认为,Grice 对日常语言哲学方法的反动可能有点儿过头,但不可忽视下面这一事实:Grice 对(严格意义上的)语言意义和标准目标,以及话语特征之间的区分和互动的一般理论的阐述,不是对"日常语言"哲学家研究方法的批判,而是修正和精细化。任何无视 Grice 理论的哲学研究者,都会因此丧失对自己材料进行深度理解和掌控的机会(1990:157)。

所说的努力,就是概念分析中强调的话语使用要满足一定的条件。他(1986a:58)提到,"我依然相信,对任何一类话语中我们谈话方式多少详尽一点的研究,对大部分最为基本的哲学分析来说,都是不可或缺的基础"。另外,Grice还正告可能认为这种哲学研究风格要过时的作者,不要急于把这种研究风格一笔抹煞(1989:4),也不能对这一手段不加区分地使用,而要建立一个方法来区分其应用的合理性和适宜性。

他始终是日常语言学派的一个代表,主张要修正日常派做法之偏差,其方法是:一方面,坚持日常用法必不可少,可资用来检验哲学论断;另一方面需看到,仅仅观察日常用法还不够,关键在于日常语言使用者本人对日常用法真实性的判断。研究者必须把日常使用者对某种情景下使用某一表达式,是否等于断言其真假的明确立场和观点纳入视域,还要注意它为何被视为用法事实,即言说者本人认定其为真,具有此等意向。话语不仅日常地表达了一个陈述,还要求当某一用法被日常表达时,被认定为真。他总的立场是,我们不能仅凭对日常用法的观察就轻易否决某一概念分析或哲学观点,还要把说话人考虑在内,即他(1989:17,20)提到的"相对于说话人的应用条件"。

直到晚年,Grice始终坚守语言分析的哲学研究方法。尽管战后他逐渐远离了日常语言哲学分析的某些束缚和教条,但从未真正完全抛弃日常语言哲学的分析习惯。札记注解证实,他时常回归于这种研究方法,尤其是"语言采集"法,来开启他对某些话题的思考(Chapman 2005:60,143,169)。晚年回忆中,他依然不忘Austin的语言分析方法对他的影响。在"答理查兹等"一文,他依然相信并极力推崇这一分析方法(1986a:58)。Baker(2008:764)认为,Grice深谙此道,采用这种方法的目的,不是对日常用法进行归类或分析,而是通过对语言的掌握,帮助我们解释理论区分。在1987年的"后记"中,他再次明确地为日常语言用法和常识进行辩护。他指出,虽然各方都同意专业理论源于某些非正式的日常思维,问题在于,包含于这些常人思维当中的一些内容和观点,是否在专门的理论家开启自己的工作之后,还能以这样或那样的方式得到尊重,这才是问题的关键。"若无正当理由,不能质疑常人的特质和信念观点"(1989:345—349)。在评价以Russell等具有数理逻辑倾向的哲学家为代表的现代逻

第二章
Grice 的意义分析模式

辑,和以 Strawson 为代表的传统主义、尤其是新传统主义之间的论争时,Grice 接受了后者对形式逻辑和语言逻辑的区分,并指出逻辑推导和语用推导的不同,它们分别对应于 Strawson(1952)提出的逻辑二分。他对处于对立状态的两个阵营似乎都表现出一定程度的认同,"我虽对现代主义逻辑的整齐有序性心怀向往,但在内心深处,从未被可接受的逻辑推导的全面而又不失简约的系统化前景所打动"(同上:372-374)①,其立场可见一斑。

根据 Grice 的说法,虽然哲学与语言分析的关联并非一个新话题,但对哲学与日常语言分析之间关联的关注却为牛津学派所独有。这种研究方法可谓独树一帜,其他地方类似的做法,不过是牛津学派做法的延续和传承性应用。在当时的牛津,"语言采集法"被视为概念分析、尤其是哲学分析的基础。它不仅用来精细调整、校准某些对举表达式和思想的概念,也尝试尽量把出现在某一个概念领域内的所有概念系统化。这种做法与 Austin 希求的仔细查阅字典的做法密切相关。虽然 Grice 曾对这种过于琐碎的做法流露出不满,更倾向于语言分析后的宏观理论建构,但还是给予日常语言分析(包括对 Austin)极高评价,"对日常语言的诉求,可能会被视为对一种(虽然不是每一种)人类知识最终源泉的诉求";"Austin 直白明了地把日常语言看作一个缜密绝妙、设计精良的工具,这样的构造设计绝不仅仅是摆设,而是有着庄重严肃的(也包括不那么严肃的)用途"(1989:279,384)②。

需要指出的是,Grice 在维护日常用法时带有一定的倾向性。他在比较了牛津辩证法和 2300 多年前的雅典辩证法之后指出,在对"言说"(what is said; *ta legomena*)的处理上,二者的侧重不同:前者重视言说的形式,"普通人通常的谈话方式",即日常用法和语言使用方式;后者虽然

---

① 另参见 Neale(1992:541)以及 Grice(1970)的"语言和现实讲稿",尤其是他对 Russell(1905)和 Strawson(1950)指称论的评判。他的 William James 讲座的第五讲修订后,以"预设和会话含义"为题发表,收录于 Grice(1989)第 269-282 页。

② 其实,二战之后 Grice 就认同了 Austin"语言采集法"的哲学分析路子。另外他对日常哲学、语言采集法的热情,部分归因于他对现代技术工具的反感与不信任以及对哲学中出现技术解释做法的嫌恶,参见 Chapman(2005:59,169-170)。

内容与形式兼顾,但更多地关注言说的思想内容,"日常想法"或者通行的看法。他还区分了个体、组群的使用与抽象层次上的概括,二者互为补充。他不赞同 Austin 把常识方法归功于 Moore,认为这一荣誉当属于 Austin 本人,因为 Moore 似乎更倾向于关注雅典学派辩证法中"言说"的思想内容,即人(无论是个体、组群,还是抽象机构)的信念思想方面,而不是语言的日常用法。在这一点上 Wittgenstein 比 Moore 做得要好(1989:381—382)。这里 Grice 指出了 Moore 的两个明显缺陷和一个严重漏洞。可见,实际上 Grice 更偏向于日常表达的用法,而不是思想方面。他自己也提到,在后记中说起这些,并非是要对 40 多年前发生在牛津哲学领域内的历史事件做一个准确还原,而是要概括和维护一种独特的哲学研究方法。Grice 始终都没有偏离这一轨道,他不仅是一个捍卫者,更是一个身体力行者。他认为日常语言分析不仅仅体现在对单个语词的分析上,还包括短语和成语等固定用法上。如果要完全、充分地实践这一方法,首先必须能清晰地对其进行表述。在这一点上,他坦言,包括他自己在内的许多日常学者都没有完全做到(1989:377—378)。

所以我们觉得,当讨论 Grice 对日常语言学派的影响时,Soames(2003:216)话说得有些过头。他认为,随着 Grice 的 William James 演讲,尤其是"逻辑与会话"一文的出现,日常语言哲学寿终正寝,走向消亡。在他看来,是 Grice 推翻了在英国蓬勃发展了 20 多年的一个范式①。然而,分析哲学真的消亡了么?并且就毁灭在 Grice 对语义和语用的区分上,毁于 Grice 对意义的系统研究上?实质上 Grice 从未真正放弃践行语言分析,一如既往地捍卫日常语言分析方法。他始终坚守着日常语言学派的哲学分析法。他尊崇常识,而日常语言则是常识的宝库;他相信哲学分析,并与 Strawson 一道反驳 Quine 对两个教条的批判,维护分析性。尽管 Burge(1992:620)认为,Grice 捍卫的是哲学研究的一种路子,一种

---

① Soames(2003:216)在归纳日常学派的特征时,采用了"机会主义的标本搜集"、"反理论研究方法"(antitheorectial approach)、"缺少系统的意义研究理论"等措辞。另外,Grice 1988 年 8 月 28 日去世后,The Times 在 8 月 30 日的悼词中也提到,有评论者把他的 William James 讲座视为他偏离日常哲学传统的证据之一,甚至是日常语言哲学运动没落过程中的一项重要事件(参见 Chapman 2008:99)。

常规,而非分析性本身。即使在生命的最后时日,Grice 再一次提及这个问题。Russell 和 Quine 对牛津哲学分析中关注日常语言、把对日常语言的分析作为哲学的主要关注点的做法充满敌意,Grice 并不赞同二者的上述立场。他对于把哲学作为科学的附属,科学思考应取代门外汉思维,而不是建立在后者基础之上的想法,也颇有微词,深为不满(1989:378)。他坚持"智者来自大众""大成出自卑微"的辩证法,主张充分赋予常人和日常以地位,即我们前面提到的,日常用法具有首要发言权,但不是最终的裁决者(1989:13)。他觉得有必要建立分辨和评价这个程序应用合法与否的标准。

在怀念和凭悼 Grice 时,Neale, et. al(1992:59)这样写道:"通过对具有重要哲学意义的'本真语义'蕴涵与'纯粹语用'蕴涵的区分,Grice 澄清了古典逻辑和自然语言语义学之间的关系,利用'含义'概念给了某些过于狂热的日常语言哲学论调以毁灭性的打击,为哲学注入了必要的新鲜血液和空气;同时他本人并未放弃哲学必须关注日常谈话的细微之处的观点与立场。"这可以说是对 Grice 一生立场的准确评价。

与本研究高度相关的是,在谈论常识时,Grice(1989:347)提到了常识的权威性和意义理论之间的关联。他认为,如果站在怀疑论者的立场上,质疑常识信念和观念,就等于接受了把词汇意义、句子意义与正确解读说话人藉以表达的意义割裂开来的做法,等于否定了会话的一般规律,这种做法是站不住脚的。

2.1.2 Grice 对意义使用论的反动

上一节提到,正统日常哲学家的惯常做法是,仅从日常用法出发,忽视说话人对表达式真假值的评判,所以通常得出虽然很有意义,但却是错误的哲学命题。这既体现在对概念的界定上,也体现在对形而上学论点的真伪以及有无意义的判断上。对于上述问题,除了 Grice(1989)前言中列出的论题外,还包括对条件句、预设等问题的不同处理,Grice 认为,问题的出现,表面上源于学者对语言日常用法的态度或地位界定看法不一,其更深层的原因在于意义观的不同,源于一些学者对意义的错误认识(Lüthi 2003,2006)。

Grice 与正统日常语言学派的差别,不仅体现在对日常用法地位的看法上,也反映在意义观上。他一方面批判逻辑实证主义真值条件语义学的形式主义范式,另一方面也不完全认同牛津学派当时的主导语义观。当时,在日常语言学派内部,日常用法是意义主要的、甚至是唯一的停泊地。而此时,Grice 正在着力发展自己的会话理论,主张把说话人意向介入对意义的界定,是对日常学派奉为圭臬的做法的回应。含义理论引入了会话的一般原则与日常语言逻辑,这与 Austin 等人琐碎的语言标本采集、重现象分析轻理论提升的做法有所背离。他对传统的否定,对自己所属分支领域的怀疑,使得对他的归属界定不那么容易,很难为他贴上合适的标签,他甚至不属于任何我们熟悉的二分法,"既不是严格意义上的经验主义者,也不是绝对的理性主义者;既不属于行为主义一派,也不能划归到心灵主义者一方"(Chapman 2005:3)。他(1989:215)批评 Stevenson(1944)的行为主义意义观是"很愚蠢"的做法。

Grice 不喜欢把意义和使用并置,他的意义分析模式实际上是要摧毁这一并列。根据 Speranza 的说法,Grice 对某些作者把语用学仅仅理解为用法深感苦恼和不快。Grice(1989:3-4)明确指出,最好把意义和使用区分开来,"实际上,我们应当小心谨慎,不要把意义和使用混为一谈。这样一条戒律,正如当初我们把二者视为同一那样,正在成为一个便利的哲学指南"。有些学者批判因果论,一些激进的批评者指出,因果论无视如下事实:符号的一般意义需要以使用者在某一场合实际或应当用来表达的意思来解释(1989:217)。Grice 旗帜鲜明地指出,上述批评者把意义等同于使用,是有问题的。当时,牛津学派的一些日常语言哲学家过分热衷于表达式的意义和表达式的相关(正常或合适的、毫不误导的)使用条件之间的关联,已经到了误解的地步。Grice 强调,"至少在很多情况下,意义与合适使用的附加条件,是绝然不同的东西"。严格意义上说,这里提到的适应的适切条件,要用意义和交谈的一般普遍原则间的互动来解释。会话含义理论能更好地解释意义和使用之间的关联(Strawson 1990:155-156)。需要指出的是,尽管 Grice 对 Austin 的某些做法心存不满,但在主张区分意义和使用这一点上,二者是一致的,只是采用的方法不尽相同。我们稍后展开讨论。

第二章
Grice 的意义分析模式

需要指出的是,"意义就是使用"并非 Wittgenstein 一人的理解和做法,而是当时日常派普遍认可的做法。只不过同时代的人和后来的研究者都把这一标签贴到他的头上,并在其著作中找到了根据①。在维氏后期的哲学思想中,"使用"概念代替了意义概念,但这并不是说,他把语词的使用直接等同于语词的意义。因为在他看来,"意义"也是一个日常使用的词,同其他语词一样,不止有一种用法。但大多数情况下,词语的意义同它在语言中的使用是一回事(范连义 2008:7)。李福印(2007:44)也认为许多学者误读了 Wittgenstein,至少是忽略了他阐述"意义就是使用"这一命题时前边的附加限制语:"在一大类情况下"。Grandy & Warner(2006)也觉得,把这个说法直接归于 Wittgenstein 或许不太准确和公允。不过,和 Grice 一样,我们这里针对的是"把意义等同于使用"这一当时比较普遍的现象,而非针对 Wittgenstein 个人,他只是其中的典型代表。

不可否认,至少在当时看来,"意义即使用"这一意义分析模式有着深刻的理论价值和实践意义。它颠覆了古典真值条件意义理论,摒弃了传统上认为的意义就是附加在词语和句子之上、用来指称现实世界实体的观点。在 Wittgenstein 眼里,词语和句子本身并没有意义,它们的使用才有意义。这样的界定首先是语言观上的重大转变,是从表征论到游戏活动论的转向,回归到日常话语本身来寻求意义,也是我们解释词语意义时通常采用的做法之一:举出它的具体用法来说明其意义。"意义就是使用"这一论断,可以看作是对把句子意义看作能用心识别或者捕捉到的柏拉图实体的拒斥。意义既不能被视为隐秘的,需要详细的理论阐述才能揭示出来,也不能被认为是通过内省就可获知的透明物体。相反,语言意义被认为就在看得见的地方,在我们的表达式的用法模式以及模式之间的关联中(Soames 2003:199)。这是当时占据主导地位的日常语言哲学界定意义的大致图景。

在当时语言哲学的鼎盛时期,"别问意义,问使用"是非常普遍流行的

---

① 在《哲学研究》的第一节 Wittgenstein 就提到"意义即使用"这一想法。不过,这一口号通常与他下面的论述挂钩:"在使用'意义'一词的一大类情况下(虽然不是所有情况下)可以这样解释'意义':一个词语的意义就是它在语言中的使用"。

19

做法,意义用法论与此紧密相关。不过我们认为,这种理论不像意义本体论,倒像是方法论:在词句的使用中寻求意义。束定芳(2000:28)指出,"强调语言的意义在于使用并不能否定语言词语具有不同核心的意义。并且,语言使用者对使用中的语言意义的理解其实是以语言的第一性意义[①]为基础"。Bach(2003)也认为 Wittgenstein 走得太远:我们完全有理由把语言意义理论(语义学)和语言使用理论(语用学)分离开来。比如,区分句子的意义与说话人使用这个句子所要表达的意义。

即使在日常派内部,这也不是共识。Austin 和 Grice 二人都不完全认同"意义就是使用"这一论断,只是处理方式不同:前者强调语言使用的规约性,后者则聚焦于说话人意向。Austin 认为"使用"和"意义"一样宽泛含混,"已变得经常遭人嘲笑"(转引自范连义 2008:7)。他提出言语行为理论,发展了一个系统的语言使用理论(更多的是对语言使用的分类,Chpaman 2008:101),认为言辞的用法不是任意的泛泛使用,而要受规则制约和适切条件的限制,以此来完善、补救维氏论断之不足。Grice 则区分了决定语言使用的不同因素,有些跟词句本身的意义有关,另一些则受其他因素制约。顾曰国(1989:F27)也指出,"Wittgenstein 自己没有把使用论发展成为一个完整的理论,这要等到 Austin 和 Grice"。也就是说,无论是 Austin 还是 Grice,其做法虽然是要跟"意义等于使用"撇开,但依然没有完全偏离这一大方向,只是侧重不同。

Wittgenstein 把语词的用法和意义混为一谈,不对语言用法进行系统的理论建构。Austin 和 Grice 则主张把二者分离开来。Austin 区分了词或句的系统意义(和指称)与说话人利用这些词句所要实现的言语行为,对语言的用法做了系统研究,提出了言语行为理论,并从功能视角对具体言语行为进行分类描写;强调言语使用的程序性、规约性、社会性和适切条件。Searle(2007:10)持类似的立场。他认为,对 Wittgenstein 来说意义就是使用,词语的意义不是能够内省的心灵意向(如 Hume 的"观念",

---

[①] 参考 Kittay(1987)的第一性意义(first-order meaning)概念,它是指听到或读到一个句子时,我们对句中词语意义的第一反应。第二性意义是在话语特征和语境表明第一性意义不可取时我们所理解的意义。

第二章
Grice 的意义分析模式

ideas),也不是抽象的柏拉图实体(如 Frege 的系统意义,senses)。相反,若要探究意义,我们应该考察词语的实际运用。Searle 认为,使用论"有一个模棱两可的地方,没有区分意义到底是定型了的规约用法,还是在某一历史时刻具体话语的意义。简言之,用法论未能区分句子、词语意义和说话人(或话语)意义"。而在这一点上,Grice 旗帜鲜明:说话人意义先于句子意义,前者比后者更重要。

Grice 的做法是把说话人意向纳入意义解释,区分句子意义与说话人意义。这种路子把研究视角从社会规约转向说话主体的内心世界,凸显了语言使用者作为理性交际主体的地位。和仅从语言与世界之间的对应来考察意义的做法相比,这一范式更加全面,也更具说服力。Grice 并没有把意义和使用完全割裂开(1989:299),意义和说话人的关联其实也蕴涵了说话人对词句使用环境的考虑,离不开对语言使用规约性的尊重,说话人会衡量具体场合下意向实现的可能性(Bach 2003)。尽管 1957 年在讨论符号意义的因果分析时,Grice 对一些学者批评因果论忽视了"使用"持同情态度,但内心依然认为这个观点有争议(Grice 1989:217)。Grice 并不拒斥所有的惯例,但认为不能简单地把意义等同于使用(1989:4),这二者之间的研究在理论上应更加成熟完善,精益求精,更加系统化。这就是 Grice 超越一般日常语言哲学家之处:超越"反理论建构的范式",采取系统和理论化的方法进行语言研究。Soames(2003:200)认为,这实际上是 Grice 对 Wittgenstein 思想的一个重大偏离。Wittgenstein 认为,在哲学领域理论和解释没有栖身之地,哲学家所能做的就是描述或呈现已然在那里的表达式的意义,这些意义通过对表达式的使用方式已经得到充分展示。

第一节提到,Grice 认为当时日常语言学派过于倚重日常用法,甚至不加区分地使用,导致一些错误结论。如果区分日常表达的合理和不合理的用法,需要建立一个语言理论,既不把意义与使用混为一谈,也不把二者彻底剥离开来。如 Soames(2003:199)指出的,"我们要认识到,尽管意义是支配表达式的使用的最重要的因素之一,但并非唯一因素。Grice [William James]演讲的主要目的就是为了着手寻求这样的一个语言理论,能够厘清其他的制约因素,并指出它们是如何与意义互动的"。Grice 认为借助这样一个系统化的方法,我们能够把语言使用看作是几个系统之间互动的产物。这其中既包括规约编码意义系统，还包括制约高效信息传递的交际系统(2003:200)。这里 Soames 指的显然就是合作原则。

从逻辑上讲，使用不等于意义，二者不能简单替换，因为前者似乎预设了后者。另外，如果把意义等同于使用，很容易得到反例。日常生活中的语言运用很复杂，如果用法不同就产生不同的意义，词语的意义就会很随意，这既不合乎我们的直觉，也容易导致意义相对论，对意义的客观性期待也很难实现。应当注意的是，这里不能简单地把 Grice 反对"意义就是使用"等同于反对日常语言用法，二者不是一个层次上的概念，前者是认识论意义上的，而后者则是从方法论角度来说的。

无论是 Wittgenstein 的使用论抑或是 Grice 的意向论，都是对传统意义理论的反动，属于同一个传统，都把语言的日常用法作为关注对象和哲学研究的切入点。正是有了 Grice 对常识的重视，对日常语言用法的深刻洞悉，才有了他对日常会话的特征的把握，有了他对逻辑实证主义者忽视说话人因素所造成的后果的焦虑和关注。也正是有了他对会话逻辑优点的肯定，对说话人意向的坚持，会话含义和意向意义分析模式才应运而生。在我们看来，Grice 比 Wittgenstein 前进的一步就是，在承认意义与语言使用密切关联的同时，更多地关注了决定语言使用的因素，他不仅关注语境，更考虑会话一般原则的指导作用。最重要的是，他引入了说话人的意向[①]，区分了词句的意义与说话人意义，提出了传达言外之意的运作机制。用 Levinson(1999:145)的话说就是，Grice 给我们提供了系统地谈论"没说"(what is unsaid)的方法。

可以说，传统的真值意义理论没能把握意义与人之间的关系，仅仅关注语言与客观世界的对应，而忽视了主观世界和客观世界的对应，只注重言说的真实性条件而忽视了它的真诚性和规范性要求，因而是不全面的。其根本缺陷就在于"把现实设想为现成事物的集合，而没有看到语言是对现实的一种建构"(陈嘉映 2003:53)。意义使用论则注重规约、功能，而

[①] Green(1990:425)指出，Grice 理论的精神就是，不管是交际行为还是其他行为均以目标为导向，只有承认它是希望被这样解释的，才算正确地解释了它。这里我们看到了说话人意向的作用。

对人的因素强调不够。Grice 的意义观凸显了人的因素,尤其是说话人的意向和内心世界,也充分重视语言使用环境的作用。我们也可以说,这是对前两个理论不关注主体间性、未能从人际交往过程来体现和解释意义的做法的一种回应。段维军、张绍杰(2008:86)认为,"Grice 既驳斥了古典逻辑学派所谓意义只能以逻辑真值为标尺的观点,也摒弃了日常语言学派所谓意义即使用的观点,体现了一种超然的中庸观"。客观而言,Grice 的立场并非中庸,而是更加完整全面。

2.2 Grice 语用学与意向意义理论

Grice 的意义分析模式,尤其是会话含义理论的提出,在语言学界产生了重大影响,与言语行为理论一道构筑了语用学的两大核心理论。在某种程度上,新/后格赖斯语用学理论都是对它的发展和修订。Grice 之后的语言语用学大致沿着两个方向发展:欧洲大陆的社会语用学传统,以英美为主导的认知语用学方向[1]和 Horn,Levisnon 对古典会话含义理论的发展。由于语言学者跟哲学家的视域不同,观点立场也难免有差异。这就出现了一些误解,甚至是争议,亟待澄清和解决。这两节对 Grice 意义分析模式进行整体把握,提炼其主要特征,探讨背后的深层假设,试图在整体视域内解析,力求还原一个真实的意义图景。

Grice 的意义分析模式由两部分组成:会话含义理论和意向意义理论。后者在语言哲学领域更为人所关注,也更具影响力(不管是正面的,还是消极的)[2],但不太为语言学界所注意。他的整体思路从逻辑上讲,是语用理论在先;不过从论文发表的顺序来看,则是先有"语义"分析。在语用学思想中,他提出了合作原则及准则,在合作假设基础上,结合语境因素以及对听话人推理能力的假设,推导出说话人意义。这一过程中说

---

[1] 这主要以 Sperber & Wilson(1986/1995),Carston(2002)的关联理论为标志,而 Horn(1984,1988)和 Levinson(1987,2000)则不代表这种倾向,主要是整合会话准则,尽可能地保持会话含义理论的原初精神(Jaszczolt 2002:223)。

[2] Potts(2006:745)认为,Grice 和 Montague 是对当今语言学意义研究的发展形成最具影响力的两位理论家,他在语言学界的意义理论研究中绝对处于中心地位。

话人意向起决定作用。语义学则基于说话人意义,藉此界定句子与词汇意义,最终把词句意义停泊在说话人的意向和态度之上,而不借助于语义概念。意义也就因此成了一个心理学概念[①]。

Grice 从未使用过"语用学"这一概念,但他 1967 年的 William James 演讲,通过区分明说和暗含,勾画了现代语用学理论的[部分]图景(Horn 2009:3-4),并在暗含之下区分了规约含义和会话含义,掀起了语用研究的热潮,被视为认识语用学派(the school of epistemic pragmatics)[②]的创始人(Taylor 1992:139)。他也没大张旗鼓地讨论语义学,却凭"意义"一文,开意向意义理论之先河。不过,两个理论的命运截然不同:他的语义学思想基本上被否定[③],而会话含义理论则广为语言学界接受,成为语用学核心理论之一,尽管研究者对会话含义理论背后的假设看法各异。

Grice(1986a,1991,2001)关于理性和价值的讨论是在更高层面的思考,虽不属于他意义分析模式的直接构成部分,但可以视为对这两个部分深层基本假设的捍卫,为其提供了哲学层面上的支撑(Grandy & Warner 1986a)。在这个意义上,它们也可以被看作对意义思想的扩展。Grice 虽未直接阐述,我们可以根据他的这两个思想重新认识和界定他的意义思想,挖掘背后的考量。

有关会话含义与意向意义理论重要性讨论,语言哲学界也有不同看法。Speranza[④]指出 Chapman(2005)对"意义"一文强调不够,未充分认

---

① 在统览整理 Grice 思想之时,Grandy & Warner(1986a:1)这样评价道:"Grice 对意义的论述,最显著特的征就是,认为语义概念能够无循环地[很多人持不同意见,如 White(1990:112)],毫无保留地藉用心理概念得到明晰阐释。一个不太引人注意、但同等重要的特征是,Grice 把交际和交际视为一个理性支配的活动(1990:13)。

② 认识语用学派基于如下主张:交际者知道且遵从(数值上)相同的语用规则,这些规则的总合相当于所谓的合作原则及准则。

③ 参见 2007 年 teorema 第 14 卷第 2 期以及 Petrus 2010 年主编的《意义与分析——格赖斯研究新论》一书,前者是纪念 Grice 意义理论发表 50 周年的专辑,后者则是对其意义理论的重新审视,尽管持消极态度的居多。

④ 作者与 Speranza 的个人交流。他对 Chapman(2005)一书的述评来自 Grice 研究小组 2007/10/12 的文章。Fogelin(1991:214)如是评价 Grice 会话含义:"哲学银行内的钱"。对此 Green(2002:241)并不认同,认为这至多是一种乐观的评价,Grice 对含义的论述提供了一项规划而非一个理论。

第二章
Grice 的意义分析模式

识到它对当时褊狭封闭的牛津舞台的历史意义。他指出,早在 1952 年 H. L. Hart 就已经在《哲学季刊》上引用此文①。这篇文章在哲学文献中的引用率要远远高于"逻辑与会话"一文,后者则在语言学界比较受欢迎。在 Speranza 眼里"意义"依然会是一个核心哲学概念,而含义则不过是这一多面概念的暗影。他还提醒我们,标准的语言学含义研究把意义解释为系统意义(sense)或逻辑式,并把这视为想当然,之后再用含义来充实它或者用"非隐义"概念(disimplicature)来削弱它。正如 Grice 所言,"任何对明说和暗含的论述都不能忽视对意义概念的研究,因为它就在这两个概念的底层"(Chapman 2005:180)②。

提到 Grice 的意义分析模式,无论是语言哲学家还是语言学者,通常都把会话含义理论和意向意义理论囊括进来。Grandy(1989)是个例外,他把二者分离开来,这是一个缺憾。Neale(1992:511)指出,意义阐释和会话含义论述之间的重要关联还没引起应有的注意和重视③。"毫无疑问,如果不把意义和会话含义看作是完全分立的不同理论,Grice 关于语言和意义的研究对哲学和语言学领域的贡献会更大,更有意思。"至少我们可以说会话理论是意义理论的一个组成部分。Neale(1992:512)接着指出,即使有人反对这种说法,但至少不可否认的是,这些理论相互映照,相辅相成。如果能坚持不把二者孤立起来讨论,他们会更具哲学、语言学和历史意义,也更让人感兴趣。我们完全赞同这种观点。合作原则、会话含义理论是非自然意义体系的一部分,也是他整个意义分析模式的有机组成部分,不可或缺。

---

① 在评述 J. Holloway 1952 年在《哲学季刊》上发表的文章"语言和才智"时,他在脚注中引用了 Grice 讨论"意谓"(mean)的例子。参见 J. L. Speranza 2003 年 11 月 20 日对"意义的非自然性"的问答。

② 这是 Grice(1986:85)对意义的思索,他认为应该区分两种话语特征:事实性特征(实际出现在句子中和意义相关的特征)和名义上的特征(被认为出现的连环嵌套的自反性意向意谓 M-intentions),后者极其复杂,实际上不能全部得到体现,Thompson(2008)据此还借用 Unger(1971)的"绝对语词"的概念,把 Grice 对说话人的意义解释视为一个绝对概念(absolute concept)。

③ Levinson(1983:101)指出一个惊人事实:一般而言不管是哲学家还是语言学家,很少有人认为 Grice 的意义理论和他的含义理论相关。

2.2.1 会话含义理论

为了还原一个真实的发展脉络,我按照 Grice 的整体思路来呈现他的意义分析模式。Grice 的会话含义理论是建立在理性假设的基础之上。他提出了会话的一般特征,也就是所谓的日常话语的逻辑,"我们的谈话通常不是由一串互不相关的话语组成,否则就不合情理。它们常常是合作举动,至少在某种程度上是;参与者都在某种程度上承认其中有一个或一组共同目标,至少有一个彼此都接受的方向"(1989:26)。他提出一个(同等条件下)参与者一般都会遵守的初步的一般原则:"使你的谈话,在其发生的阶段,适合双方都接受的目标或方向"(1989:26)。这就是合作原则。他根据 Kant 的四个范畴,提出了四个伴随的准则:质、量、关系和方式准则。他(1989:29)还给出了合作举动的三个特点:(1)参与者有一个共同的直接目标,(2)参与者的言论必须如卯眼对榫头,互相吻合,(3)有这样一种共识理解,没有特殊情况,谈话应该以某种方式进行下去,除非双方都同意结束话语。在此基础上,Grice 根据合作假设和对会话准则的遵守与违反的情况,结合具体语境,解释意会何以大于言传,离析出说话人意义。他区分了规约含义[①]和会话含义,前者在他的理论中有很重要的地位,尤其是对语言哲学研究来说。它在某种程度上可以调和逻辑和日常语言之间的对立,充当二者之间的桥梁。Grice(1989:86)认为话语中的这种意义值得关注。他在会话含义中又根据是否需要特殊语境区分了特殊会话含义和一般会话含义,前者是他讨论的重点。在他看来一般会话含义更具争议,但同时对哲学研究也更有意义,因为同等条件下,它们是任何某种形式的话语都可以携带的含义(Grice,1981:185)。尽管和所有的会话含义一样,它们不是词语或表达式的规约意义的表征,但是他认为一般会话含义可以用来应对处理各种问题,尤其是哲学逻辑中的问题,当然还有其他领域的。会话含义根据对准则的遵守与违反又可以

[①] 对于规约含义许多人看法不一,Bach(1999b)否认其存在,Pfister(2007)持类似的观点,认为这个概念没有必要。Horn(2004)认为这一标签没有多大实际意义,Potts(2005)把它看作语义学概念。冯光武(2007,2008a,2008b)则认为规约含义在 Grice 的理论体系中意义重大,我们也认为规约含义并非可有可无。

细分为标准会话含义和非标准会话含义。一种含义Grice没有明确给出标签，即 Neale(1992:524)所谓的非规约非会话含义，涵盖由Grice(1989:28)提出的其他如社会、美学和道义的准则，如要讲礼貌等所推导生成的含义，这些准则似乎是被他排除在会话准则之外的。后来Grice还提出了会话含义的几个特征：可取消性，不确定性，可分离性，可运算性等，不过他明确指出这些不是界定会话含义的标准，也不可用来测定含义。当然这里我们只是对他意义分析的大致勾勒，具体细节还有诸多限制，并非那么随意，例如对说话人意向的限制，对用法规约的考量等，我们在下文展开。这里要指出的是，很多批评者仅仅抓住这个大轮廓，忽视甚至无视这些细节限制，所以这样的批评就显得武断，甚至是不着边际。

Allan(2007:669)认为，Grice仅仅用理性人这个事实来解释(当然这里还有双方对相互理解和参与交际的兴趣)错综复杂的交际过程中的语言使用，而针对词汇意义的复杂性细腻性却不作要求。他把这种重语用解释舍语义复杂性的做法称作"格赖斯剃刀"，认为这是Grice对语言哲学的一个主要贡献，也是他会话含义理论的核心。他指出，格赖斯剃刀是简约原则，目的是为了理论的简约性。会话含义理论是一个很强大的理论，可以做到这一点(2007:674)。说话人的场合意义是非自然意义的一个下级概念，会话含义的提出是对非自然意义理论的完善和补充。

2.2.2 意向意义理论

Grice的意向意义理论是在批判Stevenson(1944)的行为主义意义论的基础上建立的，也与因果论相对立。意向意义论这个标签实际上来自于Schiffer，他(1982)和Borg(2005)都以此为题写了论文。

Grice的意义分析是从自然意义和非自然意义的区分开始的[①]，采用的方法就对"意谓"一词日常用法的概念分析。Grice(1957)并没有给出二者的严格定义，而是举例从五个方面的表征进行区分和界定："意谓"一

---

① 这个区分来自Grice 1948年在牛津大学哲学学会上的一次学术报告。他(1989:215)认为这种区分比一些学者提出的规约和自然符号的区分要好。实际上他是对Peirce的符号三分说思想(相似、指示和象征)进行了批判。他更注重后二者，主张用"意谓"(mean)取代"是……的符号"(is a sign of)，参见Brancroft图书馆Grice档案室中的"Peirce讲稿"。

词的自然意义用法中,符号和意义之间是衍推关系,不可以取消或者自我否定(这是一种事实性原则);不可以放在引号里边作为直引(可否引用原则);没有说话人意向的介入;不可以在"意谓"一词后面接带引号的短语或句子;"意谓"一词前后的句子是同义关系,如果在这个词前面的句子之前加上"事实是",后一句可以是前面一句的重述,二者有相同的真值。而在非自然意义用法中恰好相反。其实这里的核心区别在于,自然用法表达的是前因后果关系,我们能够从符号推知它所表征的现象,是一种事实性的关系,不可取消。而在非自然意义用法中,牵涉到说话人的因素,且后面的语句的意义可以被取消掉。他承认,尽管在所有包含"意谓"的用法表达中,意谓一词的意思并非那么明了整齐明晰地归入这两个大类,但是大多数情况下,我们至少能强烈地感到,自己会情愿把某个意义归属到这个而不是那个类别中。

Grice 的语义思想在"说话人意义和意向"一文中得以整体呈现。"说话人的场合意义能够以某种方式用说话人的意向来阐释发展。在此假设的基础上,我赞同这样一个观点:固定意义(timeless meaning)和应用性固定意义(applied timeless meaning)能够用说话人的情景意义(与其他概念一道)来解释阐述,所以最终可以用意向这个概念来解释"([1969]1989:91)。这就是他的语义学思想的基本骨架。这里 Grice 没有明示"其他概念"到底为何物,后继批评者也没有谈到这一点。如果它是指规约的话,那似乎是 Grice 一直试图回避的东西,虽然他的论述中又明显地在利用(或者说是避不开)这一概念。这里的做法就是在用说话人意向解释说话人情景意义,不依赖语义概念,不参照语言手段。然后用说话人意义来阐明或者分析另外三个意义的分相。在"说话人意义,句子意义和词汇意义"一文,Grice(1989:126)用说话人意义来分析和界定句子意义,借助说话人知识库中的某一程序,从而避开规约。不过与对上文的"其他概念"的处理一样,直到最后他也没给出"知识库中的程序"详细的解说,只是提到有这么一个基本程序,可以利用它生成不同的组合序列。对于 Grice 意向意义理论模式,Strawson(1964),Schiffer(1972),Bennett(1976),Loar(1981)等都表达了赞同,至少是同情的立场和态度。哲学家对这种还原性意义分析模式较感兴趣。Enfield & Levinson(2006:5—6)

认为,Grice 把意义基于意向识别这种想法很重要,因为它"在广义上显示了意义可以独立于语言或者规约",这是"对意义的心理化"。

2.2.3 意向意义论面临的困境

对 Grice 的意向意义分析模式的评论中,悲观论调占主导。批判主要来自语言哲学界,集中在它一方面太强大,另一方面又太弱。如 Strawson(1964),Searle(1969,2007)[1],Ziff(1967)[2]和 Schiffer(1972)[3]等提出了反例。不过这些反例仅仅表明 Grice 的分析需要改进,而不能证明它从根本上是错误的。Forgelin(1991:219)在评析时曾经说道,Grice 的语义学就没有那么成功,或许到头来还是一种错误的观念,但是他的两个方案(语义学和会话含义理论)都让人看到了一种坚持不懈地往深处挖掘的努力。2007 年在纪念 Grice 意义理论发表 50 年的论文集从不同视角表达了对 Grice 意义分析的看法和立场:Searle 依然抓住规约不放,Chapman,Thomason 也持消极观点,认为 Grice 的意向意义理论基本上处于死亡状态。

归纳来说,批评的矛头主要指向两个方面。第一,关于意义与意向的关系。首先是能否用意向来定义意义。一些作者否认二者之间的关联。Ziff(1967:2-3)认为词汇和短语的意义,一些乱语词汇(nonsense words)没有意义,与个体的意向没有关系。他认为 Grice 似乎把"说话人 A 说了 x 表达了某种意义"与"A 通过 x 表达了某种意义"混为一谈。对意义的意向性解释在语用学界基本被接受,不过 Dascal(1983:38)却认为这一做法没有逻辑必要性,理由是我们可以很轻松地区分 Grice 所谓的"明说"和"暗含",而不必借助于意向意义理论。Horn(2009:25)持类似观点:"交际意图并不能决定明说的内容"。Schiffer(1986:204-205)认为"在用发话人意图解释语言表达式意义和语言哲学家普遍关心的自然

---

[1] Searle 更注重规约,尤其是语义规则。
[2] Ziff(1967)批评 Grice 没有区分词语意义和说话人借以表达的意义。
[3] Schiffer 不反对把意义还原为心理状态,也不否定规约意义的存在。只是相对于意向意义而言,规约意义是次要的,因为它是在语言社区内长期形成的,是满足某些交际意图的结果,参见 Chapman(2005:80)。

语言句子意义时，它无法自圆其说"。Attardo(1993:538)指出，Grice认为词语能够意谓什么是因为说话人想让它如此，而Grice的这种立场一直没有改变，尽管不能说没有争议。

另有作者则质疑意义和意向的先后关系。Davidson并不看好Grice的方案。他([1974]1980:143－144)对用非语言意向和信念来界定语言意义的可能性持怀疑态度，因为"弄清楚一个人的意向和信念离不开对其话语的理解"。Grice认为，说话人意义在逻辑上先于句子意义，在概念上也比后者更为基本。Yu(1979:273)指出Grice这种模式实际上是错误的。Dummett(1989:171)认为"本质上说思维离不开媒介，语言作为媒介对系统的哲学解释最清晰，最经得起考验"，"按照Grice的路子来分析语言是一种完全错误的策略"。White(1990:111)对Grice关于说话人意义和词句意义地位的界定持怀疑态度：前者为基本，用来解释后者。他认为Wittgenstein把意义看作使用的一个优点是，"使用"指的是语言中的应用，而Grice是要把词汇意义的根本(genetics)和应用完全等同于它的意义。White(1990:112)认为借助说话人意向解释说话人意义存在循环论证。Grice对第一次模式进行了仓促修补，以期能够回应一些问题，但这种做法依然是托勒密本轮之一(one of Ptolemaic epicycles)，而真正需要的却是一场哥白尼式的革命。王传经(1996:9－10)认为，无论从认识论、本体论和解释学的角度看，Grice都没有摆正意义和意向之间关系，过分强调意向对意义的决定作用。王传经认为二者之间应该是平等、相互依存的对称关系。所以他建议采用Avramides(1989:13)的做法，把意向意义论中的三个定义等式视为意义和意向间的双条件关系。

当然也有拥护者。其实Strawson([1964]1971)，Schiffer(1972)，Bennett(1973)，Loar(1981)等人都支持Grice的做法。Levinson(1983:112－113)认为Grice的意义理论具有开创意义。作为Grice曾经的学生和同事，Strawson & Wiggins(2001:516)在回忆Grice时，对他的"意义"一文给予了高度评价，认为它极具独创性，实至名归。Pfister(2007:11)认为Grice的意义分析路子基本上正确，因为Bennett(1973,1976)已经向我们展示，不借助语言概念进行意义归纳从概念上说是可能的。Grice在晚年明确指出："要研究明说和暗含就不能忽略意义，因为明说与暗含都基于后者"(Chapman 2005:180;林允清 2007)。

第二个方面是关于意义、意向和规约之间关系的论争。对于意向意义理论最大的争议莫过于它无视规约性,这使得它一度成为讨论的焦点和众矢之的。许多人提供了反例,一些例子还成了传奇:如 Strawson 提供的野人的例子,D. W. Stampe 举出的桥牌手,Schiffer 提到的掷钱者,Urmson 的指旋螺丝等(Searle 2007:11)。最经典的是 Searle 提出的被俘美国大兵的例子。在 Grice 眼里,规约远远不能解释意义是如何获得的,并且规约本身也不是一个统一的现象,它充其量对明说和规约含义的解释起点作用。Searle(1969:45)则认为"意义不仅仅是意向问题,也与规约相关",只有"意向和规约的结合才能对言语行为意欲传递的意义做出说明"。直到 2007 年 Searle 还认为 Grice 无视规约,宣称 Grice 反复的修改本想要自圆其说,却丧失了原有立论的简约性。反例的出现迫使 Grice 不得不反复修改,最后把规约加入进来,在 Grice 的语用学思想中规约从未缺席(姚晓东 2012b)。Grice(1989:31)在讨论会话含义生成时提到,除了合作原则,还需要背景信息,这里不能否认语言使用的社团规约。这一点 Saul(2001:633)也注意到了。对于 Grice 来说,这种层层的修订并非是真正的实际操作,而是当一种理想状态不适用时的一种补救方向,是论证需要而非真实状态。时至今日,对于规约还是意向孰重孰轻,依然是他意义理论方案中没有得到明晰阐释的方面。

Grice(1972:13)不把规约看作初始概念,怀疑规约概念与意义分析和其他语义概念之间的关联性。他(1989:298)再次否认意义与规约的本质关联,意义本质上和确定句子意义的某些方法相关:规约无疑是方法之一,但不是唯一[①]。他宣称"要说出某语言中一个词语的意义就是指出一般情况下操该语言的人用它词语所能做的最佳的事情,或者他们能用它做什么,他们在特定场合下拥有的合适或最佳特定意向。当然这不是说他们非得有这些意向,而是说同等条件下拥有这些意向是他们的最佳选

[①] 尽管 Grice 在后记中坦承词汇意义和说话人意义之间的关系最让他头疼。相比较于其他几个论题,这一关系引起其他哲学家更多关注,也招致了更多的不同意见,无论是正面还是负面的(1989:349)。

择。至于某特定情况下何为最佳,就必须依靠当前的估量来解释"。

对于 Searle 的批评,Grice 并不认同。他(1989:100)认为,Searle 所谓的规约用法关注的主要是具体言语行为的概括,并不是在一般意义上讨论意义的本质,但却把 Grice 的意义理论生搬过来套用在言语行为理论上,以满足自己当前的讨论需要,而不是去完善它。Grice(1989:101)并不否认一般情况下对说话人意图的识别离不开句子规约用法知识,事实上他对非规约含义的解释就依赖于这种思路。另一方面 Grice 也提到他的"话语"是一个宽泛概念,不仅限于话语,还包括传达意图的其他手段,"适用于任何或者可能的表达非自然意义的备选行为或表现"(1989:92),如手势,动作等。把一个句子和某一具体反应之间的对应看作只是提供了其中的一个手段而已。我们认为这就部分地消解了对 Grice 的批评,因为他的概念范围更广。在这种意义上 Searle 的驳论构不成真正的反例①。

Armstrong(1971:441)认为,Searle 的例子基本上处于违反意志运作的认识条件②的边缘,他认为主体必须相信自己的尝试、努力是有可能实现的。他还对意向进行了限定:意向比目的更强,它不仅蕴含相应的目的,也蕴含了说话人相信目的力所能及。这种说法其实在 Grice 的思想中有体现。我们觉得 Bar-on Dorit(1995:114)③的回应更具说服力。在他眼中被俘士兵说出歌德的诗词,与他带上德国军帽或者随意地(但是展示性地)弹德国硬币没什么差别。在所有这些情况下,士兵都是在(欺骗性地)提供独立于意向的证据来证明自己的德国人身份。因此士兵的真实意向不满足 Grice 要求的条件,因为他不想让对方知道他用诗句来欺骗对方的真实意图。如果按 Grice(1989:302)的要求,则是他想让德国军方通过识别诗词认定他是德国士兵,而不希望被德国军方识别出其误导

---

① 如顾曰国(2010:xv)所言,这实际上无视了 Grice 的 utterance, talk exchange, transaction 等概念的本意,把语用学等同于研究语言使用的信息交际的结果。

② Armstrong(1971:438—439)坚持意志的因果论,认为意志的运作受某些认识条件的支配,如果说话人目标一定,这些条件会限制行为主体能做什么。

③ 这里 Dorit 还给出 Bennett(1976:126)和 Lewis(1969:152—154)对 Searle 反例的总结;而 Strawson 的例子也出现在 Blackburn(1984:114f)和 Avramides(1989:48f)的论述当中。

撒谎的意图。另外，Grice(1989:217)认为如果仅留下线索，而不把这个交际意图传递给对方的话，则不能算作非自然意谓，这就排除了此类欺骗举动。因为它不符合 Grice 对意向的限制条件，不能作为反驳 Grice 的证据。Davidson(1986)也不认为规约对说话者与听话者之间的交流是必不可少的；共享规约或解释知识的要求也被拒绝了。

在 Grice 的意义分析中说话人的意向确实占据中心地位，决定说话人传递的意思。Grice 承认规约的位置，认为它是制约意义的方式之一，但既不是唯一，更不是主导。这里要指出的是，Grice 对意向有一个严格的界定(姚晓东 2012b)，说话人不能随心所欲想表达什么就表达什么，也不是表达了就能实现。在"意向性与不确定性"一文，Grice(1971:266)给出了"X 意欲采取某行动 A"成立的三个条件：(1)X 会采取行动 A 所需的步骤[①]，(2)X 确定他会实施该行动，(3)X 对这个的确定不需要证据，也就是说向别人提供证据没有用，还要说服自己[②]。这里我们可以看出，在这个要求中一方面对有意向有条件要求，另一方面还有说话人自身对意向实现的可能性的考量。说话人不能偏离常规，要遵守所在语言社区的一定程序。这里就不能不考虑到集体意向性。1974 年在北卡罗来纳大学的报告中，Grice 提出了几种立场，对 Davidson 的意向概念进行批评。他指出，后者的意向概念主要是非外延性的(non-extensional)。这里他还提到了"意向性与不确定性"初稿中没有发表的部分：在具体情况下会求助于一个确信条件(sureness conditions)。如果一些"条件得不到满足或不能实现，将会使相关的计划丧失意义"(1972:4)。这篇文章建议如果有更好的词，也可以不用"意向"这一术语(1972:6)。另外 Grice 提到过一个很重要的目的——手段原则：为实现目的，说话人会采取必要的方式，这决定了说话人不会信口开河。上述讨论也可以看作对反例的间接回应。1986 年在"行动与事件"一文，Grice 再次对 Davidson(1980)从"愿望/信念"角度对行动的概括的充分性进行评判。他不赞同这种做法，

[①] 这一条件早在 1950 年左右就存在。Grice 在"倾向和意向"手稿中就提出，为实现期望的行为，说话人必须真诚、乐意采取一切明显必要步骤。

[②] Grice(2001:48)再次提及 Davidson 对他意向概念的错误理解：后者把他所谓的"意欲做某事"理解为无条件的价值判断，直接等同于支持和赞同做某事。

而是把行动看作"强式"评估的产物。这其中包括对最终目的的理性选择,实际上已经超越了对行动的愿望/信念分析:在目的上不仅仅局限于参照外部目的的评价,这是从愿望/信念视角来界定行动的做法所无法企及的(Grice 1986b:34)。行动需要强式自由和强式评价,而愿望/信念视角界定行动都无法满足这两个条件。他认为摆脱如此责难的方式之一是拥有这种或那种目的或目的组合,只有当它们能展示出某些让人向往和期待的特征时,才能被视为正当的(Grice 1986b:35)。Grice(1989:36)写道:"很显然,如果要使合作原则起作用,必须要让听众理解我话语的内容,即使话语中含有模糊内容"。另外我们认为,Searle 在批评 Grice 无视规约的同时,自己却没有区分用法规约与意义规约,忽视了意向本身的规约用法,意向并不是毫无章法,说话人不可以为所欲为。

  Grice 对意向的分析并非没有来由。Chapman(2005)指出 Grice 受 Stout 的影响。Stout(1896:356)是在批判 Shand(1895)时区分了愿望(desire)和意愿(volition)。Shand 认为二者无法最终区分,难以明晰地厘清其间关系,而 Stout 则认为前者是一种希冀(wish),其中缺失了"意愿"的一个因素,而后者是这样一个愿望:我们判断,我们会去使得想望的目标实现,如有可能一定会去实现它。比较而言,渴望(longing)只是一种飘忽的目标;愿望只是渴望这样的想法再加上一个未知的、有疑问的判断:我们可能会、也可能不会去尝试实现它。有时候这种可能性仅仅是一种假设,有时候是一种明确的条件。而对于意愿来说,如果判断认为结果不可能实现,那么它就不是完全意义上的意愿,就不存在。当然,意愿并不只是一个判断,它是我们本质的认知方面,这种本性能够赋予意动确定性的特征。意动倾向作为判断的理由,就是动机。Stout(1896:357)认为我们不意愿去做我们相信不可能的事情。这些论述无疑启发了 Grice 对意向性的限制,并且我们也看到 Grice 确实受其影响。

  其实下面的作者也注意到了这一点。Schiffer(1972:13)谈论意向意义时指出,"这样说并不能让 Grice 承认一个人能够想说什么就说什么,怎么高兴就怎么表达自己的意图。说出的话 x 必须要有相关的意向,并非 x 的任何值对这个目的来说都合适"。他不否认规约意义的作用,只是认为它附属于意向意义,因为在他看来,规约意义也不过是随着时间的推移在语言社区之内建立的,是满足交际意图的产物。另外 Neale(1992：551)指出,在 Grice 的理论分析中也绝没有要求一般情况下听者一定要通过解析出说话人说出句子 X 时表达的意图来确定 X 的意义。Chapman(2007)点明:在"意义"一文中 Grice 把规约意义纳入说话人意义进而归于说话人意向,本来只是一个希望或理想,而不是一个终结的过程。Grice 并不是要否认这种规约意义的存在,而是暗示它可能最终会预设说话人意向,而不是相反。

2.3 意义分析背后的深层假设

在 Grice 意义理论背后有一系列假设:说话人是常态的理性主体;日常会话遵循一定的原则,呈现出某些特征,交谈是合作举动;会话双方有一定的共同目标和可接受的方向。交际主体有自反性意向(reflexive intention),双方共知的背景知识,或者至少假定对方知道这样一种最佳的理想状态等。这里主要涉及理性主体假设和会话的合作性。

2.3.1 理性主体假设

Aristotle 认为理性是区分人类和其他动物的关键。理性被看作是非理性和不合理性的对立面,理性信念与由情感、信仰、权威或者任意选择所获得的信念相对立。Grice(1991:83)给出了造物主赋予我们理性的原因,"理性可能是[造物主]对生物体的生物学恩赐,他们的生物学需求复杂,生存环境多变……如果一个生物体的生存依赖于应对各种复杂多样的刺激的能力,那么为他们配备适量的巨大本能能量的工作将会变得越来越困难,代价不菲。理性方案的更替就应运而生,顺理成章"。更多关于人类主体的理性假设可参阅 Hempel (1965)。

在分析哲学内部,理性主体假设是一个前提。理性人是能根据理由进行推理,对自己的行为负责的人。Grice 的理性思想集中体现在他的《理性面面观》一书,在《价值构想》中也有反映,部分散见于他对意义的论述中,也折射在"逻辑与会话"一文。虽然他没有明确把理性作为一个原则提出来,但是在合作原则及准则的底层处处都蕴涵了对理性人的假设。

谈话都是建立在对说话双方理性假设的基础之上。在 Grice 的论述中"理性的""合理的"出现的次数要远远高于"合作"出现的频率。理性的概念贯穿其中,而合作总共也没有提及几次。Grice(1989:28)明确指出,"我公开声明的一个目标,就是把谈话看作是有目的的,其实是理性行为的一个特例或类别"。他重申"我更愿意把会话实践的标准看作是我们理应遵守,不该放弃的,而不是仅仅当作所有人或者大部分人实际上遵循的"(1989:29)。

Grice(2001:24—25)在给"理性"下定义时,借助 Aristotle 的《尼各马科伦理学》中的概念,认为心灵的推理性部分和非推理性(或愿望的,desiderative)部分都可能有理由,前者是本质的固有的,是理性原则或戒律(precepts)之源;后者是外在的,是对原则或规则(rules)的留意或听从。Grice 的理性概念与 Aristotle 对"有理由"(having reason)的第一种解释相关,即具备推理的能力;第二种等于"合理的"(reasonable)。在实际的行为中,"理性的"(rational)指的是拥有(或者说在某个具体场合体现)达到行为原则或戒律的能力;而后者是说,在执行这些原则或戒律时不受愿望或冲动的干扰。

如果没有反例,人们一般被认为是理性的,这是一个基本假设。它的作用和意义在于,既能够为理解行为主体的日常意向性活动提供解释,也能够提供理论解释,即我们所说的从理解和证明两个方面提供理论解释。具体到言语交际也就是说,在理性的指导下为了实现目标交际双方才会去合作,满足别人目标的同时实现自己的利益。冯光武(2006:11)认为"理性是会话最高层次的原则,因为只有认定对方是理性的,话语理解才有可能;只有互认对方是理性的,交际才有必要"。从听话人的角度来讲,假定说话人是理性动物,没有特殊情况时在最低消耗和最大收益之间做出平衡,调整自己的言语行为;从说话人角度,他也必须衡量这二者之间的关系,顺情应景,考虑得失。这其实是从不同角度看理性原则的两个侧面,既能用来理解说话人的话语,又能为说话人这样做提供理由(Kasher 1986:109)。

在所有会话含义的产生过程中,理性假设都起作用,理性主体假设是语用学理论建构的默认前提和出发点,把对象视为理性主体,能体现理性的信念和愿望(姚晓东,秦亚勋 2012;徐盛桓 2013:4)。如果我们假定了一个非理性的说话人,就失去了意向性保证,意义也就无从谈起了。Grandy & Warner(1986a)认为,只有理性的人才能够自反性地意向性意谓。这种说法是建立在理性定义是有价值负载的的基础上,或者是立足于理性选择。Elster(1986:27)曾经指出,"交际和讨论都是建立在每个谈话者都相信他人是理性的这样的默认前提之下,否则就失去了交流的意义"。Recanati(2001:82)也谈到,"语用解释只有在我们预设主体为理性的情况下才有可能"。Greenall(2002:57—59)指出,Grice 在解释合作原则的过程中坚持交际主体的理性,坚持理性和交际之间的关联。她指出 Grice 并非唯一的,也不是最先的发起者。她回顾了在 Grice 前后坚持交际理性主体的研究者,如,Allwood(1976),Kasher(1976)和 Levinson(1983)。这些作者不仅坚持交际参与者的理性,还坚持这种理性与交际、理解之间的关联,虽然这种关联并未得到明确表达,只是一种理解。在这一点上 Grant(1958:308)旗帜鲜明。她指出如果交际参与者不是理性的,理解根本就不会成为可能;理性是理解的前提:"我们不能指望在一个重要意义上'理解'别人的行动,除非我们预设总的来说主体意欲他们行动的可能后果。"Chapman(2005:141)指出,Grice 曾暗示过,相比较最初的形成时期,在后来评论作品时他更加明晰地得出、或者是发现了理性对会话理论的重要意义。Allan(2007:682)认为,在"再论意义"一文中,Grice 对"神秘"的解释暗示了这样一个思想:解释,因而也是交际的可能性,依赖于这样一个相互假定:认定彼此大体上是理性的。在这里,解释一方的生物体必须——如果要交际的话——认定对方是"在众多的方式中这样或那样地值得信赖"。这些都反映了理性假设的存在及其作用。

2.3.2 合作假设的提出及其争议

合作原则及准则是在 William James 讲座的"逻辑与会话"中正式提出来的。这一讲实际上是为了讨论形式逻辑和日常话语逻辑的差别。他在讨论制约会话的一般条件时提出了合作原则,认为这是会话的一般特征或者"逻辑",会话逻辑不同于形式逻辑。无论是日常派还是形式派都没有充分认识到这一特征。在言说层面，日常语言和逻辑语言并无差别，只是在含义层面有差异①。Grice 仿效 Kant 的四个范畴，提出了质、量、关系和方式四个准则。他承认还有别的如美学、社会或者道义准则存在，如"要有礼貌"等(1989:26—28)。

其实根据 Strawson(1952:178—179)，20 世纪 50 年代早期 Grice 就有了一些关于准则的思想的萌芽；在 1961 年的文章"因果感知论"中就出现了语言使用原则和准则的雏形(1961:132)。一些对日常语言心存好感的哲学家，尤其是在牛津 Austin 组织的周六 Play Group 内部，在讨论含义的重要哲学意义时，也涉及类似 Grice 后来讨论的准则的东西，例如 Urmson 指出直陈句中隐含着真实性、合理性的立场。这与 Grice 的质的第二次则近似；Nowell-Smith 则加上了类似关系准则的东西，对于关系准则的思考最早出现在 Grice 的"意义"一文中([1957]1989:222)。Nowell-Smith 在《伦理学》一书提到，某些词语的运用就带着某些语境隐含，当说话人做出某个陈述时，就意味着他相信所说话语的真实性，有做出这个陈述的很好的理由，并且他所说的话可能被认为是和听众的兴趣相关的(1954:81—82)。这说明在当时，类似于质准则和关系准则的要求已经在伦理学著作中为大家所熟知。而有关量的准则的讨论，他在与 Warnock 一起合作讨论"感知"概念时就开始了，这也是他一直以来长久的关注。量的准则的形成有一个发展过程：最初，Strawson(1952)提到了类似后来被称为的量准则的第一次则，表示受 Grice 的影响。此后几年 Grice 也一直在思考这个问题，思索的结果就是他在"感知因果论"结论部分的表述："除非有好的理由，否则应给出一个更强的陈述，而不是弱势陈述。"(1961:132)，这也是他对建构语言使用的一般原则的首次尝试。

其中这里边有两个修订值得注意，关于准则的条款最初是对语言使用中一个人做了什么的陈述，后来改为他应当做什么；另一个则是引入了"好的理由"概念，这就可以解释违反准则的情况，即，如果理由充分，允许

---

① Hintikka(1998:419)认为，Grice 提出这个对立是一种误置(misplaced)，并不是因为形式逻辑太形式化才不足，而是说它只在句子或者命题的层次上起作用，而没有把语篇中不同句子之间的关联考虑在内。

第二章
Grice 的意义分析模式

出现意外。Chapman(2005:96)在提到这一变化时指出,Grice 没有详细展开这一点。对违反准则原因及其后果的考虑对 Grice 后来的研究至关重要,正是这样做才赋予了准则解释力和概括力,而不单单是一系列的语言行为的规则。这里 Chapman 指出了言语行为、准则背后的理性因素,而她对第一个修订不置可否,我们认为这耐人寻味,发人深思。Grice 为什么把对语言行为中发生的情况的描述改成了行为者应该怎么样做的祈愿性要求?这也是我们可以用来审视能否把 Grice 的合作原则及准则看作是描写性的一条线索。

Grice 演讲中多次讨论行为的类型以及由此带来的期待类型。会话作为人类行为的一个类别,特征之一就是参与者之间的合作努力,有一个共同的目标。会话活动中,人们一般都会既向对方展示、同时也期待从对方那里获得一定的助益。通常的理解是,这些帮助不会阻碍具体目标的实现,不会付出不必要的努力。这种所期待的助益性必须能够拓展到其他协作行为中。

需要指出的是,Grice 在早期讨论这个论题时用"合作"这个标签指他想要描述的特征。在手记中他曾经揣测:"在我们一起所做的事情中的助益性(helpfulness)是否等于合作?"他似乎把二者等同了。在他后来一系列的讲座中,会话的助益性原则被重新标记为合作期待。后来在牛津讲座中他发展了自己对合作概念的本质界定,把它视为受某些规则或原则制约、对所期待行为路子的详细设计。最初他并没有采用"准则"这一名称,而是采用"目标"或"必要之物"(desiderata),且只有两个:直率公正与清楚透明。这是对会话特征的比较松散的列举(会话特征集合),只是后来演讲时才呈现出最终发表时的样子。Chapman(2005:98-99)指出,这些会话的规则性受到 Aristotle 和 Kant 的启发,后者的范畴概念是对人类经验类型的描述。Grice 是想对原则集合进行一个形式化的安排,目的是要把关于语言使用的所有原则连接起来,寻求一种统一的解释,并在语言理论中寻找它的位置。四个准则是对 Aristotle,Kant 提出的范畴概念的半认真半严肃的回应。这些会话行为的规则性是要涵盖除了纯粹语言之外的人类行为和认知的方面(2005:100),所有这些都为 Grice 四准则提供了自然性与普遍性。

很早就有关于类似于诸准则的论述，Pietarinen(2004:301)还指出Grice与Peirce(1905，*Issues of Pragmaticism*)有非常相似的论述。合作原则就是要求我们说话时提供足量信息，不说没有把握或者虚假的话，前后相关，说出的话清晰有序(Grice 1989:26-27)。Jaszczolt(2002:211)也提到，Mill(1872:517)，Ducrot(1972:134)的论述与量准则类似。Horn(1990,2009)详细讨论了先前就出现的类似于量的准则的论述。

上面的讨论显示，Grice把合作等同于实现目标的助益性，合作是双方的一种期待，把规则性要求看作是必要之物。这些似乎都可以拿来反对把合作及准则看作是描写性的立场。合作原则问世之后产生了重大影响，也"受到多方的攻击，有些是合理的，有些则是建立在误解之上的"(顾曰国 2010:xv)。批评集中在如下几点，研究者给 Grice 贴上了不同标签。

2.3.2.1 理性主义的乌托邦

会话原则的提出产生了重大影响，成为语用推理的一个重要工具和参照[①]，会话含义理论也成为语用学理论构筑的基石之一。随之产生了诸多批评和争议，主要是围绕着合作原则及准则的定性问题，以及随之而来的关于它们是否符合交际实际的争论。Grice 的措辞采用了祈使句的形式，引起了关于原则及准则到底是规定还是描写的争议，还有对它们的普遍性是否合乎实际的争论。有作者认为各准则不仅含糊，且重复多余，还有相互冲突之处(姜望琪，2003)。新-/后-格赖斯学派对它们进行了修订，很多理论家只接受极大修订之后的准则(Horn,1996)。新格赖斯学派有 Horn 的 Q-和 R-原则的语用分工(1984,1988)；Levinson(1987,1991)的量原则、信息原则和方式原则，及其关于三者在含义推导中优先顺序的讨论，后来他(2000:35-38)在讨论一般会话含义时又把会话准则简化为缺省推理的三个推导启发(inferential heuristics)，而不是规则或行为规范。关联论试图以关联原则统括会话各准则，取代合作原则。

---

① Davis(1998:114)则认为合作原则及准则在含义产生中没有作用，在含义识别方面发挥的作用是间接的，非必要性的，和熟知的倾向性在归纳推理中的作用一样。"会话含义不能由合作原则及准则或风格、礼貌、高效等原则推导出来。这对句子含义(相当于 Grice 的一般会话含义，1998:21)和说话人含义(相当于 Grice 的特殊会话含义，1998:21)都适用"(1998:132)。

第二章
Grice 的意义分析模式

另外一些局部调整包括：O'Hair(1969:45)对量准则的重新表述①；Searle(1975b)提出的经济方式准则②；Kempson(1975:196)对关系准则的充实③；Harnish(1976:362)把质准则和量准则合而为一④；Martinich(1980:219—220)对质准则进行扩充和修订⑤；Leech(1983)则逆简化的潮流而动，提出了礼貌原则，试图拯救合作原则。Attardo(2000:823—824)提出增加一个合适性准则，在方式准则内部加上一条"分级凸显"的说明细则。上述调整都是在形式上对 Grice 合作原则及准则的简繁进行修订⑥，这里不作为讨论的重点。我们把视点放在各方对原则和准则内容和性质的讨论上。Kasher(1976,1977,1982,1987)认为 Grice 的整个原则、准则体系都可以看作是遵从某种"最省力高效"的理性原则的结果。这个做法我们在下一章详细讨论。

对合作原则的质疑始于理想主义。这个标签主要来自 Grice 对交际主体的理性假设和对会话双方合作举动的假设，这一节主要讨论后者。批判的矛头指向两个方面：各准则无视社会文化因素和会话主体差别，不具普遍性；合作原则忽略了交际目标的异质性⑦。

对于第一个方面，最先发难的是 Keenan。她(1976)以 Malagsy 社会岛民不提供足够信息、不遵守量的准则为例，认为 Grice 的概括忽略了社会文化差异，因而不具普遍性⑧。对于这种说法，Harnish([1976]1998:304)指出，Grice 本人从未说过，也不会坚持，所有的会话都由准则支配。

---

① "如果听话人对后者所能传递的附加信息感兴趣的话，除非有相反的压倒性的好的理由，一个人不能做一个较弱的而不是较强的陈述"(O'Hair 1969:45)。

② "若无理由，就用习惯表达式"(Searle 1975b)。

③ "使你的话语形式和它的内容相关"。这种说法忽视了语言形式和功能的非一对一映射；另外参见 Gazdar(1979:54)对此的批驳。

④ Kasher(1998:276)，"量和质准则：有证据就给出最强的相关主张"。

⑤ 要真实可信：就是说，不要明明知道成功地、毫无瑕疵地实施某个言语行为的条件不能得到满足，还参与这样的言语行为(Martinich 1980:220)。

⑥ 另外，Kasher([1982]1998:203)提出了另一个限制："不要说可能对自己不利的话"。

⑦ Grice(1989:368—369)也意识到了外界对合作的质疑，觉察到读者对会话准则与合作原则的不同反应。

⑧ Leech(1983:80)认为纯粹根据量化分析来否定合作原则是错误的。他指出一些作者把会话准则误认为计量规约，并且从来没有人说过在所有社会中合作原则都始终如一地适用，毫无例外。

他认为 Keenan 可能是被 Grice 的话误导了,Keenan 的错误在于她认为 Grice 的准则如果要具有普遍性,就必须被无条件遵守。Harnish 认为这没有必要：Grice 的理论基本上是有条件的(如果会话由准则支配,那么我们可以用这样或那样的方式来解释如此这般的含义),不能因为前提不成立就否定理论本身。Gazdar(1979)则认为 Keenan 对 Grice 会话准则的质疑,揭示了"准则仅对某一文化、社团或事态来说合理,因而不能把它们看作会话的普遍原则"(这里 Gazdar 把 Grice 的准则说成了原则)。Gazdar(同上:55)认为"尽管这种质疑丝毫没有减弱研究某语言社区会话意义的语言学者对它的兴趣,但是无疑削弱了其哲学或心理学意义上的重要性"。他认为最好把这些准则引起的含义看作一般的规约含义,而不是一般会话含义。Verschueren(1978:114-115)在提到量准则时说它适用于理想的标准会话；有许多言语交际类型(如某些文学作品)不需要以这样的量准则作为它们预设的一部分。其实,对这些类型来说谈论所需要的信息量没有意义。Marmaridou(2000:241)也对合作原则及准则的普遍性和跨文化差异提出了质疑。

Kasher 并不认同上述文化相对主义的论调。他([1976]1998:206-207)主张用理性原则取代合作原则,认为有效方式原则超越了具体的文化差异,具有普遍性。在从有效方式原则推导数量和方式准则时,并不涉及合作原则。至于为什么 Malagasy 语言使用者不提供足够信息,Kasher 的回答是,理性主体采取行动的时候不仅要考虑高效性,还要兼顾低耗性和为此要付出的代价。他以比较激进的方法化解了 Grice 面临的挑战。但是我们认为他有把孩子和洗澡水一同泼出去的嫌疑。另外,Sbisà(2006a:236)指出,如果把合作原则看作是听话人为了对听到的话语做出一个尽可能充分的解释而对说话人做出的理性假设(听话人这样做是理性的),那么在这个意义上合作就具有了普遍性。

还有作者认为 Grice 的原则无视社会因素。Fairclough(1985:756-758)认为合作原则仅适用于"平等对话者之间",Grice 及其追随者忽视权势关系,不顾地位差距,是一种理想化。他认为在构拟合作原则及准则的时候,Grice 心中的谈话者肯定是大体平等的,谈话也是在基本有平等发言权的交谈者之间进行。他指出,要平等对话,谈话者之间肯定拥有同等

第二章
Grice 的意义分析模式

地位,平等的组织语篇和语言使用的权力与义务:平等的话轮转换权力、避免冷场、不打断对方的义务;相同的能相互让对方承担责任、实施取效行为的权力(如请求和提问)以及应答的义务。另外,地位平等也意味着在对 Grice 准则中的核心概念的决定上具有同等的控制力,也就是解释权在谁手里①。另外,Fairclough 认为,生活中确实存在接近这些准则条件的互动,不过这绝不是典型的互动。我们不能仅仅对理想的例子感兴趣。很多问题都是由于忽略权势关系而造成的。Mey(1987:286)持类似观点。他认为社会地位平等是合作的前提,合作是作为意识形态的交际的一个基本构成成分。其实 Leech(1983),Brown & Levison(1987),Leech & Thomas(1988)以及 Verschueren(1999)都强调了权势和其他社会文化因素在交际中的作用。Sarangi & Slembrouck(1992:141)指出,"(非)理性""高(低)效""人类善意仁慈""伦理的"和"道德的"等都是有社会负载的,对不同的参与者来说情况不同,因背景等社会因素而异,具有相对性,所以没有必要把 Grice 的最初方案看作是理性高效交际行为的最高形式。Rundquist(1992)从性别差异的视角展示了男女在违反 Grice 准则程度方面表现出来的差异,证明社会因素在会话中的介入作用。

更有甚者,有的作者给 Grice 贴上了民族中心主义者的标签。Wierzbicka(1987:110;1991)从跨文化的视角出发,认为 Grice 对同义反复的解释是一种民族中心主义的错觉,而文化规约才在解释中起中心作用。Campbell(2001:256)认为准则"预设了一个几乎是乌托邦式的温文尔雅的说话人行为,和一套即使连 George Washington 也会反感生厌的老套的真实性标准。它们甚至让人想起了早期皇家社会的清教主义。"Grice 被指责为和 Habermas 一样"犯了哲学病,只关注严肃的事实陈述"(Martinich 1980:219);合作只不过是"哲学家的天堂"(Levinson 1983:102),"建筑师的草图……该原始草图必须不断扩展和重新阐释才能满足实际居住者的需要"(Lakoff 1995:194)。

---

① Mey(1987)和 Pratt(1981:13)指出了如下问题:核心概念的解释由谁来决定,如何界定真实性,证据的充分性,多少才算是足量以及什么话题才算是关联的,谁有发话权等。

与此相关的一种说法是，原则及准则不合实际，日常会话中违反所谓原则和准则的例子屡见不鲜。Riniker(1979:59—62)认为"Grice 的准则得到敬意不是因为被遵守而是源于被违反"。他逐条批驳了 Grice 的准则。他认为量准则源于以下的错误假定：直接传递信息是交际最重要的方面。而实际的情景是，大部分日常交际主要关注的不是信息传递，而是调整我们的社会生活，满足一定的心理需要。出于心理的原因，量准则既不符合实际也不让人向往，因为在这里人类交际被看作机械的而非心理的。即使在直白地传递信息的交谈中，自我表征的愿望或利用话语实施控制的企图都在起作用。另外 Grice 的量准则抛弃了冗余性，从长远来看这也不可容忍。Riniker 的结论是，这个准则充其量在计算机之间的交流中有效，而这样的互动很难被视为会话。对于质准则①，Riniker 认为这个要求完全不现实。我们的很多日常谈话（如礼貌语言，玩笑，讽刺，小说）根本不是为了要达到"真实性"。夸张和弱陈等也不具有真实性，依然是正常的话语，而不是例外。对于合作原则及量准则的反对意见同样也适用于关系准则。这里所说的关联是话题关联性。他认为话题关联并不是交际的条件，交际中我们并不都是话题关联的，而只是满足心理需要。他认为是否遵守以及在多大程度上遵守方式准则取决于交谈的情景和语言行为之目的。他最终的结论是：Grice 的准则是规定性的而非描写性的，不能解释实际的语言互动。

我们认为上述批评者似乎都犯了无视语境的错误，没有看到 Grice 论述中提到的语境因素。语境信息中肯定包含对说话双方地位、远近亲疏的考虑，也包含说话人对上述关系的考量和动态建构，更不用说对意识形态等问题的考虑了。现实生活中也没有如此头脑简单的人，会置一切社会因素不顾。其实 Grice 的例子中很多都牵涉到社会因素，如推荐信的例子中，导师的话语被认为是有会话含义的，是由于表面违反了关系准则而推导出来的。但不可忽视的是，不把社会常规纳入视野，听者根据什么判断导师的话语是不相关的？同样还有 Grice 所列举的发话人询问对方有没有女朋友的例子，这里不能说没有社会因素在起作用。我们认为

---

① Verschueren(1978:140)把它叫作"真诚条件"(sincerity condition)。

第二章
Grice 的意义分析模式

比较中肯的意见来自新格赖斯学派。Levinson(1983:102)在合作原则及准则的基础上定义交际的本质。他认为 Grice 的假设很容易面临"哲学家的天堂"这样的指责。不过 Levinson 认为 Grice 的观点稍有不同,他痛快地承认,人们并非照单全收、一字不差地按照这些指南行事。相反在大多数日常谈话中,这些原则是努力适应的方向。所以当会话不符合这些规定时,听话人会认定这只是表象,合作原则在更深的层次上得到了遵守。Horn(2004:8)指出,"自从 Keenan(1976)之后,不时有人指责 Grice 的准则是琐碎的,幼稚到头脑简单的地步,是因文化而异的(如果不是彻头彻尾的民族中心主义的话),不适用于寒暄和其他不是以信息交换为目的的交流"。对此 Horn 的态度是,无论是原则还是准则,既不是伦理行动的规定,也不是民族主义的判断(ethnographic observations)。Grice 的意思不是说,说话人必须这么说话才行,否则 Grice 就没有必要讨论准则违反的问题。他提出合作原则及准则是为了解释为什么人们能够传递跟字面明说不一样的意思。Horn 提出了一个更精准的解决方案:把它们看作默认背景或者是类似 Bach & Harnish(1979)那样的假定,谈话双方都意识到的,并据此来推导语用含义。另一个误区在于,很多研究者把 Grice 的会话含义理论等同于交际理论。我们赞同熊学亮(2007:34)提到的语用学研究的分工问题:Grice 是从哲学角度探讨语用现象,他的语用推理理论属于哲学理论范畴,在分析的时候难免缺乏具体的、相应的操作细节[①]。对此我们深表赞同,因为 Grice 的志趣原本不在交际理论的建构。吴炳章(2009:11)也指出,合作原则与其说是一种语言交际理论,倒不如说是一种意义解释理论。

第二个方面的批评指向目标的异质性。许多作者认为 Grice 的合作只是一个幻想而已。现实生活中竞争、冲突的例子不少见,说话双方很难

[①] 程雨民(2009)认为不能用自然科学等硬科学的精密标准来衡量人文科学的方法和标准,对于这方面的质疑,Grice 可以不必答辩。Grice 采用的是人文学科中探索原因的方法,对合作的遵守,对准则的遵守与违反以及含义的推导,在很大程度上是内心活动过程。这和强调形式分析的作者以机械的态度对待遵守与违反准则不同。另外张绍杰(1997:74)指出,Grice 的理论"属于逻辑语用学范围,只能对人类语言使用的一般现象提供解释,无法从真正意义上揭示语言使用的本质问题。"对后半句我们持保留意见。

有共同的目标和方向①。Kasher([1976]1998)对共享目标的说法提出了质疑,认为有不同程度甚至是完全冲突和竞争性的目标。他(1977:232)②认为"这个原则太强大了,它建立在合作和共享目标的假设之上,而不是立足于协同和独立目标这样更弱的假定"。Kiefer(1979)认为,Grice 的合作仅仅适用于合作性的交际,双方有共同的目标、同等的兴趣和平等的社会地位,也就是仅适用于极其特殊的情形。Kates(1980:126)批评合作原则是一种乌托邦。May(1981:45)宣称合作原则把自己局限到"无私的合作偏好的情境之中"。而 Sampson(1982:204)对会话合作的评价是"暗示了一个对社会生活极其错误的认识"。Pratt(1981:14)认为在对交际的格赖斯式的合作解释中,忽视了情感因素、权势关系以及由此带来的对共享目标的界定。她指出,只有在个别情景下说话的人才有共同目标。Sarangi & Slembrouck(1992)以机构话语为例,讨论了地位身份不同、目标利益相冲突的交际双方的不合作行为及特点,指出社会因素如地位、话语权、知识结构等因素对交际的制约作用,强调了发展社会语用学的重要性,呼吁充分关注语言使用者的社会定位和情景语境的社会维度。

需要指出的是,许多作者可能混淆了这里两个层次的合作。Green(1990)承认合作原则的普遍性,而认为四准则不具这样的普遍性。她认为作为有目的性的话语,会话目标具有层级性,互相砥砺调整,而不是简单的共享与互知。Thomas(1986,1998b)提到社会目标共享和会话语言层面合作之间的不统一性。Attardo(1997b)也提出了语言层面的合作与取效行为合作两个层次,提到了目标的层级性。第五章会详细讨论这个问题。

2.3.2.2 脱离语境的谬误

这种指责与上面的一些批评有关。部分学者认为合作原则能够产生

---

① 其实主要是反对共同的目标假设,矛头直指"双方都接受的共同方向"的批评比较少见。吴炳章(2009:147)也认为"合作原则把会话看作双方为共同利益而进行的合作,……语言交际实践远不是在没有冲突的情境下进行,交际各方也没有先验的义务和对方合作,除非这种合作行为符合自身利益"。

② Kasher(1998:186-188,192,205)还认为合作原则是错误的、不必要的。他主张用理性原则(有效方式原则)取代合作原则,各准则也一道被抛弃了。

第二章
Grice 的意义分析模式

任何想要的会话含义。在批评 Grice 的理论时 Kroch(1972)指出,"如果一个理论在解释存在和不存在的事物上同样省力,这种理论就没有解释力"(转引自 Gazdar 1979:53)。Sadock(1978:285)指责合作原则"是如此含糊,几乎任何含义都能在几乎所有意义的基础上运算出来"。他([1978]1998:319—320,324,329)认为,合作原则太强大,囊括了不属于自己的东西。无独有偶,Kiefer(1979:70)也认为"几乎任何意义都可以在合作原则的基础上运算出来"。持相同观点的还有 Sterelny,他(1982:191)指出在某一合适场景下,一个句子类型能够蕴含几乎足够多的任何意义,因而所有的句子类型都会与同类可能的含义相联系。Sperber & Wilson(1982:71)表达了类似的看法。他们认为 Grice 的模式放松了对理解过程的一些关键性限制,把比喻性话语的字面意思仅仅当作对意欲传递信息的一个松散的提示线索集合,而不是信息本身的必要部分,"这样就使得可及的解释数量变得无法控制。"Hanks(2001:209)从民族志的视角指出,Grice 对意义和会话的处理方法一开始就面临三个难题,其中之一就是太抽象,无法验证其效度,"问题在于 Grice 的原则是如此模糊,它们的应用如此多变,很难想象哪一个场景它们不能派上用场"。Jaszczolt(2002:219)在谈到别人对 Grice 合作概念的评论时也指出,一些评论认为 Grice 的含义理论太弱,因为它允许推导出所有可能的含义,而不仅仅是说话人本身想要表达的含义。

  我们认为这是对 Grice 的误读。在解释会话含义的产生过程时,Grice 就明确指出语境的重要性(1989:31),包括语言语境、其他语境及背景知识。另外早在"意义"一文讨论明说的消歧时(1979:222),他提到了语境作为判定标准的作用。这里他强调话语与具体情景的关联,比如当一人在大火旁边喊着要 pump,肯定不是要自行车气筒;某人把香烟放到嘴里,伸手去摸口袋,你肯定会认为他是在找打火机。这实际上蕴含了 Levinson(1979)提到的活动类型对意义的确定作用。Levinson 的活动类型(又称社会事件 social episodes,393)概念对于澄清这个问题很有帮助。他(1979:376—379)同时认为活动类型对含义的推导有一定的限制作用;合作度和话题先后顺序等都与具体活动的性质有本质联系。含义推导部分地取决于总的语言游戏,活动类型在语言运用中发挥中心作用。

它的限定方式有二:决定什么样的贡献是活动所许可的;协助确定言说如何被接受领会以及从明说中能够做出什么样的推理。他还提出了特定活动的推理规则(activity-specific rules of inference)。所以我们认为,如果把 Grice 对语境的考虑纳入视域,上述指责就有点儿不着边际,因为语境就会把不相关的推理和由此产生的含义排除在运算范围之外。

Levinson(1979:377)在谈到活动类型对话语推理的结构限制时提到,具体推导模式是对每一个活动结构限制的映象。活动的结构和推导之间的关系与 Grice 的准则和由此产生的推导之间的关系类似。他认为准则设定具体期望。如果准则被公然违反,那么保持这些准则的推导就会产生;如果说话人提供的信息是充分的,我们会强烈地认为这些信息是合作的。同样,具体活动的结构特性设定强烈的预期。

2.3.2.3 原则与准则的关系的论争

关于合作原则与四准则之间的关系,先期研究讨论不多,既不系统深入,也看法各异,且对二者的定性也不统一(姚晓东,2014)。有学者认为其间存在着概念矛盾之处(高卫东,1997),4 准则与合作原则之间的关系甚至是源于误解(孙玉,1994),准则不必源自合作原则(Kasher,1976)。Grice(1989)本人也意识到学界对准则和原则的接受程度不同:读者对 4 准则基本接受,而对于合作原则却相当有非议。上述种种显示了进一步梳理挖掘、消除误解的必要性与合理性。综观语用学界的相关文献,对二者之间关系的界定大致体现为如下四种:

(1) 主次关系

Kasher([1976]1998:193)认为原则是准则的基础,准则是伴生性的(accompanying)。Taylor(1992:140)认为准则是原则的"补足准则",各准则"合力支撑"合作原则。Bontly(2005:292)认为二者是主从关系,准则从属于原则,原则衍推准则。合作原则及准则之间不是构成性的,并非任意的规约而是实现交际目的的理性策略。该立场的基本观点就是:原则为主,准则为辅。

(2) 构成关系

欧洲社会语用学家 Mey(1993:65)认为合作原则由准则"组成",准则是原则的"示例"(instances)。Huang(2007)称合作原则为"总的公设"(overarching dictum),而四范畴则被称为"组成成分准则""构成准则"(component/constituent maxims,25,36)和"相关准则"(associated maxims,202,282),Davis(1998:114,189)持相同的说法。White(1990:112)认为质、量、关系和方式 4 准则是合作原则的细分,他把准则看成规则(rule)。Enfield & Levinson(2006:6)把原则和准则之间的关系看成是包含或构成关系。这种说法可能不是 Grice 的本意。

(3) 蕴含关系

Sampson(1982:203)认为合作原则暗含了准则,准则是原则不同类别的蕴涵。不过他在尾注中补充道:这种做法似乎让 Grice 接受或者承认一些他本人没有那么明确和具体化的东西(1982:210)。Lycan(1984:75)认为诸准则是合作原则的"推论"。Stalnaker(1989:526)认为,合作原则为各准则提供支撑,证明其正当合理性。

(4) 例示关系

在谈到原则时,Levinson(1979:393)认为,相比较他本人提出的特定活动的推理规则,Grice 的诸原则是统摄性的(over-arching)。他(1983:101)直接把准则叫作原则,各个准则共同表达了一个一般的合作原则。在列举了 Grice 的原则和准则之后,Levinson 认为这些准则明确了参与者为了高效理性、合作地交谈所不得不采取的手段。参与者应该真诚、关联、明晰地谈话,提供足量信息。Leech(1983:8)认为根据 Grice 的用法,准则只不过是原则的具体"显现"(manifestation)。Chapman(2008:98)也采用了这一说法。Green(1990:413)指出,准则不是合作原则的"逻辑推论"(logical corollaries),因为它们并非在所有的可能世界中都是必要的结果,相反它们应当被界定为合作原则的"例示"(instantiation)或具体个案。Horn(2004:7)则把合作原则看作是"支配公理",准则是对它的例示,准则支配理性交流。同时他认为,四准则并没有特殊的地位,只不过是表达了 Grice 对 Kant 范畴四部曲的敬意①。封宗信(2002:9)从深层与

---

① 这种说法 Horn(1993:38)也提到过。这里他把四准则看作是合作原则分解而成的"具体的次原则"(specific subprinciples)。

表层之间关系的视角作类比,提到"无论违反会话准则与否,都是体现合作原则的方式;违反准则并不意味着不恪守交际过程中普遍的合作原则。那么,总原则与准则既是一体的,又是分离的。"可以看出,他也把二者间的关系看作是抽象与具体的体现关系。程雨民(2009:54)也认为准则与原则之间是举例性的关系,它们之间的关系不能用精确的自然科学标准和逻辑来衡量。

Grice(1989)本人的观点似乎也不一致。最初他认为合作原则与准则之间是伴随关系、从属关系和依存关系(28,41,368),作为结果自然而然出现的,是应有之义。他不止一次把准则称作原则或者公理(principles or axioms,28,368),而这时合作原则就被称为"总的超级原则"(overall super-principle)"最高原则"(supreme principle,368,369,371)。他(1989:371)还提出了一个三层的规划图:会话总原则,准则和会话指令(conversational directives)①,讨论了各准则之间的关系以及可能出现的问题。他(1989:370—371)认为原则生成并维护准则。他(1989:26)认为准则比原则更具体。姜望琪(2003:62)认为4准则是抽象的合作原则的具体化。

不难看出,上述各种观点中诸准则比合作原则具体,基本上都可以被更抽象的合作原则统括(主次关系似乎例外)。Attardo(forthcoming)认为,Grice没有把准则与合作原则之间的关系讲清楚,或者有可能在这个细节上弄错了。他坚持任何对准则的违反都不可避免地违反了合作原则,都至少违反了合作原则的某些方面,不可能违反准则的同时还遵守着合作原则,否则不合逻辑。这与Mao(1991:65)的说法相反。所以Attardo的观点是,如无必要细分,把"违反合作原则"和"违反某准则"看作同义语是完全合法的。很显然,Attardo把二者看作蕴涵关系。要指出的是,必须看到在哪个层次上违反,是在明说层面,还是在暗含层次上,姜望琪(2003),Chapman(2005:103—104)均指出了这一问题。违反后者不是真正的违反:违反准则,却可以利用原则。Greenall(2002:33—34)提

---

① Grice并没有阐述这些指令如何从准则而来,具体指什么,如何应用于具体的事件、语境和会话程序。他本人对这一层次划分是否正确也不确定,所以后来没有展开论述。

出合作是一个程度问题,分为强式与弱式两种,它不仅仅是一个合作与不合作的对立,也不只是遵守和拒绝合作的对立,所以我们是在"或多或少"地合作。这与话语的语气相关,有的激烈,是竞争性的,有的缓和平静。弱式与强式合作并不是一个选择问题,它们通常是某种情景不可或缺的组成部分。强式合作的定义既涉及高度遵守交际或非交际规则,同时还显示出对任务的明显积极态度。也就是说,双方不仅行动上合作,态度上也应该积极乐意。一个例子是,假如你在帮助别人修车,给对方递工具,行为上合作但是脸上却呈现出酸酸的表情,这种情况就不能算作强式合作,因为它强调"积极态度"的重要性(2002:35—36)①。

强势合作概念与其他学者如 Kasher(1976:214)提出的"完全合作",Allwood(1976:143ff)提出的"理想合作"概念有相似之处,都强调遵守准则的充分性。Attardo 则认为 Greenall(2002)的说法有问题,说话双方不可能"有点儿"合作。对于这个问题,我们赞成从交际双方目标层级的关系上来化解这一矛盾。另外,有作者认为合作原则与准则之间是实现关系,也有学者认为准则是原则的例示,其实二者还是有区别的:前者是不同层次之间的实现与表征,涉及抽象程度问题;后者则是同一层次内部系统与实例之间的关系。我们更倾向于前者。

2.3.2.4 合作原则与准则的定性问题

合作原则及准则一经问世就备受责难(Chapman 2005;封宗信 2008;Attardo 1997a/b;冯光武 2005。另见 Lumsden 2008 对合作的分类),关于它们的来源和性质也引发诸多争论。Keenan(1976)对原则和准则从何而来,是与生俱来的还是后天习得的表达了关注。Sperber & Wilson(1986/1995)对 Grice 合作原则及准则的来源问题心有疑虑。四范畴准则又以祈使句形式出现,更加深了各方对它的规定性、强制性色彩的质疑,引起了许多不必要的误解,出现了对合作原则到底是描写性的还是规

---

① 这类似于钱冠连(1988;2002:115—121)提出的"面相身势与话语内容和谐"的要求,他据此提出合作大致有两个层次:知性的与心理的,前者包括 Grice 的四准则,而面相身势则属于后者。和 Sperber & Wilson(1986/1995)一样,钱冠连认为四准则没有穷尽会话合作关系的描写,"准则具有开放性"(2002:121)。徐思益(1991:17)也主张把特定环境中人物说话的表情态度纳入语用学的研究范围。

范性、规定性的争论。

引发争论的因由之一是祈使表达式。一些研究者认为原则和准则是规定性的。Margolis(1979:44)认为合作原则是"规范性表达""弱化版的道义准则"。Kowal & O'Connell(1997:311)则直接把合作原则视为规定性的。持相似观点的还有 Riniker(1979), Streek(1980)。Taylor & Cameron(1987:94—95)指出,合作原则不仅指明了说话人的努力方向,而且该原则及准则以祈使句的形式出现①,说明它们是人们交际时必须遵守的规则,即:必须用清晰的语言说出真实、信息足量、与话题相关的话。Gordon & Lakoff(1975)把准则视为"会话公设";Gazdar(1979)把准则看作类似于语码的规则。不过,Sperber & Wilson(1986/1995:37)指出这种做法把准则压缩到只能处理很小范围内的含义类型,尽管有趣,却不够典型。他们(1986/1995:271)指出 Grice 的准则是交际者要遵守的规则,而关联的第二原则(即关联的交际原则,最佳关联原则)是描写性的,与 Grice 准则的规约性相对立。Potts(2006:745)说道,尽管当今很多人认为合作准则有瑕疵,但"Grice 的核心观点——语用推理由类似契约义务支配而不是由逻辑公理主导——在当今所有有影响的理论中都存活下来了。"Huang(2007:201)指出,合作原则及其伴随、附属准则实际上是用法准则,基于人类交际的理性本质,也基于任何以目的为导向的人类活动的理性本质。换句话说,它们是说话人和听话人为了高效快捷地交际,一道(尽管是默认的)认同的一般交际规约。Liu(2007:73)认为理性是先验的(aprioristic),语言行为规则是"先在的""规定性的";他对四准则的定位是"四个实质性的格赖斯式的戒律范畴"(substantive Gricean categories of precepts, 2007:71)。

尽管如此,把合作原则及准则视为描写性的观点依然占主流。Harder & Kock(1976:15)认为把 Grice 的准则看作是规定性的而不是规范性的做法值得商榷。Verschueren(1978:115)指出 Grice 是把会话准则

---

① Gazdar(1979:43)认为祈使表述可能会让不太熟悉 Grice 准则的人望而却步。不过他认为这对形式化来说根本不是问题,因为祈使句完全可以写成被动描写形式,如,"把 X 重写为 Y"完全可以转写成"X 被重写为 Y",仅此而已,惯常的公式同样适用。

第二章
Grice 的意义分析模式

看作对典型会话中实际发生情况的描写,是对标准情景的描写,可以解释为规范性的规则。Levinson(1983:103)提出了会话准则的来源问题,指出"Grice 暗示准则实际上不是任意的规约,而是对进行合作交流理性手段的描述","诸准则确实可以追溯到理性的一般考虑,适用于各种合作交流。如果确实如此,它们就具有了普遍性,至少在别的跨文化(因文化而异)限制允许的范围内有了一般的普遍性。"这里可以看出 Levinson 也把准则视为描写性的。Leech(1983:8)认为合作原则及准则是对语言行为的限制,而不是规则,是调节性的而非构成性的。Brown & Levinson 指出"每一个可识别的语言运用模式的产生都不需要准则或原则。它不仅仅是对行为中规律性模式的陈述,更是背景假设","这些准则是对会话原则的直觉概括,构成了实现最高效交际的指导方针"(1987:5,94—95)。他们把合作原则定位成为交际确立了一个"非标记性"或"社会中立的"假定框架,其核心假设是"若无理由,不要偏离理性的高效性"。Attardo(forthcoming)也坚持原则及准则是描写性的,和 Gazdar(1979)一样,他认为祈使语气完全可以改成非祈使的描写性。为了避免误解,他提议,除了 Grice 开玩笑地效仿 Kant 的绝对命令(categorical imperative),没有必要把合作原则表述为一揽子规定的集合。一个没有规定性的口吻且可行的说法是:为实现会话目标,最适宜(理性)的方式就是让你的话语,在其所发生的阶段,符合你所参与的谈话公认的目标和方向。目前把它们归为描写性的似乎成了主流。姜望琪(2003:61)也认为它们是描述性的而非规定性的,谈话不一定非要遵守道义上的要求。我们觉得情况可能没有这么简单,我们最后在回头探讨这个问题。

另外,还出现一些模棱两可、甚至自相矛盾的说法。Thomas(1995:62)批评了对合作原则及准则的规定性解读,却把它们界定为"规则集合""会话规约"[①],同时宣称,相对于原则的调节性、或然性、理据性、共容性和程度性,规则具有构成性、确定性、规约性(任意性)和排他性,黑白分

[①] Greenall(2009:2295)还把会话准则看作社会规约,相对于"理论公设"。他指出在 Habermas(1984:85)看来,规范(norms)"表达了一个社会团体中的共识。如果某一规范对团体中的所有成员都有效,那么他们都期望对方能在某种情形下会执行所要求的行动,或者回避、控制所禁止的行为"。

明。同时她又提到对准则的遵守是程度问题。这前后矛盾。另外封宗信(2002:8)赋予合作原则及准则不同的性质和地位,批评 Grice 没有阐述原则和准则各自的具体性质,未能指出合作总原则是规定性,而具体准则是描述性的这一事实:"古典会话含义理论的意义在于合作原则及准则的普遍性和概括性。原则具有隐含性、强制性和规定性,是有效交际过程中必不可少的。而准则具有选择性和描述性,不具备同等程度的强制性和规定性。前者是抽象的,后者是具体的"。无论是 Grice 还是 Leech 都未能指出"总原则的潜在规定性"。这一点他(2008:5)再次提到。显然,这种观点的潜在基础依然是普遍性问题,即原则具有普适性,准则因文化而异。

对此我们的态度是,原则与准则在性质相同,只是抽象程度存在差异(姚晓东 2014)。另外封宗信(2002)认为合作原则是强制性的、规定性的,而在同一篇文章中他还界定了合作原则的方法论性质,认为"Grice 会话含义学说的合作原则是深入揭示人类交际行为本质的科学方法论,而不是强制性约束人们交际行为的社会准则。同样,他(2008:6)指出"合作是基础,会话准则是参照,不同于法律和道德范畴的规范准则,对人的具体会话行为不具有明确的强制性,只是用来描述和解释人际交流中理性言语行为最一般规律的科学方法论。Grice 在普遍意义上研究的是社会事实"。我们认为这个视角实质上依然是把 Grice 的合作原则看作默认的解释手段,依然坚守描写论立场。另外,他(2002)还指出"Grice 会话含义理论中的合作原则是基于'理想世界'建构的,因此其价值不在于它是否符合现实世界中某个具体的会话行为在表面上遵循的原则",这里的"理想世界"是相对于现实世界而言,并非"完美世界",而是"虚拟世界",相当于西方哲学中的"在场"与"不在场"之间的对立。显然他前后自相矛盾,一方面认为合作原则是规定性的,具有强制性;另一方面又把它作为解释交际的方法论,是对社会事实理想状态的描述。

对于原则和准则的定性问题,Grice 本人没有明确给出标签。但是根据他的论述(1989:28-30)我们可以归纳出三个基本考虑:规约论,准合同视角和理性主义立场。

(1)约定俗成论

Grice 的先期论述体现出规约论的印记,这一立场背后隐含的假设就是合作举动纯属常规,是可以习得和掌握并在后来行为中遵守的"习惯"(1989:29)。约定论实际上承认合作的任意性,不同社团和文化群体可能有不同的规约。Grice 最终否定了这一立场,认为它尽管在某个层次上充分,但枯燥无趣①(1989:28)。这一视角承认合作的社会基础,认可它是一种常态。这种经验主义视角较少掺杂价值判断因素。

(2) 准合同视角

这一视角是交际主体之间的"期望"(Grice 1989:29)。Grice 把这种方法引申到其他非语言行为社会交往领域,他给出的例子是换轮胎等活动。准合同立场的潜在预设是:大家都遵守一系列社会认可的共有义务,"迫使"交际双方按照某些"规定"的路子去做,或者引导参与者的行事方向。后来他似乎不太强调这种说法②,理由是:这一提法不适用许多类型的交流,例如争吵和写信③。在会话中,"在任何情况下人们会觉得,如果一个人说话前言不搭后语或者模棱两可,失望的基本上不是他的听众而是他自己"(1989),也就是说如果说话人如果不清楚表达,无法明白传达自己的意思,受损的首先是自己。Grice 据此暂时悬置了对合作原则的契约论定位。但是准合同立场本身具有价值判断的性质。

Attardo(forthcoming)却认为从准合同的视角来处理合作或许会是一个让人感兴趣的路子。Allwood(1976:147)也提到了契约概念。他认为,一般来说进入全方位的交际互动也就进入到一个理想的合作行为。那么常态的会话就可以被视为契约性的。不过他最终抛弃了契约观,理由是相对于契约而言,合作概念更能展示全方位交际的特征,因为前者更

---

① Green(1990:242)声称,Grice 的基本推断原则是普遍性的,不因具体语言使用而异,而是人类条件的一部分。这些原则会在所有人类有机体中发展成长(而非学会的):这些个体能把自己的同类理解为意向性的、有计划的、能够自主行事的生物体。

② Jiang(2000:42)提出了"不成文法"(unwritten law),我们觉得这与"准合同"观点没有本质区别。

③ 写信更像是一种独白,而不是 Grice 坚持的双向互动。Greenall(2002:50)认为 Grice 指的是类似独白这样的活动类型,即没有话轮转换的语篇。Grice(1989:369)明确希望把独白活动排除在生成会话含义的语篇类型之外:含义的出现依赖于这样或那样的协同性,而不是孤立或单独的话语产生的特性,独白不产生说话人含义。Greenall 认为一个可能的解释是,独白似乎不包含合作性,因为对 Grice 而言,合作最终是要和准则联系在一起的,更不可能说独白具有日常意义上的合作性质。

像程式化常规编码后的合作特例,在交际中不常用。实际上在日常交谈中,说话一方对另一方的回应增加了双方对合作性的共同期待。随着互动的深入这种期待变得更加具体明晰,这种举动也使双方有理由相信对方是合作的。

(3) 理性主义立场

在行文中 Grice 明确表示自己是一个十足的理性主义者,因为经验描写尽管在某些层次上充分,但枯燥无趣;准合同的说法无法解释写信、争吵等现象。而行为者作为理性主体,能够评估自己的行动,为了实现自我目的也会采取合作举动。不过 Grice 也表达了不太肯定的姿态,认为只有在对关联的本质有了更明晰的认识,弄明白了在什么情况下需要这些假定时,才能得出这些结论(1989:30)。在这种视点下,如果要实现(无论是语言的还是其他的)既定目标,理性的运作方式就是遵守合作原则,同时在善意原则指导下认定其他主体也会如此。我们认为这是最具前途的立场。与准合同视角相仿,这一立场牵涉到对行为主体的基本认定和对双方理性与否的评价,包含着强烈的评估和价值判断因素。

Grice 的上述观点得到了广泛认同。Green(1989:88)指出,实际上可以把遵守合作原则看作是对理性行为的(部分)定义。Pietarinen(2004:307)也认为对于 Kant 和 Grice,理性和理由的概念是这样一些假设:其他所有的原则包括准则皆源于此。其实 Kasher(1976,1977,1982)一直持这种观点,主张用理性原则取代合作原则。我们认为 Grice 通过对规约论的探讨,排除了经验主义的描写观点,并借助对准合同的悬置,把落脚点最终定位在理性主义立场上。Cosenza(2001a:27)认为,Grice 把合作原则作为一个理想的理性框架,而不是基于经验的描写。后面我们会详细讨论合作原则的定性及其原因。

2.4 Grice 意义分析的三个标签

Grice 的理论构筑了语用学的核心理论之一,语用学界对其评介、批评和修正可谓连篇累牍。这里我们不采用常规的文献综述方法进行罗列和归类,也不按年代划分,而是对其整合。仅仅按照肯定和否定来分类难

第二章
Grice 的意义分析模式

免武断,因为没有全盘否定的虚无主义者,也没有一概接受的盲目的忠实信徒,同一个研究者可能会对同一理论持既接受又批判的立场,也可能在不同的时期转变看法。

意向意义理论,再加上理性主体与合作会话假设,使得 Grice 被冠以意向论者(甚至心灵主义者)、还原论者和理想主义者。前两个标签之间有一定的关联,都与他的语义学思想相关,因为在 Grice 的意义分析模式中,意义由说话人的心理状态来决定,被还原为说话人的心理状态。第三个标签则和会话含义理论尤其是合作原则直接相关。

2.4.1 意向论

Black(1973:258)强调,意向作为解释性概念是当前英美哲学广为流行的趋势,旨在通过明确区分人类行动和其他动物行为,继而在自然科学和人文科学方法论上确立一个基本对立,恢复和提炼欧洲大陆的理想主义。意向意义论者的主要对手就是因果论,如 Morris(1946)的自然主义、Stevenson(1944)的行为主义意义解释。Grice(1989:215－216)明确表达了对 Stevenson 行为主义意义理论的不满。他(1989:105)提出的意向性意谓,也即 Searle(1969:47)所谓的自反性意向(reflexive intention),是意义的决定性特征,无需取决于句子、词汇的规约或编码意义。词句的意义最终取决于说话人意向。Loar(1981:242)驳斥了宣称交流意向意义理论忽视规约的说法,认为意向意义论既关注语言的作用,也没有忽视意义的规约和组合性原则,意向意义分析是交际意图意义理论,发轫于 Grice 1957 年发表的"意义"一文。Loar(1981:242)坚持:"交际意图的确定不涉及语言或规约意义,对语言意义的解释通过与这些意向相关的规律性实现。"这也是 Grice 的语义分析被称为激进意向论的因由。

Wilson(2005:1132)认为,Grice 对语用学的主要贡献在于展现了话语解释本质上是心灵解读的操练。对话语的理解牵涉到构建对说话人的意义的假设,识别说话人意义等于解读说话人交际行为背后的意向,这也是用心理状态解释个体行为这一更为一般问题的特例。在这种方法论之下话语解释就是心理解读的变体。Attardo(课堂讨论)则直接把 Grice 称为意义的心灵主义者(mentalist)。

我们并不认同心灵主义这种说法,虽然 Grice 强调意向性和说话人的心理意向对意义的作用,但与心灵主义不同。徐友渔等(1996:34-35)指出,从 Frege 开始,"反心理主义已经成为语言哲学中的基本原则",即使在语言哲学较为晚近的发展中,Grice 和 Searle 把讲话者的意图当成意义的重要因素,也并未使心理主义复燃。他们接着又指出,Searle 认为即使他大谈意向和心灵,把意义归为行为,并进一步归结为行为的动机、意向,也并非要回归到心理主义,也无意于返回到笛卡尔哲学。"因为他不把心灵当成某种实体,并不把意向状况当成存在于某种精神媒介中的奇怪的东西。当 Searle 谈论心灵或思想的状态时,他感兴趣的是它们的逻辑结构,是它们所具有的那些使言语行为成为可能的特征"(1996:87)。在这一点上,我们认为 Grice 会持相同的看法。

其实 Grice 关于意向及其重要性的论述是有变化的。早在 1957 年他批评 Stevenson 的行为主义意义观倾向,坚持简约主义的还原方法,期待在听话人身上产生如下效果:在陈述话语中,听话人相信说话人的陈述 P;在祈使句中,听话人按照说话人的意向行事。在"说话人意义和意向"一文,他(1989:105)区分了四个层次的意义:固定意义、应用性固定意义、话语类型场合意义和说话人场合意义。虽然他对意义的定义有所松动,把上述意向效果改成"听话人认为说话人本人相信 P;听话人产生想做某事的意向",但在这篇文章中他依然坚持认为言者在某具体场合下的意向是决定意义的首要标准,意向依然是意义的核心概念。在这里具有自反性意向性意谓的概念(M-intentions)出现了,它强调说话人意愿,期望从听话人那里获得某种反应(1989:110),亦即 Grice(1989:105)的三个步骤意向。在"说话人意义,句子意义和词汇意义"一文,他从个体意向转向群体意向和社区惯例。因而规约意义首次进入 Grice 的视野。而在"含义的一些类型"一文,虽然 Grice 依然宣称固定意义最终依赖于意向和意图(不是自反性的意向性意谓),但已不再坚持所有的固定意义都由说话人意义推出,不认为都来自于自反性意向意义。因为这一概念中的具体限制似乎是多余的,识解固定意义并不需要它(1989:139)。这时规约的地位已得到彰显,说话人的主导地位已经有所缓和。原来在对意义的定义中听话人并没得到特别的凸显,而是以说话人的意向为核心来界定词句

第二章
Grice 的意义分析模式

意义^①。其实从一开始 Grice 就没有抹煞规约的地位和作用(姚晓东 2012b)。他首先提到发话人话语要遵守某一语言体系。在"逻辑与会话"一文中,他明确提出要把话语中的词汇意义纳入到理解明说、推导会话含义的过程中(姚晓东 2012b:31)。后来,在"说话人意义,句子意义和词汇意义"中他又提出,说话人所说的话要符合所在语言社区的一般惯例(姚晓东 2012b:126—127),使得自己的意图能够被人识别和认可[②],这里也能看到听话人的位置[③]。

所以我们不能认为 Grice 否定规约。Chapman(2005:101)明确指出"规约意义是必要的,但绝不是充分的"。她(2005:82)指出 Grice 认为规约能够完全被统括到一个意向解释之中,这种信念像是一个希望,而不是坚信。后来她(2007:16)再次指出"意义"一文值得再次深入讨论,因为它是记录 Grice 最具影响力的思想开始的地方,包含了最明晰的、Grice 从未完全放弃的希望表达:句子意义最终可能要靠说话人的意向来说明。Avramides(1989:39)认为可以把意义的心理学解释与规约解释达成妥协一致。她呼吁:"我相信 Grice 对意义的论述充满了生命力,能够历经变更和修正而日久弥坚,不会过时。"

---

① 其实 Grice(1989:26)在引入合作原则的时候提到,一般情况下参与者期望彼此会遵守这一原则;随后在概括归纳会话含义时他说道,"一个人,通过(在/当)说出(或者仿佛要说)命题 p,暗含了 q,会被认为是在会话暗含 q,只要(1)他被认定遵守会话准则,或者至少是遵守合作原则……"(1989:30)。另外,Grice(1989:92,105,221)提到的意向性意谓,说话人期待在听话人身上产生的反应这样的意图是需要被听话人识别的,并且是产生反应的理由而不仅仅是原因。这些都显示出听话人的位置和作用,在后记中(1989:353),Grice 提到说话人和听话人二者的关联:后者内包于前者,以前者为参照。

② 这一点其实 Grice(1989:169)在"G. E. Moor 与哲学家悖论"一文已经提到,这一提法很像 Davis(1998)提出的含义规约概念。Green(2002:243)指出,这个概念也为我们处理具有历史敏感性和因文化而异的含义提供了新选择。

③ 吴炳章(2009:147)也认为,合作原则与会话准则的共同特点是强调说话人的义务,没有对听话人的义务加以说明。从社会契约来看,这是不公平的。关联理论则是把意义解读的主动性进行了转移,由听话人根据关联性原则来判断决定信息的重要性和优先顺序。吴炳章指出,如果考察会话实践,听话人的活动对说话人的意义具有不可忽视的影响。他的观点是,意义不是由一方武断地给出,另一方被动地接受,而是双方根据自己的利益进行磋商的结果。他还以 Verschueren(1999)强调听话人的作用为例,来说明意义的互动观更能说明交际过程。他的这个观点与 Thomas(1995)一致,Sbisà(2001)则是完全从听话人的角度进行分析。要指出的是,这不是 Grice 的立场,Pfister(2007)也主张 Grice 的意义理论中说话人绝对主导的立场。

我们认为许多人在批评 Grice 的合作原则和意图识别的时候,忽略了他对一个重要概念的界定,即"意向"。我们上面(2.2.2.2)提到了他在英国科学院的演讲稿"意向与不确定性"一文中,针对 Davidson 过度强调对意向的"迎合性"提出了批评。他认为"意向"的定义要严格得多,不是那么松散。他给出了几个必要条件或本质特征来区分"愿望"与"意向":前者只是一种欲求,一种想望,但是不一定"愿意,决心去做并为之付出努力和准备"。Grice 不愿意把"意向"仅仅看作一个具体的信念。他强调"意向"是说话人愿意做并为之努力的一种心理状态,不仅仅是想望,还有付诸行动的动机。这体现在会话中就是想让听话人理解自己的意向,并且为达到目的,一定会采取相应的惯常方法和能被理解的手段来实施自己的目标。比如,不说让对方无法理解的话,不提出无法实现的意图等。Neale(1992:553)也提到,在 Grice 的分析模式中,意向的形成并非随心所欲信马由缰,而是与一系列的制约因素相关:如话语的语境、会话的话题、背景信息,还有对听话人的推断能力的考量,使得说话人说出一句话 X,能够让听话人在假定双方都遵守合作原则及准则的情况下,达到自己想要的意向效果。所有这些都在说话人的意向形成当中发挥作用。不过这并不妨害说话人的交际意向决定说话人意义这样一个立场和观点。很显然,说话人一方面要让对方听懂自己的话,另一方面也要为实现自己的目标考虑。在意向性交际图式中,话语表达了说话人的意向。说话时,发话人将一定的意向态度赋予话语的命题,听话人则从话语命题中推断出说话人的意向。为了交际成功,说话人必须让意向能被识别,让自己的话能够被理解,或者提供促进话语理解的线索。为此话语中就不能包含不一致或者相互矛盾的意向态度,如 Moore 悖论。否则听话人就难以识别出说话人的意向,无法理解话语的意义。

Grice(1986a:85)指出,意义表征中的一个核心成分就是意欲,满足这样一种状态的能力本身并不需要拥有语言。不过为了挫败 Schiffer 的反例,他把构成说话人意义的意向限制在具有自反性的意向性意谓之中,并且意向性意谓这样复杂的状态是无法在一个语言匮乏的生物体中找到的。

2.4.2 还原论

激进的还原论是指,语言意义的全部都可以用非语义学的、心理(或社会)的概念来阐释。Grice 的意向意义论被称为是还原主义的。J. Jack 女士在一篇未发表的文章"Grice 意义理论的对与错"中就指责 Grice 的做法为还原论。Schiffer(1972)也认为 Grice 是还原论者:Grice 的意义理论可以还原为说话人的心理状态和意向。Schiffer 还提出一个程式,如何一步步地由说话人意图回溯出话语本身的意义。不过他并不认为 Grice 的意向意义理论问题重重,不可救药。他觉得这种还原论并非不可能,只不过仅仅把心理状态作为意向条件还不够充分,不能成功交际,意向需要无限回溯。Schiffer 提议引入"互知"概念,Grice 先前接受这一办法和出路,但 1982 年他否定了这一想法([1982] 1989:299),而是采用了排除"隐秘意向"的限制来化解这一问题。后来 Schiffer(1987)认为这种回溯无可救药,他本人也放弃了这种努力(Thompson 2008)。更激进的否定意见来自 Eva Picardi。她把 Grice 的意义分析称为还原性方案,但这种分析前景渺茫,语言意义本身根本不能也无需还原为别的什么(2001:53,69)。

然而,正如 Chapman(2005:82)指出的,并非所有人都同意这种标签。Cosenza(2001a)不赞同把 Grice 的意义理论看作还原性的。她认为,除非 Grice 郑重严肃地把说话人的意向和心理状态看作比其他所有与语言意义相关的概念更为根本和基础的概念,我们才能认定其意义分析是还原性的,而 Grice 并未这样做。另外,Avramides(1989,1997)也认为不必把 Grice 的意义分析视为还原主义的。上述两位作者并未给出自己的界定,也没有指明出路。我们不认为 Grice 是心灵主义者,也基本上不赞成把他界定为还原论者,因为即使他的语义学理论也还是承认规约,只不过是赋予了说话人意向以主导地位。

Grice 在后记中专门讨论了对这个问题的看法,不接受还原论的标签。尽管在意义理论早期的尝试中采用了还原分析方法,但他从未支持还原论,因为后者意味着除非能用一些预先确定、特许、专门的一组概念来解释和界定,语义概念不尽如人意,甚至是不可理解的。Grice 认为还原分析不需要建立在这样的还原主义基础之上。不过在没有找到其他意义概念阐释方式之前,他坚持保留这种还原分析方法([1987]1989:351-356)。

Strawson 尝试提出一个可能的解决方法。他(1990:153)提到还原分析,但更倾向于把二者之间的关系定义为连接而非还原。"分析"概念的涵义就是把复杂的综合体分解成简单的元素或组成成分,并指出成分之间的连接关系和组合方式。这样就会把一些有问题的概念用更明晰的成分解析出来,或者还原成别的明晰概念。这里 Grice 不折不挠地坚持把语言意义用非语义的心理——社会秩序来架构。Strawson 怀疑这些理想还原状态实现的可能性。他认为,包括意义概念在内的一些概念,十分顽固,不大可能用其他概念得以彻底、毫不循环地定义或详尽解释。尽管 Grice 极尽细密分析的能事来分析语言与思维之间的相互依存关系,但这样一种还原性分析就连 Grice 本人都心存疑虑(1990:154)。他的建议是,放弃还原分析方法,转而采用关联连接概念:"在实际的工作概念中,一方是语义性的,一方是心理(和社会)性的,似乎更倾向满足于相互关联的看法,放弃把前者还原为后者这种极具诱惑性的想法。"正是基于这个原因,Strawson 主张要用连接模式来取代还原概念或者分析模式(1990:159):复杂概念能够利用与其他概念之间的关联得以说明阐释,但不能指望把它分解或者还原为其他更为简单的概念。不过,对此他也不太确定,"事情还没有最后定论"(1990:155)。Strawson & Winggins(2001:519)给 Grice 的语言意义分析的定性是还原性或者虚假还原性的。Tyler Burge 持类似意见。他(1992:619)认为 Grice 的还原分析需要面对一个主要挑战:命题态度的内容有时依赖于说话人用来表达态度的词语的公共意义(public meaning)。他不知道如何才能行之有效地把这个一般事实顺应到 Grice 的规划之中。他的解决方案是,把意义分析看作是陈述命题态度和意义之间深层必要关联的一种尝试,而非还原。这种关联不必是单向的。

激进的还原论虽不可取,但是意向在意义理解中的作用应当充分肯定。在具体场合下,说话人的意义绝不单单依赖于句子的规约意义,也超越了这一场合下充实后的话语意义。这时含义的产生与说话人的意向具有密切关系。规约意义是基础但不是全部，仅仅是骨架和依托手段。对于出现的纷争，我们认为明确区分两种意义很必要。其实 Grice 本人做了这一区分，只是没有明确提出来，更没有把二者以显要的对比形式并置。这就是 Davis(1992)所谓的说话人的深思意义(cogitative meaning)和认知意义。Grice 在回应 Searle 的质疑时批评 Searle 其实没有弄明白自己的意思，即没有注意到话语类型的场合意义与说话人的场合意义之分：前者是说话人话语的意义，后者是说话人通过说话想要表达的意义。在说话人的话语意义中（结合词汇意义和当前语境推导产生的意义）说话人意向肯定发挥作用，但不具主导地位；而在说话人通过说出这些话的行为而产生的意义里边，意向占绝对的统治地位，这时特定语境的作用显得尤为重要。当然这时候说话人并非信口开河，他意欲达到的效果必须是可及的能够实现的。这就牵涉到了另一个问题：Searle 在批判 Grice 忽略规约意义的同时，他自己也没有注意到这样一个事实：意向的规约性，人要受到集体意向的制约，不会为所欲为。这牵涉到意义规约和用法规约的问题。Grice 明确提到，说话人的意向必须让听话人能够识别，"一般情况下真实的情景是，当一个人知道没有机会实现某些结果时，他根本不会有这些意向；交际中意向的成功实现要求交际或类交际对象在当时情景下能够拥有某些想法和得出某些结论"；"正如我新近所说的，如果一个人知道没有实现的可能，一般他不会意欲获得某种结果"(1989:98,101)。意义离不开意向，但意向不是任意的意向，所以即使是还原分析也并非毫无根据。

2.4.3 理想主义

前面我们讨论了理想主义者标签主要来自对理性交际主体假设与合作假设。Grice(1989:368—369)意识到会话准则与合作原则收到的反响不同，对于批评者对合作原则的质疑了然于胸。批评主要集中在指责：其一，合作原则假设不符合语言事实，忽视文化差异和社会因素，也不具普遍性。Grice 的框架与 Habermas(1984)的理想交往行为一样，犯了哲学病，这种假设是"哲学家的天堂"，"建筑师的草图"，"英国绅士的餐桌用语"。我们认为这恰恰抓住了 Grice 的立论之本。批评者在这个层次上否定 Grice 假设,正好从一个侧面显示了这可能源于认识上的偏差:一方面,一些学者忽视甚至无视 Grice 对语境的重视,犯了"脱离语境"的错误。我们前面提到过,这是对 Grice 的误解。另一方面,也有学者把 Grice 意义理论当作交际理论,没有看到并且拿琐碎复杂的现实中的例子试图颠覆 Grice 的意义背后的哲学思想体系,其实 Grice 根本无意于建立一个详尽的交际理论。Thompson(2007:102)指出,晚年 Grice 在"再论意义"一文中似乎也同意把他对说话人意义的分析看作心理上不可能实现的理想,但却可以用作衡量非理想状态意义的基准。

  下面我们讨论把 Grice 的会话含义理论当作交际理论的情况。正是因为这一错误认识,才导致了对 Grice 意义理论理想主义的批评。Levinson(1983:101),Ochs(1984:335),Brown & Levinson(1987:5,7)把 Grice 的理论看作一般的交际理论而非意义理论①,这导致对 Grice 理论体系一些不必要的曲解。Ochs 还认为它不过是把民间理论推崇到了哲学高度而已。Sarangi & Slembrouck(1992:119)认为,尽管 Grice 的理论具有交际中更一般意义上的信息交换特征,但它似乎是关于会话的理论。不仅他的追随者,就连 Grice 本人的著述中都有这种不确定性,事实上对于"会话""合作"的论述也没有特别明晰化。在 Grice 的定义里,会话等同于日常交谈。Sperber & Wilson(1986/1995:287)也承认,Grice 的理论是作为会话理论提出的,尽管它始终被看作更一般的语言交际理论,但 Grice 并未做任何努力来纠正这种解读。他们(1986/1995:21)写道,Grice 对说话人意义的界定"能沿着两条路子发展,Grice 本人把它作为意义理论的出发点,尝试从对说话人意义的分析朝着传统语义关注前进,如对句子意义和词汇意义的分析……来探寻我们沿着这个方向能有什么收获。不过 Grice 的分析也能作为交际推导模式的出发点,这也是我们提议采用的方向"。

  Cosenza(2001a:27)把 Grice 所描述的交际图景的特点归纳为一对一的互动范式,其中说话人占据主导地位,交际是透明的。而 Marcus

---

  ① Levinson(2000:24)改变了看法,并不期望 Grice 的会话含意推导机制成为一种交际理论,而是仅限于建立话语意义的分析理论。

(2001:235)则指出 Grice 眼中的会话是局部的、原子性的和单向的。Grice 仅仅看到了会话中的合作与协同方面,而几乎忽视了它的冲突性维度[1],无视它的策略性博弈的方面。这与交际过程的反惯常性(antinomic)本质相违背。诚然,交际对于 Grice 来说很重要。Chapman(2005:113)曾说过,"对于 Grice 来说,交际是首要的,解释语言的最好际遇就是通过解释交际"。吴炳章(2009:11,14)谈到合作原则的局限性在于其对交际过程的简化分析。交际中的语言使用包括但并不局限于意向传递,还包括通过语言影响人际关系方面或者建立一种社会实在;Grice 的意义图式"简化了交际过程,其意义推理图式是还原主义的,没有充分考虑语言使用者的社会性和语言使用的复杂性。同时,合作原则对会话进行了理想化处理,没有充分关注话语的副语言特征,而这些特征会对各准则的应用产生积极的或者消极的影响。最重要的是,合作原则没有充分考虑听话人的主动性,更不用说听话人对话语意义的影响"。吴炳章也把 Grice 的会话含义理论看作是交际理论。他还认为 Grice 的交际图式强调交际的意向性特征,忽略了认知的集体性特征和交际的社会学特征(2009:94)。

这里要澄清的是,Grice 的会话含义理论不是交际理论,解释和预测不是它的应有之义。它的使命只是厘清明说规约含义和会话含义等几种意义成分的关系。说话人可以拥有好几种表达自己意思的方式:说出来,意思是在说,暗含,或者是二者兼有。误读 Grice 的原因大致源于以下几个方面:合作原则及准则表述的不是那么日常;未能正确解读 Grice 的会话含义的定义;另外就是误把会话含义的可运算特征当作推导过程,作为听话人用来推导说话人意思的过程[2]。Grice 自己并未给出形式化的解释,来说明如何推导和运算话语的"全部意义"。另外,许多作者从自己的研究视角和目的出发,直接在日常生活中检验 Grice 的原则与准则的可行性,而不去关注(或者是忽略了)他理论提出的背景,仅仅根据语言运用

---

[1] Cosenza(2001a:27—28)不赞同这一点,参见 Grice(1989:29—30)。Grice 从未忽略人类交际冲突性的一面,他对法庭审讯等话语类型的讨论就证明了这一点。

[2] Grice(1989:31)确实给出了话语理解的大致模式,但这只是为了说明问题的需要。

的例子进行批驳,如 Davies(2007:2329)认为合作是基于内省而不是实际语料,没有考虑到人际因素,怀疑 Grice 的理想主义。Attardo(1997a,2009)甚至提出了会话的不合作原则。

我们的上述主张是有根据的。Neale(1992:550)明确指出,一些哲学家和语言学者试图仅仅把 Grice 的说话人意义理论解读为对交际的分析:通过说出 x,说话人 U 试图交流 P,而不是"通过说出 x,说话人 U 意谓 P"。这种分析 Grice 不会接受。因为他想通过解释一种主要或基本的意义概念来分析和界定其他意义概念,如句子意义和词汇意义。许多人认为这种思路和句子意义组合论(句子意义由组成句子的词汇意义和句法组构决定)相违背,本末倒置,颠倒了话语理解的运作顺序。但 Neale 指出,在概念上这种反对意见无论如何构不成对 Grice 分析方案的反对意见。Cosenza(2001a:20)也指出,Grice 主要不是关注交际概念分析,也不是要建立一个交际理论,因为他很少提到"交际"一词,更多的是采用"会话"概念。只是后来的批评者,如心理语言学者、社会语言学者和民族志研究者,认为他发展了交际理论,而非意义理论。Greenall(2009:2296)指出,Grice 并非要建立一个全面完整的交际理论,合作是他区分两种意义这一哲学计划的一部分。Greenall 也指出语言学的研究传统证明 Grice 的理论被认为至少孕育了交际理论的种子。但是 Grice(1989:369)明确指出合作原则不是用于具体的交际,更不能以此来评判其是非曲直:"只有会话实践的某些方面才是评价的对象——那些对话语理性至关重要的方面,而不是它任何别的优点或不足。所以我们所说的都不能被看作关于会话研究中具体事项的合适性或不适宜的讨论。我所关注追踪的对象是会话行为的理性与否,而不是任何更加一般意义上的对会话充分性的概括。所以,我们期待会话理性的原则从会话兴趣的具体特征中提炼概括出来。"也就是说,Grice 更多关注的是言语行为是否合乎理性。

很多人没有注意到或者不重视 Grice 的上述观点。Searle(2007:17)依然把 Grice 的意义分析看作交际理论,而非意义理论。他指出 Grice 正确地看到了人类语言交际中意向的自反性,却错误地认为能够用意欲在听者身上产生的效应来定义意义(2007:14)。几十年来 Searle 一直认为,Grice 对意向意义解释的真正弱点在于把意义与交际混同。他提出一个

"表征"概念①取代"意谓",区分意义与交际。他认为这种做法要比 Grice 高明,尽管它依然保留了 Grice 的精神,如坚持 Grice 的意向自反性,主要的改变是把 Grice 的分析从窄义理解的意义,即 Searle 所说的表征,变成了交际。

这里的问题是,在 Grice 的意义分析中说话人意义只是其意义体系的一部分,与合作原则相关。若把 Grice 的理论看作交际理论,它根本无力承担 Grice 对其他几类意义的解释。这其实就是顾曰国(2010:xiv-xvi)所说的,一些研究者把语用学跟语言的信息交际绑在一起所产生的连锁反应的体现,"用信息交际理论作为研究语言使用的基本出发点和理论基础是不够的"。

我们认为批评者对 Grice 理想主义倾向的批判最值得关注,因为这恰好关涉他的实质理性观和绝对价值理论等问题。他所有的立足点都建立在理性主体假设的基石之上。在他眼里,从"从理性人假设这一前提出发,势必会得出至关重要的哲学推论和结果"(Grice 2001:4)。正是在这一前提下,理性行为成了理性人行为的主体部分,而言语行为又是人的行为至关重要的方面,在会话中合作原则的出现也就顺理成章,不足为怪了。它是理性在言语行为中的体现和表征。也正是在这个意义上,冯光武(2005)在批判钱冠连(1997)时提出,合作必须是原则,这是他在梳理 Grice 的哲学语言学思想之后做出的反应,是对 Grice 整个哲学思想综观的结果。

2.5 小结

Grice 意义分析模式的提出有深刻的哲学背景,是在对日常语言学派的反思和对逻辑实证主义的批判中孕育,在对日常会话一般规律的挖掘

---

① 表征(representation),在对说话人意义重要的方面来说,是对满足条件之满足条件的强加。意向就是满足条件之表征。意义是更高层次的意向形式,因为它涉及对满足条件之满足条件的意向性强加(Searle 2007:16)。一般来说,意向状态如信念、愿望和意向(即哲学家们喜欢说的具有误导性的命题态度)是它们满足条件的表征。所以,信念就是对它真值条件的表征,愿望就是它实现条件的表征,而意向则是它实施条件之表征(Searle 2007:14)。其实他在 1986 年就提出了表征概念,参见 Grandy & Warner(1986b)。

之下发展完善的。Grice 模式的一个最大特点就是从语言之外寻求意义。虽然含义的产生需要语言使用,但是其来源却是在语言的组织之外,在于制约合作互动的一般原则(Marmaridou 2000:223)。这里 Grice 超越了以往真值条件语义学中只关注符号和客观世界的做法,人成了决定意义的主体。这既是对传统指称论的挑战,也是对日常语言学派"意义就是使用"的反动。这不仅是视角的调整,更是研究范式的转变:把意义引入心智哲学中。

特别需要指出的是,虽然 Grice 对日常语言学派的做法有指摘,但是与逻辑实证主义相比,他与前者的关联要远远大于和后者之间的关系。Warnock(1969:35)指出,作为逻辑实证主义之源的维也纳学派,主要特征有两个:一方面对科学和数学推崇备至,甚至达到了极端的地步,另一方面对形而上学则极其嫌恶。这一学派的主要目的是设计出一种明确标准,证明科学和数学之可接受性,形而上学则应该遭到谴责和声讨。Grice 试图把前者注重抽象概括、关注事实与准确性的科学主义和自然主义的做法扭转,挽回和恢复一些他们试图抛弃的东西,如价值、伦理学与形而上学等。Chapman(2005:173)指出,1983 年在与 Judith Baker、Richard Warner 的谈话录音中,Grice 对形而上学推崇备至,他在谈论理论的层级性时指出,形而上学是哲学理论的卓越形式(pre-eminent form),关注世界上有什么,对这些问题如何归类,配得上"首要哲学"(first philosophy)的名号。实际上 Grice 关于常识的论述①以及"Aristotle 论存在的多样性"一文中都有一种矫正的思路。他试图回归形而上学,是对逻辑实证主义的一种反动。后面这篇文章在 1979 年就已经完成初稿,并在维多利亚大学一次学术会议上宣读,完整的版本 1988 年才发表。在这里他对形而上学进行了维护,不赞同经验主义。他指出尽管形而上学学者从橱柜中重新浮现,但依然遭受着几十年来维也纳学派及其追随者当中思想偏狭者的嘲讽中伤后遗症的折磨,没能缓过劲儿来(Grice 1988:176)。Grice 眼中的形而上学理论具有矫正的功能和特性。

---

① Grice 对 Hume 关于哲学术语和日常理解之间关系的论述也很感兴趣,他通常把这个论题称作"下里巴人与阳春白雪"(the Vulgar and the Learned)。

第二章
Grice 的意义分析模式

在他的形而上学建构中,多处体现着日常和常识思想,而前理论直觉(pre-theoretical intuition)和常识是形而上学思辨的基础。实际上哲学家和常人的看法相辅相成,可以共存,只不过要实现的目的不同。从他那个时段的笔记可以看出,Grice 接受这两种区分,二者并不冲突,这两种目标不同。他对日常或者常识的哲学尊崇,经由 Moore,Berkeley 一直回溯到 Aristotle。这一直是他研究方法的一个特点:在哲学上尊崇常识。在语言哲学、意义分析中,他对日常语言的关注也与此息息相关。

这一章概括了 Grice 意义理论的分析模式,揭示了模式背后的一些基本假设,澄清了一些误解,着重梳理了 Grice 的合作原则面临的争议,呈现了基于合作原则的意向意义理论面临的困境。我们认为,一些指责有一定的道理,不过都没能从整体论的角度看问题,没能把握住 Grice 理论提出的根由和意义。对于合作原则的定性,我们认为不管是描写的还是规定的立场,都有点操之过急。这都说明了整体把握,即从他的理性观、价值论与意义分析的相互关联中寻求解读的合理性、必要性与紧迫性。

第三章　Grice 的意义理论与理性原则

这一章讨论 Grice 意义理论背后的理性观。我们首先回顾语言学界对 Grice 理性本质与类型的解读，尤其是 Kasher 对 Grice 合作原则的处理。研究指出，先前学界对合作理性的解读与 Grice 的本意之间有偏差。理性分为几个类型，Grice 的理性观更多地突出评价理性、实质理性立场，而不是语用学界一般认为的工具理性（姚晓东 2012a）。接着我们指出 Grice 的意义模式，尤其是会话含义理论体现了善意原则（the Principle of Charity）。最后我们从"明说""暗含"和"意向"的角度阐释意义理论与理性假设之间的关系。

Grice 有一个完整统一的哲学观，理性在他的哲学思想中处于中心地位。在他看来，哲学研究的对象是人本身以及人类的理性本质；哲学本身就是"理性探索"，其不同分相关注这一本质的不同方面，却不能截然分开，每一方面只有和其他方面联系起来才能得到理解（Grice 1986a:65）。在他眼里，理性行为是人类行为的核心，所有其他行为都应在理性那里得到合理解释。Grice(1974:10－11)指出，Plato, Aristotle 和其他先哲呈现的理性图景是正确的，理性本质上就是调整、指导和控制前理性冲动、个人偏好和性情倾向（disposition）。他(2001:27－28)重申理性对于前理性倾向和偏好的评价与指引作用，理性的本质特征是调整包含诸如欲望和感觉元素的前理性自我。在这一点上，Davidson(1969)的解释与 Grice 不一致，因为前者似乎把冲动和性情倾向理性化了。因此，在讨论合作原则时 Grice 赋予理性很高地位，他(1989:364)强调只有在理论上对理性的构成有充分解释，并且这种解释对人类理性可及，我们对理性的操练才

第三章
Grice 的意义理论与理性原则

能够存在。所以我们有必要先讨论一下构成理性的相关因素。

谈到行为合理性的时候,我们一般都是从手段和目的角度出发。一旦目的确定,手段的适宜性就是衡量行为是否合理的标准。工具理性原则主要关注实现目的最有效方式,充分利用资源以提高目标实现的概率;理想的情形就是用最少的消耗获得最佳效果(参见 Richards 1971)。这一思路与博弈论相似,但这种假设在现实中不一定可行,因为未来事件的概率分布要么是不可靠的猜测,要么只在排除了其他潜在因素的环境下才有效,因而是受限的虚拟环境。

Simon(1983:13)提出的有限理性(bounded rationality)是比较现实的理性概念。其特点是不追求最优化,也不保证一成不变的前后一致性(1983:19—23)。他(2000:25)对有限理性进行了全面概括:人们做出选择时不仅受制于某些一致的总体目标和外部世界特征,也取决于决策者是否拥有世界知识,以及能否在相关的时候激活这些知识,运算出行动的后果,进而在大脑中浮现出可能的行动过程,以此来应对不确定性(包括源于其他行为主体的可能反应所导致的不确定性),裁定这其中许多相互竞争的想望。理性是有限的,因为这些能力确实受到限制。结果,真实世界中的理性行为既受制于人们内心"内部环境"(如记忆内容和过程),也受制于行动发生和作用的世界的"外部环境"。有限理性不仅关注程序理性,即决策过程的质量,同样也关注实质理性,即结果的质量。

总而言之,有限理性的基本思想就是按照想要实现目标的要求去做,力所能及地行事。在有限理性的情况下,行为主体受当前认知所限,对未来不可预知,无法运算出绝对最佳的方案来实现目标,不过却能在现实情况下,在他知识和能力可操纵的范围内提出一个方案。这是一个比较现实的面向决策的策略:当前最佳或最有效的手段。当然这一方案是可错的。随着知识的增加,情况也许会有所改变,这一方案甚至也会被抛弃。具体到言语行为和日常会话,就是在同等条件下,用最合适的言语行为或表达方式实现交际目的。体现在会话含义理论中就是要能"最有效地传递信息"和"影响别人的行为"。这就是 Kasher(1987:286)所谓的"言语活动的理性原则"。下面我们先来讨论 Kasher 对合作原则的评价。

3.1　Kasher 的理性原则：拯救还是破坏？

就我们所知，Kasher 应该是最早指出 Grice 会话含义理论背后理性原则的作者之一。在 Grice "逻辑与会话"发表的第二年，Kasher(1976)就提出批评，宣称会话准则和次则源于理性原则而非 Grice "含糊、靠不住的"合作原则。他认为合作原则过于强大，主张用理性化原则（也叫理性假设，即理性主体假设）来统领整个会话的理解：没有理由认为说话人不是理性的，在话语情景中，说话人的目的和信念完全能够解释他的行为，除非有相反的明证(1976:210;[1976]1998:193;1982:32－33)。他还用有效方式原则，即他所谓的一般理性原则统括各个会话准则：设定某一目标，说话人将选择能够有效地、最省力地实现该目标的行为([1976]1998:188,205)，他(1987:286)称之为有效语言方式原则。

整体而言，Kasher 还是认同 Grice 的模式的。他(1976)认为言语活动的理性原则最让人感兴趣的应用就是 Grice 的含义理论。在他眼里会话含义理论的所有成就都可以从理性原则在标准言语活动例子中的合适应用中推导出来。他承认自己的理性原则与 Grice 对会话含义的解释并非水火不容(1976:209)，但是他拒不接受合作原则经验上的有效性，一方面合作原则过于强大，建立在如下假设之上：在会话的任何阶段总有可能识别出会话目的或者会话双方共同接受的方向(1976:201,232)；另一方面合作原则又无能为力：不能规定如何实现目标，而准则却能做到[1]。所以他的结论是准则并非来自合作原则，不能建立在合作原则基础上，而应该是直接源于理性化原则[2]。Kasher(1977:115)重申，会话准则都可以从有效方式原则在言语应用中获得。他还提出几个理性要求的激进准则，来涵盖 Grice 的准则，以及 Searle(1975:76)的如下要求："若无特殊理由，使用惯常表达"，也包括风格。

---

[1]　Davis(1998:118)也指出合作原则太弱，无力支撑各会话准则。
[2]　这一点 Horn(2009:29)持相同看法，他觉得准则不仅仅是基于合作，更是基于理性。

第三章
Grice 的意义理论与理性原则

3.1.1 Kasher 的理性观及其根源

Kasher 的理性思想集中体现在他(1975,1976,1977,1982,1986,1987)的文章中。他认为 Grice 的合作原则及准则之间的关系与下面的抽象指令(1)和细则(2)之间的关系类似:

(1) 在实现自己目标的每一个阶段,按照目标的要求去做。

(2) (a) 同等条件下①使自己实现目标的方式不多不少,不超过或低于要求;

(b) 采用已有方式的标准用法来实现目标;

(c) 在实现目标的每个阶段,当决定自己的推进方式时,考虑他人实现目标的方式;优先采用可能有助于他人实现目标的方式而不是这些方式的其他用处;

(d) 优先采用能实现自己目标的方式而不是那些不确定的([1976]1998:186—187)。

上述两大指令来自一个简单的理性原则,此原则与目标及实现手段之间都有关联。这两条指令是实现目标的行为准则,不必是目标共享假设,也无需是合作举动要求。若说合作,也仅仅是话语主体为了有利于实现自己的目标而采取的有限合作。另外,不能从指令(1)推导出细则(2)。Kasher 断言 Grice 诸准则的获得不必以合作原则为中介,合作原则是错误的,不必要的([1976]1998:187,192)。这是 Kahser 的理性原则中与合作原则及准则之间的不同之处。

上述理性原则有明显的博弈论的痕迹,受到 Richards(1971)的影响(Kasher [1976]1998:192,197),后者的理论又明显受到理性选择理论影响。理性选择理论主张工具理性,是一种博弈论的路子(Attardo 2003)。Richards 的理性思想主要体现为以下五个原则:

有效方式:同等条件下,对于给定的目标,选择最有效、低耗的行动来实现此目标。

---

① 这一条件在下面三个条款中都有,以后从略。Kasher(1976:191—192)指出这一条件在这些原则中很重要,使得在面临不同的原则时,正确地考虑不同的目标和手段成为可能,同时也可以解释一些偏离现象。他认为这些在 Grice 的合作原则及伴随准则中没有得到体现。我们认为这是对 Grice 的曲解,参见 Grice(1989:28—29)。

主导性:如果没有特殊情况,在行动的几个计划中,选择能够确保不仅实现其他计划中所有意欲的目标,而且能实现其他目标的那一个。

博彩法:选择几个计划的综合体以确保最大几率地实现最具价值的目标。(1971:28)

延　缓:在不明确这些目标为何物或者不知道如何才能确保最佳时,不要急于在能够确保某些意欲目标的行动计划中做出抉择。(1971:29)

第5原则:如果前面的1—4个原则都不适用,那么同等条件下,选择能较好地保证个人意欲目标的那个计划。(1971:43)

上述几个原则的实施有优先顺序:3＞2＞1＞4＞5＞。可以看出,Kasher的思想有着深刻的工具理性基础。这是他与Grice最大的不同之处。

3.1.2 合作原则与理性化原则之比较

Kasher(1975b:116)认为自己话语理解模式比Grice的合作原则更具解释力。他用有效方式原则与派生的激进准则分别取代合作原则及会话准则。一方面使得Grice富有创见的含义理论的原动力得以保留,另一方面他的模式又比Grice的理论更具优势。Kasher用两个例子来说明优越性。他认为对于源于貌似蔑视某准则而产生的含义,Grice并未解释为什么说话人不直接明白地传递观点而倾向于采用暗示的表达方式。另一个论据是,话语中的"沉默行为"能用言语有效方式原则解释,而合作原则对此却无能为力。后来Kasher(1998:195)还用对重言句的解释证明自己模式的优越性。Sampson(1982:205)也认为,不可否认,作为人际互动描写语用学的基础,Kasher话语解析范式比Grice模式更优越。

与Grice相同,Kasher(1976)把理性化原则假设作为理论前提,但他认为在生成含义的论证中,如果用理性化原则取代合作原则,不但不会消减解释力,反而会获得额外的解释力,这个原则能够解释一些合作原则无法涵盖的"不合作"现象(Kasher 1976:211,214—215)。他(1987:287)再次提到合作原则似乎适用于把信息交换作为共享的、局部目的的话语情景,而有效语言方式理性原则适用于一切话语语境,包括一些不以信息交

第三章
Grice 的意义理论与理性原则

换为主导的会话语境。我们的看法是,Kasher 模式强调的所谓增加的解释力,如对沉默的解释,是 Grice 思想的应有之义,利用合作原则完全可以得到很好的解释。

1986 年,在"礼貌和理性"一文,Kasher 再次论及理性原则及其对礼貌现象的解释。在这篇文章中他依然坚持会话准则并非来自合作原则,而是直接源于理性原则。理性原则被表述为"对于既定目标,同等条件下人们会选择最有效、耗费最小的行为来实现它","理性原则适用于一切意向性行为"(Kasher 1986:109)。这里 Kasher 也意识到理性原则面临的困境。在谈到礼貌准则和其他会话准则之间可能的表面冲突时,他指出这实际上是理性原则内部的张力和牵制,即与理性行为相关的不同方面之间的张力,具体表现为高效与低耗之间的反向作用力如何达到平衡。如果不能给出可供参照的量级来衡量高效和低耗性,理性原则就根本不完整(Kasher 1986:109—110)。这里 Kasher 虽然阐述了相对理性概念,但是对于如何实施效应和消耗的比对,他仅仅说道,相信一定存在一个最大风险的最小化原则(maximin principle)能够解决这个问题,并没有具体分析它是什么,我们应该怎么做。客观而言这不是 Kasher 一个人面临的问题,实际上无论是 Grice,Kasher,还是 Sperber & Wilson 以及后来以博弈论为基础的语用学解释,在这一点上都没给出一个操作性很强的圆满答案。

其实 Grice(1989:42)在论述合作与理性时分明提及了效果和消耗的比对。他认为,提供更多信息的所得要足以开释附加的会话努力,这里 Grice 是要求行为主体付出努力要有动因。Kasher(1986:111)指出,"理性原则迫使说话人对自我言语行为的消耗要考虑周详,给予充分重视"。这体现了他与 Grice 交叉的地方,即说话人要为自己的不理性、不合作举动付出代价。我们前面提到,Grice 在论述合作原则时曾经强调,交谈中如果不合作受到损失的首先是说话人自己。

综观 Kasher 的全部相关论述,我们认为他并没有多少比 Grice 高明的地方。他把 Grice 的研究成果纳入自己的分析框架之下,表面上看提出了一个理性化原则(the rationalization principe,即理性的会话主体假设),理性原则(the rational principle,即有效方式原则)和一系列的极端准则或要求,即我们上文提到的指令(1)和细则(2),但是深入挖掘 Grice

关于会话分析的论述，不难发现，其实在 Grice 的会话含义分析范式中理性主体假设是应有之义，理性也是他哲学思想的核心，具体论证参见冯光武(2006)，陈治安、马军军(2006，2007)，林允清(2007)，姚晓东、秦亚勋(2012)，Grandy & Warner(1986b)，Grandy(1989)，Baker(1989，2008)，Attardo(2003)，Horn(2004)，Chapman(2005)和 Davies(2007)。Grice(1986a；1991：124；1989：286；2001：94)还提出了目标——手段原则①，并赋予这一心理运作机制或定律很高的地位②，把它上升到了人类生存发展的高度。Kasher 的激进准则和 Grice 的会话准则（包括社会、伦理和道义准则在内）并没有实质差别，甚至可以说前者是以后者为蓝本阐发而来的。另外，针对 Kasher 批评合作原则不必要，各会话准则都可以由理性原则推出这一论调，我们的看法是，理性要求与合作原则不同，后者需要考虑对方的目标和兴趣，而前者是从自身的判断出发来决定要不要合作。另外，如果说 Grice 的质的准则可以由 Kasher 的上述指令得来，毫无疑问，这一关联让人费解。

二者的一个重要差别，我们看来，就是 Kasher 提到的理性是工具理性，而他并没有参透 Grice 的评价理性和实质理性的诉求③。这二人一个在语言哲学层面探讨，另一个则是从心理认知的视角出发，志趣也大不相同。Kasher 的贡献就在于把内隐于 Grice 理论背后的核心概念明示化，但不足之处在于未能涵盖 Grice 理论所囊括的庞大深刻的理论诉求，以及理论背后深层的哲学关怀——对人本身的终极关怀。在 Grice 的理论体系中，意义理论需要合作原则来支撑，合作是理性的，理性是实质性的，受到价值的控制和决定，而工具理性则不受或者较少受到价值评判因素的制约。

陈治安、马军军(2006：263)在谈到 Kasher 与 Grice 的理论时提到，

---

① Grice(1986；1991：124；2001：94)提出的目标-手段原则(He who wills the ends wills the means)的意思是，如果一个人意愿某一个目的，也相信自己的某个行动对实现这个目的是不可或缺的手段，那么他就会意愿这个行动。这其实也是人的理性特征的具体体现。

② Warner(2001：xix)认为这个规律与其说是一个心理规律，倒更像从理性推导派生出来的某种概念真实。Grice 把这个"目的—手段规律"看作必然。

③ Kasher(1987：286-287)针对 Grice 认为原则准则是"实际上遵守，有理由遵守，不应该放弃的"的说法，做出如下点评："对我来说，从理性原则推导会话准则似乎提供了所需的规范方面。"

第三章
Grice 的意义理论与理性原则

"我们认为 Kasher 的合作源于理性的观点与 Grice 关于合作原则及准则的论述在本质上是一致的。对比 Grice 的理性观、目标—方式原则和 Kasher 的理性化原则、有效方式原则不难发现，两者具有相同的内涵：理性是以目的为取向，对某一行为的判断依赖于其目的和为实现该目的所采取的方式。"我们不认同这一说法。虽然他们指出了二者是在不同层面上探讨理性，"Grice 在哲学层面考察理性，而 Kasher 在认知心理学框架下运用理性原则解释人类交际行为"，但从各自的论述中我们可以看出 Kasher 坚持工具理性，而下文我们会谈到 Grice 崇尚的是实质理性。语用学界对此多有误解，更多地把合作背后的理性视为工具理性，如 Allwood(1976)[①]；冯光武（2005，2006）；陈治安、马军军（2006，2007），Attardo(2003)[②]。Grice(1989:29)明确指出自己是十足的理性主义者，更是一个实质理性主义者(Grice 1986a:34；1989:302；1991:12, 61-62, 86；2001:88)。在他眼中不仅实现目的的手段是理性的，目的本身也应当是理性正当、值得期待的。

"理性"在语用学文献中是多义词，在不同的研究范式中理性有不同的定义（吴炳章 2009:82）。在 Grice 的意向性交际语用学范式中，理性被解释为人类交际活动中的合作行为；而 Kasher 和 Brown & Levinson(1987)的理性则是工具理性，前者侧重于语言本身而后者[③]侧重于语言的社会性。如果从语言使用的心理过程来看，理性侧重信息加工的经济性，这是关联理论的基本观点（吴炳章 2009:84）。吴文的上述观点是有见地的。不过他对 Grice 理论的评定很模糊。他认为在 Grice 的范式中，

[①] 对 Allwood 来说理性主要是一个工具性概念：手段是理性的，而目标本身可以不必是理性的，它们是与理性无涉的(a-rational)(1976:22)。

[②] Sbisà(2001a:201)认为在"逻辑与会话"一文 Grice 提到的理性依然与工具理性更紧密些，因为它和一个倾向相关，即按照最适合从会话中获益的方式行事。显然这种倾向包括对会话含义解读的准备。

[③] Brown & Levinson(1978/1987)的理性原则也具有实用主义的工具理性特征。他们认为，在交往中人们的言语行为要受到主体所处社会关系的制约。在这一关系中每个人都有"面子"，即自我形象。他们既要维护自我面子又要尊重他人面子，所以在交际过程中，行为主体要根据社会角色调整自身行为，根据目的采用那些能够保全面子的策略。因此，理性就是从目标到工具的推理逻辑，这使得交际者能够选择一种既能充分保全面子，同时又可以实现交际目标的行动（吴炳章 2009:83）。

理性、合作和逻辑是同义词(吴炳章 2009:83);理性基于建立会话逻辑,以说明日常语言的"缺陷",即会话中的不连贯、不相关现象背后的逻辑关联(吴炳章 2009:84)。对于这两种说法,我们的看法是:第一点过于笼统,合作与会话逻辑性应是理性在会话中的体现;第二点在顺序上不妥。

不过,我们认为 Kasher 用理性原则取代合作原则的尝试,不管成败与否,被认可和接受的程度如何,至少表明他关注到了合作原则背后的东西。这个举动发出了一个信号,是朝这个方向上往深处挖掘的努力,而不像语用学界普遍盛行的惯常做法,拿日常生活中的话语实践来验证其经验上的普适性。这一研究取向颇具启发意义(姚晓东 2012a)。理性概念在 Grice 的意向意义分析模式中占据重要地位,以前很多研究者往往只看到合作与意向,而没有深入探讨它们背后的理性原则,至多是一带而过。近年来出现了对 Grice 意义模式的整体把握。一些学者率先从哲学视角,从理性视域观照合作原则及准则。国内先后有冯光武(2005,2007,2008),胡泽(2005),Liu(2007),马军军、陈治安(2006,2007),詹敬秋(2007),封宗信(2008)等研究。理性考量逐渐进入 Grice 意义理论研究的视野,不过先期研究似乎也没有注重理性的分类(参见 Attardo 2003;Sbisà 2006a;姚晓东 2012a;姚晓东、秦亚勋 2012)。吴炳章(2009)提到了不同语用学派理性的多义性,不过与前面的研究者一样,他的视点依然集中在工具理性上面,没有凸显 Grice 的实质理性观,而这恰是 Grice 与一些其他语用学研究者存在重要差异的地方,也正是我们对 Grice 的意义理论、合作原则等语用学核心问题深度挖掘和重新解读的切入点。我们下面的探讨也是沿着 Kasher 最先倡导的这个方向的努力。

3.2 Grice 的理性观

理性是 Grice 的长期哲学关怀[①]。他认为理由(reason)的本质是一个很有趣也很重要的哲学问题,是哲学家们应当关注的一类观念。不只

---

① Warner 在整理编辑文集《理性面面观》时发现,原始讲稿中增补了许多 Grice 在不同时期有关理性的讨论,直到他生命的最后几年。另外从札记中可知,Grice 在 1966 年左右就开始讨论理由概念,后因 1967 年赴美暂时中断,70 年代早期他又重新捡起(参见 Chapman 2005:142)。

第三章
Grice 的意义理论与理性原则

一位哲学家认为"从理性人假设这个前提出发,势必会得出至关重要的哲学推论和结果"(Grice 2001:4,25)。Grice 的理性思想集中体现在《理性面面观》一书,在《价值构想》中也有投射,部分散见于他对意义理论的论述,也具体表征在"逻辑与会话"一文中。在这篇文章中他虽没有明确提出理性原则,但在合作原则及会话准则的底层时时处处都蕴涵着理性主体假设。

《理性面面观》勾画了一个宏伟计划的一部分,Grice 试图对 Aristotle 和 Kant 的理性主体假设的重要哲学意义做出修正。他(2001:25)明确指出了二者的失当和疏忽之处:他们似乎都沉迷于纯粹的智性动物,不容许放纵冲动(incontinence);二人都认为理性的实现是理性动物的最高目的,二人在关键处都把理性看作理性动物的区别性元素,和这个动物的其他必要但非特有元素分立开来。Grice 认为这种做法是限制性的而并非有益的。当然二者的观点也存在差别。Kant 把理性当作人的官能(faculty),在实践和非实践两个方面都有所体现。Aristotle 把理性界定为人类的定义性特征,以此可以把人类跟其他生命形式区分开来。人类的理性本质确保他们的所有行动都是指向某些具体目的或者目的集合。尽管这些目的会因具体领域不同而出现差异,但是"如果有一样东西能成为所有行动的目的的话,那就是实践上的善"。在《尼各马科伦理学》一书的开篇,Aristotle(2003:1)就说,"一切技术,一切规划以及一切实践和抉择,都以某种善为目标。因为人们都有个美好的想法,即宇宙万物都是向善的"。Grice 把实践价值(这里他对"善"并未进行详细解释)理解为人们期望发生、因而会选择去做的事件中所努力去追求的一个目的(参见 Chapman 2005:148)。

在《理性面面观》一书中,Grice 首先讨论了推理的原则,界定了什么是好的推理。他指出推理首先是一种活动,要体现出主体性和新颖性,要有问题指向,是和意愿相关的一种有目的/标的活动(2001:16)。然后他阐述了理由概念,区分了三种类型的理由[①]:第一种是纯粹解释性的,与

[①] 或者说是四个类型,还包括目的因(final causes)。目的因既是原因也是理由,所以也可以被看作一个类型。与 Aristotle,Kant 和其他先哲一样,Grice(2001:43)认为目的因在伦理学基础中发挥了不可或缺的作用,不能否定其存在。

"为什么"(reason why)相关,指涉事实性理由、原因或者因果性。说话人暗示了原因与结果两个事件的真实性,这里的理由不一定是唯一原因,此处理由是可数名词。这里排除了因人而异性的相对性。第二种是证明性理由,对应于"是……的理由"(reason for/to)。它们提供一些支持,尽管不一定是必要的或充分证明,是相对于某一心理状态或行动的理由。在这种理由类型中理由是事实性的,却不能保证另一事件的真实性。这种理由可以是最终的,也可以是临时性的;它既可以是可数名词,也可以是物质名词。对事态的解释没有程度之别,而"证明"却有。这种理由不在于数量多少而在于合力大小,具有相对性。第三种是"证明—解释性理由",也叫个人理由,具有杂糅性。这种理由具有解释的性质,所以不能是物质名词。它是相对于某一个体而言,如果相关个体认为理由为某一态度和行为提供了充分证明,那么这个理由就被视为对他态度和行动的解释。Grice(2001:40—41)把这类理由视为解释性理由的一个特例。这种理由既是解释性的又是证明性的,它们可以表述为:"X 做出某个行动 A 的理由是 B(或者为了实现 B)。它们要做出解释,不过所解释的是行动和某些心理态度;它们是证明性的,因为对于 X 来说 B 看上去仿佛能够证明行动 A 是正当的,而事实上 B 可能或者可能不会真的证明行动 A。在这三种理由中,证明性理由是联系其他两种理由的纽带,Grice 给予了足够重视,在他的意义分析中也发挥重要作用。

在这本书的主体部分 Grice 集中讨论了认识理由和实践理由,指出二者在结构上的同一性或相似性,即他所谓的同一论①(Equivocality Thesis,Grice 2001:44—45,90)。他还着重探讨了理论理性和实践理性,提到了理性的可接受性:包括理论和实践的可接受性。他提到了"基本心理法则"概念,强调了实践的必要性,认为认识上的陈述衍推了行动上的要求。在他的 Locke 讲座中我们可以清楚地看到推理、理由与理性三者之间的密切关联。推理是一种活动,是人类在言语和思维活动中根据原则生成命题的过程。推理可分为实践推理和理论推理(也称为认识或非实践性推理,alethic or non-practical reasoning),二者具有内在统一性,

---

① 这与 Kant 的单一理性(a single Reason)关系密切(Grice 2001:68)。

第三章
Grice 的意义理论与理性原则

是一个问题的两个方面。理性是人类在推理过程中体现出来的能力。理由既是推理活动的前提,又是其目标和归宿。在三种理由类型中,证明性理由居于核心地位,它可以再分为理论理由和实践理由,分别对应于前边提到的理论理性与实践理性。

Sbisà(2006b:2233)在讨论话语处理的理性时指出,Carston(2002)认为用来处理话语的人类心灵的内在运作是演绎性的单调性模式,而 Levinson(2000)则认为这个过程至少部分是非单调性、启发式的。不过这二人的模式都不是严格意义上的推理。他们推导途径中所遵守的理性更多的是高效的因果关联和处理努力的经济性,而不是根据理由行事或者决定所要采取的态度。作为哲学家,Grice 与之不同,他对话语处理理性的兴趣是建立在理由的基础之上。

陈治安、马军军(2006:260)深入研究了 Grice 的理性观,结论是:"Grice 以实践必要性为中心议题,探讨实践理性和理论理性的统一性,探寻制约推理过程的心理法则。在分析推理过程的同时,定义理性:理性是在推理过程中显现的能力,理性行为是人类行为的核心,一切行为都应该有理性的解释。理性是实现哲学目标的出发点,是解决哲学问题的动因。Grice 对理性的探究不仅有其哲学上的目的,而且也把他在各个领域的研究统一起来,为我们理解 Grice 的哲学思想提供了一个统一的理论框架。"他们后来(2007:60)再次指出,"理性行为是人类行为的核心,一切行为都应该有理性的解释……Grice 在各个领域的研究是从不同的侧面论证他的理性思想"。

我们十分赞同他们的上述结论,不过有两方面的考虑:第一,这里他们没有深入界定 Grice 的理性类型。理性分为工具理性和实质理性,还有论证性理性。我们认为 Grice 超越了工具理性,坚持实质理性观,并且在推理过程中采用了论证性的方法,即他非常重视的证明性推理:给出说话人认为合理的解释和理由。第二,陈、马二人在上面提到"一切行为都应该有理性的解释",但他们并没有探究 Grice 这样做的缘由,没有给出他坚持实质理性背后的动因。这就是我们后面要说的,研究者没有把 Grice 的价值理论囊括进去,纳入研究的视野。这两个问题的背后才是 Grice 最终的关怀。这一章我们着力讨论第一个问题,第二个问题在下一章中详细论述。

3.2.1 工具理性

对理性的一个基本区分是：工具理性和实质理性[①]。前者是说，相对于一个具体目标，某一手段是理性的；后者则要求不仅实现该目标的手段是理性的，目标本身也要理性，合理正当(Attardo 2003:7)。工具理性原则与高效性有关，是为了协调手段和目标，用最佳的手段、最省力的方式获取最大收益。它从功能、效率、手段和程序上来说是合理的，所考虑的只是手段而非目的适宜性。郭湛(2002:214)认为"如果将工具理性推上至高无上的位置，等于是以手段为目的，以中介为主体，那么本来是主体的人就成了贯彻工具理性的中介手段。这是观念客体或中介的反主体化，也是主体自身的异化"。这与西方马克思主义者对工具理性的批判如出一辙。

工具理性把手段和目的相关联，关心手段的适用性与有效性，是主体为了实现某一目标而运用手段的价值取向观念，手段的有效性直接关系到目标能否成功实现。这种理性行为的出发点和归宿在于行为主体是要达到一定目的。从本体论上讲，理性可以有冲突或者矛盾，也就是说在理性信念系统中，承认或者允许（但并不要求）矛盾和不一致的地方。Searle(2001:126)指出，行动理由集合很少是始终前后连贯一致的，只要它们不同时被焦点化、被凸显就可以。当反例出现时，并不是对规则的违反，而只是例外。

工具理性的一个重要特点就是相对性，这个特点基于如下事实：信念和价值系统是偶发性、条件性的，因文化体系的不同而不同，也会因人而异；社会成员在信念、知识范围和认知能力上存在差异，这种差异和多样性导致不同的人对同一事物做出不同判断，即使面对于同一事件也会因为各自立场的不同而持不同见解。脱离特定的时空背景，不考虑文化差异和思维方式差别来断言行为是否理性是没有意义的。另外，理性有时

[①] 这大致相当于韦伯所说的形式理性（手段—目的理性）和价值理性，参见杨善华、谢立中(2005:187)。

会被情感左右，冲动会占据上风，进而变得毫无逻辑性可言。比如学生找老师要成绩，自己没有努力，也给不出任何学术上的正当理由，只是说要不给就会被退学，所以老师就应当给他及格分数。我们可能会认为这是无理取闹，不合理性，但至少学生自己不会这么认为。所以，工具理性是从行为主体的目的和信念出发来解释行动的。从这个意义上说，行为是否理性，只是评价者所采取的视角上的差异。总的来说，工具理性是相对的，相对于特定目标而言达到目的的效度。正是在这个意义上，Kasher 才能用有效工具原则来统括 Grice 的会话准则，把它们一起纳入理性原则的框架之内。例如，数量准则就可以转述为"够用即可"：主体应该选择那些廉价的表达形式而不是代价不菲的（吴炳章 2009:83）。

我们前边提到，Grice 对于科学主义有看法，他在不止一个地方（1975b，1986a，1991）表达了自己的忧虑和不安。显然，对于过于关注工具理性和唯手段论的做法，Grice 是不赞同的。不过这并不是说他绝对反对工具理性。Grice 在讨论会话含义时体现出工具理性的痕迹，比如，他认为能够最大程度地传递信息、实现理解，或者说从对方的话语中提取尽可能多的信息，就是理性的，这样一种能力就是理性的表现。Grice（1989:28）也确实提到了高效性和最大化。不过这都是以一定的前提条件。他（1989:30）似乎想向我们展示，说话人遵守合作原则是理性的，如果他们关注自己所参与的谈话，并且只有当他们按照合作原则的一般精神行事才会对自己有利。也就是说，从说话人本身的利益来看，他们最好合作。这是一种让步的说法，虽然 Grice 并没有提及这样做可能会对人类整体发展产生什么样的作用，他的意思是，即使是从个人的利益考虑，行为主体也应该或者最好去合作。

3.2.2 论证理性

上文提到 Grice 在《理性面面观》区分了三种理由：解释性理由、证明性理由和个人理由（也叫证明—解释性理由），其中证明性理由处于主导地位，统领和连接其他两种（Grice 2001:67）。证明性理由又可以细分为认识/非实践性理由和实践理由。

Sbisà(2006a)讨论了会话含义与理性的关系，论证思路就是通过阐释合作原则的理性,证明会话含义的理性,因为会话含义是由合作原则推导出来的,因而也就具有了理性的特征。Grice 的论述从两个角度着眼:一方面从准合同的视角论述,Sbisà 认为这两者之间的关系不太明显,很难看出准合同与合作、含义之间的关联,也就是说很难据此证明合作的理性特征[①];另一条线索就是所谓的最大程度地理解话语,这一追求就展现了 Grice 会话含义生成过程中所体现的工具理性痕迹。她(2006a:242)指出,Grice 在论述会话含义时也没有完全摒弃工具理性。也就是说,听话人要从说话人的话语中获取最足量信息,如果不是关于世界的信息,至少是关于说话人的意图、信念或态度的信息。她赞同这一思路,不过 Grice 却放弃了这个做法,最后求助于会话含义的可运算性特征。从这个角度入手,她认为 Grice 的会话含义思想中有两种理性在起作用:工具理性和论证理性(argumentative rationality);前者在于最大程度地实现理解,后者则以可运算性为基础,这和上面提到的证明性理由(justificatory reasons)很接近。需要注意的是,这里的运算性并非实际运算,因为无论听话人还是说话人都不需要严格的、一步一步的推理步骤:现实中听话人可能不会真正地进行严格推理,而仅仅根据默认的试探法(heuristics)直接获取含义。另外,两种可能出现的情况是:要么听话人推导出来的含义可能不是说话人想要表达的,要么根本不能成功地推导出含义,这分别对应于 Saul(2002a)所谓的"听众含义"和没有被识别的"说话人含义"。

运算不一定是一个实际的心理实现,只需要能被论证所替换就可以,这就依赖论证理性。这种做法就是说,一种含义应该如何被推导出来,已经失去了(或者更准确地说是不关注)经验的特点,不具有实际的可观察性。说话人并非真正计划了某一推导路径,听话人也不一定就这样严格按照推导的路径去运算,有时候甚至不借助推导仅仅根据直觉就能获得含义。Grice(1989:31)并没有给出一个听话人的实际推导过程,只是提供了一个大体轮廓,有时候也不排除直觉的参与。在现实中行为主体不

---

① 不过我们觉得,如果说不遵守合作原则就没有按照理性人的常理行事,按照 Grice 所提出的生物体建构的思想来看,按照他对人类与人的划分来看的话,准合同的说法与合作之间的关联还是很清楚的。

必给出全部理由或严格详尽的论证,若有需要,能把直觉替换成近似的推导即可。说话人也不必有意识地考虑听话人的推导过程,一般也不会真的去模拟听话人的具体推导过程,所以也不会为此去规划自己的话语。实际运算不是一个必要的现实要求,被问起时能够为自己的结论提供理由支撑即可。

这里有必要讨论一下 Sbisà 给出的两种理性。她(2006a:241)对工具理性的定义是:如果某个行为方式的特点是,行为主体非偶然地使用有效的手段,或者他/她认为能有效地实现自己目标的手段,那么它就是理性的。这里强调的是手段和目的之间的关系。她认为,比较而言,论证理性这一概念在 Grice(1991,2001)中体现得更为明显。结合 Grice(1991:82—83)的论述,她把论证理性界定为这样的一种考虑:必须能够证明一个人的举动是正当的,(某种程度上)也是一种能力,能够使得这种考虑产生效力。此类论证关注的焦点不是手段与目的间的关系,而是强调理性与论证性推理之间的关联。这和下文要讨论的实质理性在某些方面有相似之处:二者都要求主体对自己的决定和行为提供理由,推理的目的就是为接受某信念、做出某种决定或采取某一行动提供支持,给出理由,证明其正当性。证明(justification)是一个重要概念。

尽管不否认会话含义中的工具理性印记,但是 Sbisà(2001:201)提到,Grice 的理性与工具理性不是一回事:"他认为理性与价值之间有着严格而复杂的关联,具有明显的论证活动特征。"这在 Grice 的论述中是一个反复出现的话题。实际上 Grice 对会话含义的推导和运算就是一个论证活动。另外,语用推理的非单调性推导机制与这个论证方式相关,体现着论证理性:含义推导不需要实际的具体理由论证,无需严格按照逻辑推理,只要能够用论证取代直觉就可以了。说话人和听话人现实中并不需要严格按照 Grice 提到的推理程序来获取会话含义,心理上也不是这样实现的,说话人不会这样计划,听话人也不会这样理解,只是在需要或者被问起时,愿意并且能够在一定程度上提供一个论证思路,能够用相对完整的有关推理思路取代 Grice 提到的凭直觉得到含义的做法即可。

Grice 本人也并不认为所涉及的推理类型总是有意识的、明晰的。他(2001:17)指出"我们有一个'严密的'推理方式,这是一个艰苦繁琐、耗时费力的一步步的推导程序。有一个替代的方式——捷径——对我们是可及的,顺应和意向使之成为可能"。在我们的日常语用推导中通常是采用这一捷径,这里边可能包括试探的(heuristic)过程。Warner(2001)认为Grice的意思是,语用学依赖推理,每一个场合下都涉及推理,有时候需要详细推导,更多的时候则不排斥捷径的介入。Saul(2002b)也指出,Grice的目标并不是要给话语解释一个准确的心理描述,解释的心理现实性并不是Grice话语解释中的要求。

Grice意义理论所需要的理由是他称为个人的(或解释—证明性)理由。Grice(2001:41)写道:"如果X做出某个行动的理由是B,并不一定能够得出B确实能证明X的行动;但必须是X认为(即使是暂时的或者下意识地认为)理由B能够证明其行动的正当性。"

Sbisà(2006a:245)在谈到工具理性和论证理性的关联时指出,二者是共存关系。她还认为Grice似乎建议,工具理性是论证理性的次类,至少当涉及对行为的解释和对实践推理的分析时是这样。这是因为,当行为者认为自己的行动是实现某一目的的手段时,工具理性和论证理性(即对自己的选择、态度和行动进行辩护、论证)是可以重合的。不过,二者之间的差别还是存在的,因为正如Sbisà(2006a:245)所提到的,并非所有对信受(acceptance)和态度的辩护或有效化都属于这种形式。我们看来,在归纳Grice的理性内涵与类型时,Sbisà提到的论证性理性中缺少了一个成分,Grice的理性概念不仅包括Sbisà所说的行为者对自我决策和行动的论证和辩护,为实现目的所采取手段的辩护,还应当包括对行为目的本身正当性的辩护和证明。对手段的辩护其实和工具理性分不开,二者有重合。我们认为另一个重要的次类就是我们下一节要讨论的Grice十分推崇的实质理性。

如果说论证理性是有价值取向的,工具理性是价值中立,而后边又说工具理性是论证理性的一个次类,这在逻辑上说不通。从这一点来说,Sbisà用论证理性来涵盖工具理性和实质理性并不恰当,而最好的处理办法是在论证理性中,相对于某个目标而言,要对行为主体采用的手段进行辩护的时候,这时候它和工具理性(手段的高效性)是重合的。行为者可以据此为自己的行为辩护。但仅就工具理性来说,它并不关注目的合理与否。而我们知道,论证理性并不仅仅是这些。所以说工具理性、论证理性和实质理性的关系并非是绝对界限分明的。不过基本的区分是存在的,需要区别对待。

Sbisà(2006a:245)对工具理性和论证理性进行了比较和归纳,主要体现在以下三个方面:(1)工具理性并不预设自我意识,而论证理性则有这种预设。(2)前者和价值无关,或者是仅把高效性作为唯一的值,因而这种价值是派生的;相反后者会被视为本身就是价值。(3)工具理性不能就目标提问,除非这些目标本身又是实现其他目标的手段;这也是工具理性招致不满的一个主要来源,而论证理性则能应对这个问题。所以 Sbisà 认为,可以大胆承认,在 Grice 的思想里甚至是超越了他的思想之外,论证理性和工具理性的区分并非徒劳无益,并非多余。我们认为这里并不是超越了 Grice 思想,相反真正的情形是,Grice 本人的区分比 Sbisà 更明细。Sbisà 仅仅是提出一个笼统的论证理性,承认工具理性是论证理性的次类,但并没有阐明实质理性也是一种论证理性,并且从她给出的论证理性的定义来看,它似乎并不能包括实质理性;而在 Grice 的论述中,实质理性思想是很明显的。Sbisà 所提到的论证理性和工具理性的交叠部分,依然是相对于某一目的,行为者应该能对自己的态度、信念或行动进行辩护和证明,关注的依然是目标与手段之间的关系,以及实现目的的过程。而 Grice 所看重的是实质理性,即不仅实现目的的手段是合理正当的,目的本身也要正当,合情合理,值得期待。

Grice(1989:92)很明显地体现了这一倾向和侧重。在讨论听话人识别说话人的通报意图时,Grice 抛弃了"原因"而诉诸"理由",前者恰是解释性理由的表征,后者则是证明性理由的体现。"'基于'听话人 A 考虑到说话人 U 意欲他产生某种反应 r 来认定听话人将产生这一反应,即被期望产生反应 r 至少是他做出此类反应的部分理由(reason),而不仅仅是外在原因(cause)。"其实这里所区分的是两种不同的心理状态。理由和原因的区别在于是否有意识,是源于外在影响还是内在驱动。这里 Grice 依然是在强调意向的作用。理由是指话语行为能被证明是正当的,而原因则可能是无意识的反应,是一种机械的因果关系。Grice 坚持用"理由"概念就是坚持推理的理性活动特征,要把行为主体无意识反应这一情况排除在外,尤其是无法证明其正当性或不能给出理由的情况。

Warner(2001:x)指出,Grice把人视为理性主体,其主体性(至少部分地)体现在对态度和行动的理性证明的推导上,也就是说如果被问起,理性主体能够为自己的态度和行动提供明确的证明,提供一个如何达到这一立场和举动的过程。

Grice(1986a:96)指出,他提到的先验论证所展示的最主要的是理性要求对某一观点的信受,而不是其真实性。这一特征不会被视为缺陷,如果有人会继续说,这种对信受的要求本身就足以赋予信受内容以真实性。是否拥有论证理性是区分人类成员(human being)与人(people)的重要标志。所以对于 Attardo(2003)坚持的实质理性可有可无的立场,Grice是断然不会接受的。对 Grice 来说,理性人要对自己的行动和抉择负责,能够提供正当性解释和证明。行为主体这样做并非偶然或者只在某一场合下才如此,对他来说寻求正当性是必要的、本质的,这样的人才具有论证理性,才会把实质理性谨记心中,而不是仅仅关注手段的高效低耗性,无视目的本身的正当性与合法性。

3.2.3 实质理性

这一节讨论的实质理性和论证理性有一些重叠。上一节我们提到,论证似乎强调针对某一目的,行为主体要为其实现手段提供理由,为自身举动做出辩护,而实质理性则更强调行动目的的正当合法性与值得期待性。

从经典格赖斯理论到新－/后－格赖斯语用学(社会文化取向的欧洲大陆学派,哲学视野中的英美学派,认知取向的关联理论),再到当下热点的博弈论、优选论观照下的语用研究,均把理性主体假设视为默认前提,都在强调一个基本的理性假设:高效低耗性,即工具理性诉求。西方马克思主义社会学家从意识形态方面批判工具理性,指责它以人的物化为代价,导致价值观的扭曲和社会的变形,引起人与人之间关系的异化。不可否认,在实际的技术操作层面,理性主体一般不会抛弃工具理性,不会放弃追求手段的高效性和效用最大化。尽管有时候目的本身不理性,但达到目的的途径却可以是理性的,但有时候这不是某些行动主体的考虑

第三章
Grice 的意义理论与理性原则

对象。

　　Greenall(2002:55—56)对 Grice 之前的研究者、Grice 本人以及后继者对合作的看法进行分析,认为他们把合作假设停泊在先天理性(inborn rationality)之上。人类先天理性被视为合作的支柱,因此就成了基本解释驱动的基础。她不满这种做法,认为它在经验上是荒谬的,经不起推敲,因为它蕴涵了人基本上是孤立系统的样本(specimens of *Solus Ipse*),是非社会的人,彼此之间不相关联;在这种立场中,理性交际者基本上是孤立的,只是偶然具有社会性,其行为主要受自身利益驱动。因而她认为这种看法不会有成效和收获。同时 Greenall 认定,在 Grice 眼中人的行为、交际主要(如果不是全部的话)是自我利益驱动的,而现实并非如此,有些语篇形式是以他人为取向,把他人考虑在内的。她提供一个替换方案,把理性视为众多可能世界观中的一个,而不是人性所固有的。她把 Habermas(1984)的交往理性看作是朝正确轨道上迈出的一步,把理性交际主体视为人类成员(*Homo Socius*),把交际看作共同利益驱动的。Greenall 这一思路和倾向无可厚非,但是她对 Grice 的批评有失偏颇和片面,曲解或者没有真正领会 Grice 的本意。真实的情况是,Grice 的观点恰好与 Greenall 所批判的立场相反。

　　尽管 Grice 的论著中出现了如下表述,如"高效地传递信息","最优化",尽管 Sbisà(2001:201—202)宣称 Grice 会话含义理论中的理性还是与工具理性更紧密些,但是 Grice 多处表明自己坚持实质理性。Grandy & Warner(1986a:34)提到在赋予初民(pirots)目标设定能力时,我们有很好的理由赋予初民评价性原则,也就是说,每一个评价性原则都能为他们重新设定目标的能力贡献力量,以最大化地实现目标。Grice(1989:99,302—303)在谈到抑制无限回溯的意向时要求避免"隐秘意向",也就是不允许出现欺骗等目标。这一设定是意向意义理论的前提,我们把 Grice 的这一做法看作是对目标的限制和要求。与此相关的是,他(2001:94)提出了人类最基本的心理法则,即目标—手段原则:想要达到特定目标,就会意欲必要的手段,该法则也是"自我判断的依据"(陈治安、马军军 2007:60)。这在一定程度上为 Grice 的意义理论提供了部分的间接支撑。在意向意义理论中,说话人的意向决定说话人意义。意向与判断关系紧密,一般情况下说话人的判断决定他的意向,因为意向不是任意的,说话人的自身认识决定了他的意愿和有目的行为。这主要是因为,有限理性认为我们的理性要受到知识等信息的不完备性的制约,这就要求我们不能随心所欲,为所欲为。目的或意向的设定不是随意的,行为主体需要对于其实现的可能性以及正当性进行估量,这就需要判断和评估的介入。也就是说意向、目标的设定不能毫无根据可言,相反要尽可能的理性、正当。如果目标和意向不当,很可能会影响他人对说话人的判断和评价。Grice(1991:61-62)谈到了对目标适宜性,讨论了作为单个目标的适宜性和作为一个实际或者潜在的目标体系之一的适宜性。当考察单个目标的时候,我们发现借助多种程序来评价某一被提议的目标或者可能目标的合适性,其中的一些同样适用于对目标系统的评价。这时我们也要考虑采用某一目标的后果,其实现是否需要借助外力,同时也要考虑这一目标是否让人向往,甚至还要考虑采用追求某一目标是否会影响外界对自己的评价。Grice(1991:86)的论述更加直接。他指出造物主创造的生物体不仅能够就如何实现某些目标提出问题,并作出回答,同时也要有能力并付出必要的关注来质询关于他的理性所能使他实现的目的或结果的值得期待性或适宜性。也就是说,造物主设计的生物体要能够对目的的价值进行提问,能够探询假言命令之外的绝对命令的可能的可及性。他(1991:89)提到,生物体应当合理地要求最终利用绝对价值而非相对价值来为他所自由采纳或坚持的态度、目的或信受(不管是认识的还是实践的)辩护。在谈论真和善的价值时,Grice(2001:88)提到,第四个阶段引入了"可接受的"说法,在实践方面:"! P 是可接受的",当且仅当"! P 是善的"这一前提为真,这里"! P"表示"采取行动 P"。也就是说,只有当我们的某个举动是好的,做这件事情在理性上才是可接受的。他(2001:124)在讨论手段—目的之间关系时说道,x 采取行动 A 是为了实现 B,只是在如下情况下,x 想做 A,因为(1)x 认为他的行动 A 能够以某种方式 w 实现 B,(2)x 想望 B。这里 Grice 明确向我们展示了对行动的要求:我们接受某一信念、采取某一行动不仅要考量手段,还要把目的考虑在内,目的是行为者所期许的,想望的。Grice 认为实践可接受性与技术可接受性(technical acceptability)不同。最初在讨论实践可接受性的

第三章
Grice 的意义理论与理性原则

时候,他认为实践思维不仅仅是手段—目的思考,还包括确定先前不太确定的愿望和意向,并使之明晰化(2001:110)。这都体现了他对行为目标合理性的考虑与要求。

Baker(1991:12)指出 Grice 不会把所谓的"理性决策理论"(rational decision theory)看作对理性的充分研究。在他眼里,理性包含了对正当或有效态度和决定的关注。这一关注既探究实现目的的方式手段,也考察目的本身是否让人期待,是否具有正当性。Grice 曾经说过,理性对人类成员来说并非本质属性,人类成员(human being)只有经过"形而上学质变"(metaphysical transubstantiation)之后,理性这一原本的非本质属性变成了人(person)的本质属性,但是他没有明确指出,当它成为人的本质属性后,除了后者能够赋予价值、进行评价之外,会在生物体内部引起什么变化,产生何种不同。这里 Baker(1991)指出了一个可能的差别,那就是人类成员和人在看待手段—目的之间的关系时,在对待自我利益和其他利益的冲突时会出现不同的反应。我们认为这其实也就是说,二者在理性观上会有所不同:人类成员可能会更注重工具理性,关注手段本身,而后者则更加关注和推崇实质理性。人类成员即使能对自己的态度和行为进行辩护与证明,为自己的行动寻求原因,哪怕是最终的原因,我们都不可能指望他们在这一探究上能够彻底。如果他们提议或寻找的原则与自身利益存在严重冲突,他们将不能经受这一挑战。只有把正当的态度作为极为重要或者关注中心的个体(即 Grice 意义上的人),我们才有理由期望他们能面对和承受这种由自我利益所带来的冲突。

我们可以看出,理性是对人类自身行为的关注,也是对人类行为合理性的判断和推理。在付诸行动之前,主体要对自身行动进行评估,不仅实现目的的方式是理性的,而且对所要实现的目的也有理性要求,对目标有评价性约束,行动本身不仅要考虑个体利益,还要着眼大局和长远利益,不能以损害整体利益为代价。这里也出现了根据个体行为对其身份进行评价与判断的意思,下一章我们再回过头来讨论这个问题。

在经济学等领域的决策论中,理性选择理论是工具性的,这与广泛意义上的哲学理性概念存在差异,后者包含实践理性、评价理性,体现着对目标适宜性的实质理性诉求。这里边例如 Rescher(1988),Grice(1991),

Nozick(1993),Audi(2001),Searle(2001)等。实质理性的标签还包括"规范理性"和"价值理性"(value rationality),而工具理性有时候也被称作"信息理性"(Rescher 1988),"目的理性"(purposive rationality,苏国勋1996:69)。顾中华(1992)指出,"目的理性"与"工具理性"之所以可以互换,原因在于行动者的考虑纯粹以效用最大化为唯一原则,这样的行动建立在对目的—手段关系的合理评估之上。胡建(2000:257)指出,按照学术界的普遍理解,所谓的"价值理性"在本质上"是人的生命理性",是"人自身发展的主体尺度,它涵盖生存意义覆盖下的道德价值、理想价值、情感价值等,具有明确的目的合理性与终极关怀性"。我们认为Grice所主张的实质理性就具有上述价值特征,它与工具理性的关系就是目的与手段的关系。二者的区别在于,前者排除价值判断或者是价值中立的,而后者则引入了价值判断①。其实Grice推崇实质理性,并不是要否定工具理性,并未抛弃工具理性所强调的高效性,而是要用价值理性校正和引导工具理性,把人的价值作为目的,捋顺实质理性和工具理性之间的关系;这一取向把人作为目的,为人类的整体利益服务,借助工具理性指引下的高效手段为实现人类的长远发展服务。我们不能把工具理性惟一化、绝对化,进而排斥价值理性,颠倒实质(价值)理性和工具理性之间的关系,这在Grice的价值论思想中体现得更为明显。在Grice的眼中工具理性从属于实质理性。Searle(2001:127)也承认,实际操作中我们并不能对目的和手段做出明确的区分。这样来看,二者又不是绝对互相排斥的。

Attardo(2003:6—7)提到了Grice的实质理性。他认为对于语言语用学来说工具理性就已足够,无需再强求目的合理性的,至于Grice等哲学家所关注的人之本性不是他关注对象。后来他自己承认,我们可以从进化论的角度来反驳他的立场,从生活得更好的角度来批判他对实质理性的否定态度(个人交流)。我们认为这在Grice的价值论中已经得到明显体现。这也是本书第四章的目的所在。

我们认为在论证理性和实质理性中,证明(justification)都是核心概

---

① 参见苏国勋(1996:69),转引自杨善华、谢立中(2005:185)。

念,都有价值取向,而非价值中立的。其实论证理性和下一章要讨论的 Grice 的绝对价值概念紧密相关。能够提供理由和证明的信念和行动才有价值,同样证明本身也是一种价值。论证理性强调理由,侧重对行动的辩护,实质理性是为目的辩护。在 Grice 的思想中,后者更为重要,和他的价值思想、生物体建构和终极关怀有关系,也与合作原则不无关系。论证和辩护实际上是一个问题的两个方面:辩护的过程就是论证过程,按一定的步骤提供证据,为达到自己想要的结论和目的而进行的实践操作;好的论证就是证明论证本身是可行的,每一步都可以被接受,从前提到结论之间的推进是合理的。

3.2.4 关于非理性

现实生活中不理性的例子并不少见,即使在工具理性层面也难以保证手段的最佳,更不用说更为严苛的实质理性了。所以表面上看,实质理性的目标合理性要求确实有点儿苛刻。它似乎不合乎我们的直觉,也和日常生活中出现的现象不符。一个人可以为所欲为,只要自己高兴、不顾后果凭感情用事的行为屡有发生。行为主体的个人目的也是多元的,不可能全部都具有合理性。

Attardo(1997b)讨论过合作的层次,区分了言语层面的合作和取效行为层面的合作[①],他也探讨了理性原则和合作原则的关系,提供了一个模型。这其中涉及非理性原则或者说任意性原则。几个原则之间的互动层级关系如下:任意性原则(非理性原则)位于模型的最顶端,凌驾于其他原则之上。任何理性和合作原则都可以被它打破。理性原则位于任意性原则之下。在理性原则下面是并行的合作原则和不合作原则。Grice 的合作原则位于最底端,上述诸原则都不能脱离 Grice 意义上的言语层面的合作。在这个层面上合作原则是不可违反的,双方都要在言语上合作。这也是姜望琪(2003)所说的"你有来言我有去语":双方都愿意把谈话进

[①] Lumsden(2008)分析了合作的种类,但没有实质超越 Attardo(1997)的地方,所以这里不作重点讨论,关于合作原则的层次性,参见姚晓东(2012c)。

行下去,不至于掉头就走或者转身去干别的①。这几个原则之间互相牵制砥砺,以求得最佳的平衡,这是 Attardo 优选语用学(optimal pragmatics)思维模式的核心思想。他赞成合作原则总的精神和思想,但不赞同 Grice 的研究视域,认为 Grice 原则涵盖的范围太窄,无法解决他所谓的不合作现象,如谎言、幽默、反讽、欺骗、笑话等话语类型。他的对策是提出一个总的交际模式,涵盖所有的言语合作、行为(交际目的层面上的)合作(或者称为取效合作)以及不合作现象,同时用任意性或非理性原则②来统摄所有偏离合作原则的现象。这里我们可以明显看出 Attardo 与 Grice 所要解决的问题或者关注点不同。所以公平起见,我们不认为这对 Grice 理论构成实质性的挑战,因为二人研究的出发点和归宿不同。在我们看来,这在一个侧面也反映出 Attardo 把 Grice 的会话理论看作交际理论,而我们则把它视为意义理论或者是更宏观的理性规划的一部分。

  Attardo 在语用学的交际理论中引入非理性原则,我们认为是多此一举。首先,他(2003:8)承认理性的相对性。相对性既包括文化差异,也包括个体认知上的差异。而他所提出的种种非理性现象都可以用理性的相对性特征来消解,因为人的行为过程是一个评估和选择的过程(Alan 1987)。至少在说话人或者行为主体那里,在当时情景下他的行为取舍是表达自我思维和状态的最直接、最有效方式,所以我们不主张加入任意性或者非理性这一原则。退一步讲,就算 Grice 的意义可以视为交际理论,而在一个系统的交际理论中,处于最高的统摄原则竟然是非理性原则,这也不合我们的直觉。所以我们的看法是,大可不必引入这么一条非理性

---

① Attardo(forthcoming)也指出,正如游戏或者博弈,尽管存在竞争,各自目的不同,但是要把比赛进行下去的总目的是一致的,不然游戏就无法继续,这种合作性是最起码的要求。Grice(1989:35)也提到过会话游戏(conversational game)的说法,但 Kasher(1976:202)认为这种意义上的合作是琐碎的。很显然,Kasher 是在一般意义上使用合作概念。不过这里牵涉到一个问题,如果我们如此泛化合作,会不会把合作庸俗化而不具解释力。我们会在本书的第五章详细讨论这一问题。

② Attardo 认为,正是因为人有自由意志,即 Searle 所说的"缺口"(gap),人们才可以选择无视理性,做出不理性举动((2001:18—19)。他认为这种行为不仅存在,而且很常见。

第三章 Grice 的意义理论与理性原则

原则。相对性①和个体差异都可以用理性原则来统率。而对于所谓的情感战胜理性的例子,至少在当事人当时看来是最佳的表达自己意思的方式,对他想要达到的效果来说最为有效。Grice(1989:372)提到了这一点:说话人违反准则至少在他自身看来是有理由的。

Grice(1991)采用建构主义视角,区分了人类发展的不同阶段:初民、人类成员和人。这也能给我们一些启发,他关于人类本质特征和必要特征的区分或许能够说明这一点。虽然人在本质上是理性的,但是本质特征不同于必要特征,整个类属都具有这一理性特征才能称之为人。这一特征也成了这个集合的成员确定身份、定义和构成其成员资格的条件。如果个体缺失这一条件,他就不具备成员身份或者不能作为整体的一个部分存在。但是具体到某一元素成分,某具体个体的存在并不能确定他一定体现了整个集合或种群的特征。也就是说,如果某一个体不具备某一特征,这样的反例并不构成对整体类属的威胁。我们认为,用这种事实来解释极端的非理性行为也不失为一种思路。即某一特定个体的不理性行为并不能影响和否定整个类属的理性特质,不能否定对理性人的一般假设。

另外,Grice 清醒地认识到非理性或其他因素的存在,在论述中多次使用他那惯常的表达风格,避免把话说过头:"通常来说""典型地""(同等条件下)人们也期望";"谈话者一般会(同等条件下且没有反例出现时)按照这些原则规定的方式向前推进"②;"会话的标准类型""默许的""同等条件下"等诸如此类的说辞(Grice 1989:29)。这里我们可以看到,Grice 实际上给特殊情况留有一定的空间。当条件不成立或出现特殊情况时,合作不是必须的。这需要具体情况具体分析,充分考虑语境的特殊性。

需要特别说明的是,Grice 眼中"相同条件下,别无其他情形"(ceteris paribus,也有学者称其为定律 law)并非日常话语,而是有着重要意义,是

---

① 比如"朝三暮四"的典故,虽然认知主体还是那群猴子,两种方案下它们得到栗子的总量并没有改变,但是主人的两种表达却得到了截然不同的结果,这一例子就很能说明问题。
② 这里 Grice 使用了"规定"一词,这也可能是一些学者把合作原则及准则解读为规定性的一个因由。

三个可接受陈述类型之一(Grice 2001:78)。这三个类型分别是:(1)"充分接受、不可取消的",用日常的情态词语来表达就是"必须"(must);(2)"一般情景下应该接受的",与之对应的情态词语是"应该"(ought);(3)"在某种程度上可以接受的",这类情况存在程度差别,对此 Grice 没有给出合适的情态词,而是采用了"可接受的"(acceptble)这一词语本身。其中后两种情况是可以取消的。并且"必须"与"应该"的差别在于,前者意味着没有任何别的理性选择,而"应该"通常用来指这样一种考虑:它有可能被其他选项所压倒。在讨论合作原则和会话含义的时候,Grice 赞同把它们归于第二类。这也可以看作他对其不做绝对化理性要求的一条线索。Kasher([1976]1998:192)也指出,"同等条件下"这个限定可以为某些偏离常规情况的正当性提供解释和支持。

何颖(2003:196)在谈到理性与非理性的辩证关系时指出,从宏观来看"理性主导非理性,那就是非理性行为最终要求理性解释,非理性行为最终要接受理性的批判,其越轨行为最终要为理性所匡正"。从理性与非理性相互作用的长远过程来说,"归根结底是理性支配、主导非理性。因为人终究是理性动物。"

Baker(2008)[①]认为理性概念允许、也需要包容一个比大部分哲学家所认定的更宽泛的范围,因为很大一类行为不需要理由依据,却依然可以是理性的。在这篇文章中她(2008:771)区分了三种理由支撑的行动:强式理由支撑的行动(*strongly* justified actions),拥有好的理由;弱式理由支撑的行动(*weakly* justified actions),即由理性思维传递为依据的行动;无理由的行动,这里指冲动和无法抑制的冲动,不管主体的动机是否合理。其中"弱式理由"是一个新术语,意思是指正面的形式上的"许可",尽管事实上并没有人真正允许。与必须/禁止(或好/坏)这样的二分不同,"许可"等同于不禁止,这一行动的引入是正面的"可以"(Ok)。Baker 指出,弱式理由引发的行动并不衍推一个"应当"的判断,这一点和由动人心目的理由(enticing reasons,如可预见的快乐)所引起的行动不同。

---

① 她的这篇文章基本上原封不动地又收录于 Petrus(2010),后者是关于 Grice 意义与分析方法新论。

第三章
Grice 的意义理论与理性原则

无论是说话人还是听话人都不能抛弃对彼此的理性假设,否则就没有付出交际努力的必要和动因。比如,如果一方认为对方是在胡言乱语,无理取闹,他就不会去尝试进一步分析听到的话语,也不会指望能从中获得有用信息;或者如果一方知道听话一方思维混乱,他就根本不会费力去理会,不会浪费口舌。

3.3 Grice 的善意原则

善意原则也称作同情原则或理解宽容原则,它最基本的思想是,在人际交流中我们最大限度地设定话语解释者和言说者之间的一致性,只要可能,听话者就以说话人具有真诚的信念为前提对听到的话语进行解读。这一原则最早是由 Wilson(1959)在讨论形而上学问题时提出:我们把个体会做出尽可能多的真实陈述这一情况视为必须。Quine(1960:59)在讨论彻底解释的可行性时提到了善意原则。后来 Quine 和 Davidson(1973)将其作为一条方法论原则应用到语言哲学研究中。Jackman(2003)详细讨论了 Wilson 和 Quine 对善意原则的理解。

本研究涉及的是 Davidson 意义上的善意原则。它主要包含两层意思:解释者应当追求与被解释者之间信念一致性的最大化;我们应该设想说话者认定为真的大部分句子为真(叶闯 2006:196)。在《彻底解释》一文,Davidson(1973)谈到了语言活动所涉及的心智过程。他认为同一语言共同体成员之间能顺利交流,是因为话语解释者总是把一种信念赋予即将被解释的话语:"说话者认为一个句子为真,是因为这个句子(在他的语言里)所具有的含义,是因为说话者所具有的信念。"我们从中可以看出,信念和意义互相依赖。

善意原则与理性原则紧密相关,被 Davidson 称为"理性顺应"[①],它源于这样一种需要:当我们讨论不理性概念时,依然需要借助理性背景知识,求助于理性概念。善意原则的本质意义就是,理性主体对彼此的预设

---

① 参见 Stanford Encyclopedia of Philosophy-Donald Davidson, http://plato.stanford.edu/entries/davidosn/。

和期待,体现在谈话双方对彼此的一种设定。实际上,其核心思想就是敦促听者假定(或者赋予)说话人尽可能多的理性,合情合理且前后连贯一致,当且仅当听话人赋予说话人上述善意特性,听者才能够在言说者的话语中找到意义。善意原则是交际者参与会话时所选择的态度。言说者的态度取决于说真话的成本,而听者的态度是说话人消减复杂性的要求。对话语的解释过程充满了不确定性。鉴于意义的不确定性以及话语意义理解的复杂性,交际者对观察到的话语解释也不确定。所以善意原则是交际的基本前提,与质准则一样,是交际的基础条件。从这方面来说,在所有解释活动中善意既是限制条件又是能动性原则,它不仅仅只是解释活动开始阶段的启发手段。按照Davidson的思想,它是任何解释活动的预设,但是根据这一预设进行的解释可以被取消或推翻。

  Davidson对善意原则的阐述散见于不同时期的著述中。他的善意原则思想得益于Wilson和Quine的思想,但又有不同。在他看来,善意原则是一个一般解释原则,应用范围要比二者提到的更广(Davidson 1984:xvii,153;2001:148)[①]:它不仅决定指称的语义事项,还影响命题的真值(参见Jackman 2003)。他的善意包含一系列的原则集合:这是一个渐进的发展过程,最初体现为最真实的善意,后来则作为理性的善意观,这在Davidson(1984)的前言中已初见端倪,后来得到进一步的完善与发展。Davidson(2001:211)的善意原则包括一致性原则和对应性原则。它包含对说话人的假设:(1)说话人要连贯一致,信任并赋予他人很大程度上的一致性而不仅仅是善意,如果我们有资格、有意义地指责他们是错误的,或者在某种程度上是不理性的,那么这一要求在所难免(1980:221)。(2)说话人应当是理性的:"成功的解释必须赋予被解释的人以基本理性"(2001:211)。同时,善意原则对解释者也提出了一定的要求:(1)解释者(说话人和听话人)需要赋予人如下信念:"分歧最小化"(1984:xvii)、"共识最大化":一个好的解释理论会把双方的共识最大化(1984:101)或者最优化(1984:169);"成功的交际证明了双方存在一个共享的、大体上真实的世界看法"(1984:201)。(2)善意会迫使解释者赋予被解释者一定的真

---

① Quine仅把善意原则用于逻辑算子。

第三章　Grice 的意义理论与理性原则

实的、一致的信念。实际上,理性假设,主体拥有信念以及意向性交际,都建立在善意的基础之上。Davidson(1984:137)指出,"如果我们不能寻求一种方法,把生物体的话语和其他行为解释为揭示了一组根据我们自身标准大体上一致和真实的信念,就没有理由把这一生物体看作理性的,有信念的,或者是说了什么。"Davidson(1984:153)还对解释者的行为提出了要求,并给出这样做的理由:如果弄清楚他人的话语和行为,即使是他们最怪异的行为,需要我们在他们的话语和行为中发现大量的理由与真实性。从他人身上发现太多的不理性、荒诞性只能妨害我们对他们如此不合理性的内容的理解(参见 Allan 2007:681)。Loar(1981:133)也曾指出,其实善意原则可以用来减少和消除不确定性,它实际上是一种限制,能够使行为主体"遵守常规惯例"。不过 Davidson(1984:159)不忘提醒我们,方法论上的理性假设并不能排除主体思维言论和行动上的不理性。

Attardo(forthcoming:113)认为,一方面,从不同视角看交际就会产生不同的会话准则,所以准则的数量似乎是无限的;但是另一方面,经济原则又告诉我们准则不会无穷多。他试图要为 Grice 的合作原则加入另外两条准则:得体准则和善意准则。他(forthcoming:124),强调了得体准则的必要性,凸显会话中的社会与情理因素。这里我们只讨论他的善意准则。它包括一个准则和三条具体要求:

善意准则:要仁慈宽容。

说话人:要言之成理(make sense)。

听话人:假定说话人并非无理取闹,或者不明就里时暂不认定对方无理取闹。

审美视角:悬置/暂缓不信任。

Attardo 把自己提出的善意准则看作启发式的(heuristic),不同于 Davidson 把善意作为构成性原则的做法。他认为对善意原则的诸多哲学批评(参见 Jackman 2003)对他提出的善意准则构不成威胁,因为这一准则被置于更广阔的优选语用学框架之内,与其他原则之间的互动会消解学界对它可能的批评。

Attardo 补充的两条准则意义不大。我国学者很早就提出了得体准则,如李瑞华(1994),索振羽(2000/2007),但是响应者不多。可能的理由就是这一原则显得过于空泛抽象,这导致它一方面缺乏实质内容,另一方面又解释力太强,似乎无所不包,它似乎涵盖了除质量准则之外的其他三条 Grice 会话准则,也囊括了 Leech(1983)的礼貌原则,任何不合时宜的会话举动都可以被指责为不得体。这里我们把重点放在对第二条准则的探讨上。在 Attardo 看来,Grice 的分析模式里面似乎不存在这一准则。我们的看法恰好相反,Grice 的意义分析模式中多处体现了善意原则①。这也可以视为 Grice 以合作原则为基础的意义分析模式中伦理学思想的部分体现,也是我们论这一话题的原因所在。

理性原则与善意原则和人道原则不无关系。Grice(2001:10)提到了善意原则。尽管没有明确给出一个标签,但在他的意向意义理论中我们能够解析出善意原则的印记及其作用。Hazlett(2007:682)也把善意原则与可信原则(believability principle)看作对 Grice 剃刀简约原则(其底层是合作原则、理性原则)的补充。Grice(1989:286)提到,信念、愿望等的实现需要与现实相吻合。说话人想要借助话语在听话人身上产生某种效果或者反应,前提是听话人要能识别出说话人意向,才能保证交际成功,达到 Grice 所谓的信息传递以及影响和指引听话人行为的效果。说话人所意欲的必须在听众所能理解和控制的范围之内。只有当听话人赋予了说话人善意特征,才能找寻到他的话语意义,他至少应当认定说话人是理性的,设定其话是有意义的,而不是在胡言乱语。在讨论会话含义的推导过程时,Grice 也指出说话人对听话人有一定的假设和预期:听话人拥有说话人一样的语言知识,或者至少能听懂对方的话;听话人是理性的,具有合作意向,愿意听对方把话说下去;听话人有一定的推理能力等。在会话理论中,Grice 对意向有明确要求和严格规定,意向和愿望、欲求并不是一回事,说话人不能随心所欲。说话人必须要能让听话人识别出他的意向(姚晓东 2012b)。另外说话人不能提出明显不能实现的意向(Grice 1989:101)。Grice(1989:273)又增加一个方式次则来限制说话人的话语行为:"不管说什么,使你的话语成为最合适的回答"或"让你的应答尽可能合适"。这种善意要求为会话参与者提供了生成与理解话语的

---

① Sbisà(2001a)则从听话人视角来审视这一问题,这实际上也印证了我们的观点。

第三章
Grice 的意义理论与理性原则

方法论启示。蕴含在含义推导过程中的善意原则也解释了一些认识论问题。Grice(1989:30—31)在定义会话含义的时候,最后一个条款要求:说话人认为(或者会期待听话人认为说话人认为)运算出或者在直觉上把握第二条款①是在听话人的能力范围之内。这里也体现了 Grice 的善意原则思想:说话人要把听话人的识解能力纳入考虑范围,并愿意赋予听话人这样的能力,抓住任何假设来充分彻底地理解话语。要指出的是,这里 Grice 强加给说话人的这一要求,并不是真的要求说话人当时在心中确实拥有这种想法,而是设定他当时只要有这样的一般态度即可(参见 Sbisà 2006a:240)。

Devitt & Sterelny(1987:245—247)曾区分了三种不同类型的善意:

善意作为真实的信念:这与 Quine 的思想很接近,后者专门讨论逻辑算子、真实性信念;

善意作为理性信念:包含正确的逻辑推理;

善意作为理性行为:要求主体的行动是理性的,逻辑上顺应他们的信念和愿望。

可以看出,这三个归纳与 Grice 的基本假设关系密切:第一条相当于会话的质准则,第二条则是理性原则的内涵,尤其是后两条更体现了他(2001)后来的理论推理和实践推理之间的关系,也是他(1991)的一个诉求:如果某一信念和禀性是正确的、善的,我们就应该拥有它并付诸实践。另外 Allwood(1976:55)提出了一条一般的伦理规约:"施人如己所欲,所欲如己施人",这与善意原则很相似。Grice 的合作原则中也包含了这一层意思:不仅行为主体自己按照规约行事,并且设定对方也如此;另外我们不能阻止他们这样做。这也是交际主体之间关于理性与合作的主体间性体现。

Grice 的合作概念是一种简化了的交际情形,并不排除违反准则的情况。在他的合作原则假设中,理性主体假设是最为根本的,主体的行为具有目的性,拥有共同的目标或者至少具有双方共同认可的方向,双方也互

---

① 这是指说话人意识到或者认为,要使得自己的话或仿佛要说的话 p 与他人的对自己的合作设定相一致。

相体谅。在愿意"把谈话进行下去"这一层面上,彼此相互信任,当然也不排除各自对个人利害得失的考虑。吴炳章(2009:107)指出,从交际者参与交际的那一刻起,他们就进入了一种合作性的活动,同时他们作为不同的主体也向彼此做出了承诺。说话人 S 将以能使自己的话语被听话人 H 辨识和解释的方式参与交际,这样才能实现自身利益。而听话人 H 将以 S 预期的方式理解 S 的话语,这样才能实现自己的利益。我们认为这其实也是出于主体间性的考虑。为了达到相互理解,双方的言行不仅要符合一定的程序和规约,符合语言社区惯例,还要符合真实性要求。唯其如此,参与者的话语才能有效,进而实现目标。当我们想通过会话传达含义或者理解对方的会话含义时,我们需要满足如下基本假设:把对方看作会思考的动物,能够并且乐意合作。这同时也是会话含义得以产生的一个机制,指明了 Grice 阐释会话含义的要求,说话人以此生成话语、传递含义,而听话人据此理解含义。同样,会话分析者也据此推导和解释语言现象和主体的反应。

所以善意原则是行为主体的一种心理状态,是一种默认态度和设定。通过这一原则假设,听话人能把说话人的意向和话语联系起来,对说话人的话语采取一种所谓的"认定为真"(holding true)的态度。这样我们就在 Grice 的质准则和听话人的善意准则(相信说话人的话语为真)之间建立了关联。吴炳章(2009:106)认为,这二者联合起来把交际得以进行的意向态度"相信其为真"归于说话人的话语,从而为其他准则奠定基础。因此,"说真话"既是说话人的"义务",又是听话人的善意。

3.4 实践必要性

实践必要性(practical necessity)是 Grice 理性探讨的一个中心议题。他(2001)论述了实践理性和理论理性之间的统一性,试图探寻制约推理过程的心理法则。实践理性和理论理性之间的关系可以概括为以下几点:(1)二者是同一个问题的两个不同侧面,彼此相互关联,实践推理源于理论推理。(2)前者是解释性的,后者是描写性的。(3)二者具有结构相似性,在结构上呈现出一一对应关系。

第三章
Grice 的意义理论与理性原则

Grice(2001:90—95)花大力气论证了意愿可接受性(volitive acceptance)对等于认识/理论可接受性(alethic acceptance),或者能够从理论可接受性推导出来。他认为这种做法至少在几个方面让人感兴趣:(1)它从自身来讲很有趣,能够提供一些有趣的一般逻辑事实;(2)若有人认可认识可接受性,而同时认为实践可接受性有问题,但是如果他认为后者可以从前者推导出来,那么他完全可以打消疑虑,感到安心;(3)如果有人认为这二者都没有什么特别问题,很可能会(且当然应该)认为二者需要哲学证明,那么上述这种关系将是迈向这一证明过程的一步:只要某些认识可接受性是正当的,可辩护的,那么某些实践可接受性就也是可以辩护的;(4)展示这些跨域关系可能本身就和"同一论"的前景相关。

Warner(2001:xxiv)指出,Grice(2001)第四章的重点在于"If ⊢ A only if ⊢ B,then ! A only if ! B"。这个公式的意思是:如果仅当 B 为真时 A 才为真,那么,仅当实施行动 B 在理性上可以接受时,行动 A 才合理,可以接受。Grice 提出的"同一性"实际上是指,对"我们应该相信什么"的论证与"我们应当做什么"的论证具有相似的平行结构,即认识可接受性与实践可接受性二者在结构上是一致的、等同的,从前者可以推导出后者。

关于实践必要性的推导是 Grice 后来才加上的,在最初的手稿中讨论的不多。"必要性"是他手稿中大幅增订部分的主题。这时他的兴趣正是在 Kant 的《道德形而上学基础》与《判断力批判》这两部著作之上(参见 Warner 2001:xxiv)。这更显示出 Grice 从认识可接受性到实践可接受性以及实践必要性与 Kant 的思想一脉相承,从 Kant 那里获得了启发。与 Kant 一样,他主张实践的必要性:如果某一行动是善的、有益的、有理由去做的,我们就要付诸实践。这里既有价值判断,也有更深层的关怀。在阐述自己的理性思想时,Grice 的论述已经蕴含了和强调了实践必要性之重要意义。他认为理论(认识)上的陈述就衍推了行动上的实践要求(Warner 2001:xxviii)。在 Grice 的大众心理学思想(1989:283—303, 365)以及他(2001)对实践推理的阐述中,他利用了这种广为接受的大众心理法则,那就是,在主体的信念、愿望、意向和他的行动之间有一种关联性。

需要指出的是,实践必要性和认识必要性(epistemic necessity)不同,前者表达的是规范性要求,而后者则是一种理性的信念要求。对"为什么它是必要的"的回答,二者也不相同,前者的回应是基于实践价值的判断,关注的是善,当要做的事具有实践价值时,它是令人满意的;后者则是一种经验性证据,关注的是真,当句子为真时,它是令人满意的。Grice认为形而上学论证是实践性的,它们说出了什么是理性要求(Baker 1991:20)。

在应对维护同一性时可能会面临的"相对化的非均衡性"(one-sidedness of relativization)批判时,Grice(2001:59)指出删减规则把下列做法看作必要性的某个一般特征,这一特征两边都适用:一个对于必要性的陈述衍推了删掉必要算子之后的结果。当我们说"采取某一行动是必要的"衍推或者说可以推导出"就去这样做"到底意味着什么时,我们可以采纳的一条路线是:如果说"我实施某一行动是必要的"这一论断为真,那么"让我去实施这一行动"也就具有了善的特征,即满足其实践价值就是善。他(2001:65)认为,当且仅当一个人能够通过有关相对必要性的一般原则来支撑某事物的可接受性时,他才应当接受其在实践上的必要性。Grice把这视为理性的必需条件。

Warner(2001:xxv)认为,推导出实践必要性是解释附着于"必须"和"应该"之上的必要性的唯一明朗的方法,而在这一点上Grice并没有为必要性提供一个明晰的解释。虽然Grice的上述努力足以得出"认识陈述衍推实践陈述"的结论,但这并没有为我们呈现如何推导出某一具体行动的必要性(Warner 2001:xxviii),而Warner认为这对Grice的规划来说恰恰是至关重要的。对此我们的看法是,Grice秉承并坚持了Kant的实践必要性诉求,在他们看来,如果某一行动是善的,我们就要付诸实践,这是一种绝对命令,不需要理由,所以也无需论证其必要性。

我们要强调的是,坚持实践必要性这一立场非常重要。在Grice的意义模式中,它与合作的内驱力相关,并在界定合作原则及准则的时候发挥重要作用。我们上文讨论了Grice理性思维中体现的实践必要性。从这一点上来说,有些陈述虽然是描写性的,但是在其底层有一种要求,那就是,既然我们都认为或者同意某一信念或行动是善的,我们就没有理由放弃采取行动,这其实一直是Kant和Grice的主张(Grice 1986b:34)。

第三章
Grice 的意义理论与理性原则

合作需要理由,对合作必要性理性判断才会导致采取合作举动。我们在论文的第五章还会谈到这个问题。

在分析了几种先验论证(Grice 本人更倾向于抛弃"先验"这一说法,而直接称之为"形而上学论证")的类型之后,Grice(1991:96)指出了这些论证的一个重要特征:它们都和实践性论证相关。扩展了的"实践性"不仅仅和行动相关,也与采取态度或坚持立场有关,这些态度和立场都在我们的理性控制范围之内。我们可以把所有的论证,甚至是认识论证,看作实践性的,只不过是省略了实践的尾翼(tail-piece)。Grice 指出,认识或者证明性论证可以被视为指导我们在确定为真或有可能为真的背景下去接受或相信某些命题。但有时候我们被引导接受某一命题时(尽管可能不相信它),并不是依靠其真实的可能性。

3.5 理性与意义的推导

理性主体假设贯穿 Grice 语言、哲学思想的各个方面。在其意义理论和会话含义理论中,他强调会话的理性方面(Grice 1967:29;1987:369)。这一节我们讨论理性与 Grice 会话含义理论中几个核心概念之间的关系。我们认为说话人意图的传递与识别,明说的确定,会话含义的生成与理解以及交谈时说什么、如何说,无不体现主体的理性特征。我们赞同冯光武(2006)的看法:在 Grice 这里,一切的意义都建立在理性假设的基础之上。Marmaridou(2000:229)也认为 Grice 实际上是把合作原则及准则看作缺省规则,默认它们的合理地位。同等条件下,在有目的的理性行为中,人们会遵守这些准则。

语用解释通过目标导向的推断进行。理性人具有目的性,其行动蕴含着合理性,至少对他自己而言如此。这就给听话人解释说话人的行为提供了一个基本思路和线索。Grice(1989:341)指出,语言使用是理性活动的特例,不涉及语言使用的活动也以各种方式与其在重要意义上类似。具体而言,"语言使用这一理性活动是理性的合作形式"。

理由对于 Grice 的意义分析至关重要,话语意义的解读离不开理由,话语和意义之间通过理由连接。话语本身是听话人认定说话人相信某一命题的理由和线索依据,同时也是引导他做出相关解读的原因。在 Grice 的分析模式中意义和理由紧密联系在一起。说话人把自己的意向隐含于话语中。不过,话语的内容和方式不仅促使听话人思考如何解释话语,也为听话人相信说话人意欲这一解释提供了理由和依据。Grice 的非自然意义中包含明说与暗含两个部分,所以这里我们也分为两部分进行阐述。

3.5.1 理性与明说

吴炳章(2009:83)指出,交际过程中说话人在话语中即使没有明确表述语境信息,听者也能从中选取合理的相关信息,以实现交际目的,这就是交际者的理性。可以说,在 Grice 的会话含义分析范式中,理性、合作和逻辑是同义语。

对于"明说",Grice 并没有给出一个明晰界定。他(1989:25)只是说自己青睐的"明说"概念和规约意义密切相关。结合 Grice 的整体哲学思想归属,对 Russell,Wittgenstein 和 Austin 等人的态度及其当时的形式主义倾向,冯光武(2007:24-25)指出 Grice 是希望在理想语言哲学和日常语言派之间找到一种结合点。我们同意这一看法,同时也认为把明说划归到命题真值意义更符合 Grice 的整体研究思路。Grice 无意彻底抛弃句子的真值内容,他想做的只不过是在应对逻辑连接词与自然语言中对应词语是否意义对等这样的问题时,引入日常语言的逻辑,即语篇特征,用含义来补充或在某种意义上拯救纯粹、极端的理想语言学者所面临的困境。这一点其实也可以从他的"修订版奥卡姆剃刀"主张中找到佐证。我们在第一章提到,Grice 认为无论是形式派还是日常派在处理逻辑连接词方面似乎都有偏差。他(1989:88,359-365)提出了"中心意义"(central meaning)概念,以此来协助界定明说。Grice 也暗示了明说和命题内容、真值条件的关系,认为明说和规约含义不同(1989:25,88),明说不包括规约含义。对于明说与规约意义之间的关系,Enfield & Levinson(2006:6)指出,"规约意义根本不能穷尽明说的内容,即使最简单的话语通常都带有意欲但没说出来的想法的半影(penumbra)"。

Grice 认为,话语本身为听话人对其理解提供了理由和线索。这不仅适用于明说,同样也适用于暗含。理性假设在 Grice 对明说的解释中具

第三章
Grice 的意义理论与理性原则

有重要作用。对明说的解读其实是一个理性化的过程,是对话语的理性化,更是对说话人的理性化。有些句子表面上看明显不合逻辑,但是听者却能准确理解说话人的意思,根据语境把缺省的东西补充完整,获得完整的命题意义。通过确定指称、消除歧义、充实语意等手段把话语补充为完整命题的过程离不开推理的介入。Grice 将明说定义为具有真假值的命题是基于以下信念:言语双方都具有理性。在 Grice 意义分析模式中,明说不仅依赖句子的逻辑式,而且必须是说话人想说或"仿佛要说"的内容 (Grice 1969:87;1989:31)。这一点冯光武(2007:8)、Phister(2007)也提到了。"仿佛要说"是为了应对反语、隐喻等话面意思不同于说话人真正想要表达的意思的此类情形。

这和另外一种语言学界不太关注情况相关,即对明说的理解关涉到 Grice(1974:3)的"非隐义"概念(disimplicature)。我们知道,隐含是在明说的基础上推导出来的附加意义成分,而非隐义则是指,有时候话语的意思比说话人想借此表达的意思要多,听者会根据具体语境,在明说的内容里去除一些明显不符合语境的成分,或者删除一些说话人不想宣认(claim)的意思,有时甚至会取消语言意义中的语义蕴涵(implication)。也就是说,某一蕴涵在具体语境下被"悬置"了。这包含但不仅限于以下两种情况:一种是部分取消,仅仅悬置话语的蕴涵;另一种则是完全放弃话语的语言意义,转而寻求别的解释,此时话语的意义完全不合乎真值意义,或者说话语本身表达的明显是假命题。第一种情况可以用下面的例子来说明。"Harmlet 看见父亲出现在 Elsinore 城堡上"。尽管有"眼见为实"的说法,但是根据剧情我们知道 Harmlet 的父亲已经被害,所以当听到这句话的时候,我们就会根据背景知识悬置"他父亲真的在 Elsinore 城堡之上"这一蕴涵。这里其实 Grice 想表达的是,在具体语境中话语形式所传递的意义小于语言形式本身所包含的内容,部分意义成分在语境中被剔除了。第二种情况可以用下面的隐喻例子来说明,"你是我的咖啡奶油"。Grice 没有展开,也没有提供背后的运作机制[1]。不过,Chapman

---

[1] 林允清(2007)也提醒我们注意这种比较有意思的情况,感兴趣的读者可以参见姚晓东(待刊)。

(2005:134—135)认为说话双方依然认为彼此都遵守着会话准则,尤其是质的准则。我们认为上述两种情况与理性主体假设是分不开的,只有理性人才会做出这种判断。明说的解读也需要推导过程,关涉说话人的意向。在这一点上我们不赞同 Recanati(2004:32)的观点。他认为明说是由词汇和指称意义的可及性决定的,对明说内容的获取不是一个推断过程,不需要推导,无需考虑说话人的信念和意向。需要特别强调的是,即使在明说中,明说意义的确定也必须借助于说话人的意向,虽然有时不太明显。也就是说,明说的内容,句子所表达的意思都在说话人的意向之内,是他想要表达的或者是仿佛要表达的。即使在反语、隐喻这样的例子中,原初的句意也是说话人的意思,他想让你这样来理解,只是在解读出明说内容之后,结合语境听话人发现它跟自己的认知图式冲突,才做出调整,转而寻求其他合理的解读。理性在对明说的解读中一直发挥着作用。

3.5.2 理性、暗含与意向

在 Grice 会话含义分析模式中,说话人意向由明确表达的话语承载。Grice 把含义的提取看作推理过程,而不是一个编码—解码过程。推理以两种方式介入交际:(1)含义的推导离不开会话双方的理性合作,含义必须能够借助推理过程得以呈现。(2)对说话人意义的分析需要理由的介入。因为如果要解释话语意义,必须有理由认为说话人在说出这些话的时候想要传递这种意义。凭直觉获取会话含义也是一个理性的推断过程,尽管不是严格细致的推理,也是缺省默认推理。

说话人的意义不是解码意义,它超越句子意义,是听话人在正确理解明说意义,结合语境因素推导出来的衍生部分,即我们通常所说的大于言传的意会部分。含义的推导更离不开理性假设。熊学亮(2007:28)认为:"就语用推理而言,Grice 仅朦胧地勾勒出了一个框架……其宏观性显而易见。虽然通过质、量、关系和方式等途径推导,似乎使含义的推导具有'可运算性'的特点,但这种'运算'仅搭建在一个语言哲学的骨架上,具体的运算过程并不清楚。"我们想要补充的是,这种运算离不开对人的理性假设,Grice 一再强调含义的可推导性、可运算性特征,不过推导的细节并不是他的追求。

第三章
Grice 的意义理论与理性原则

理性是 Grice 意义分析模式的依托,更是贯穿 Grice 整个思想的脉络与基调。话语的产生和理解离不开对人的理性假设和要求。只有认定对方是理性的,人们才愿意去交际,才有必要付出努力。只有认定对方是理性的,而不是胡言乱语,话语的理解才有可能。在这样的基础上,我们就不会在字面上理解合作,不会把人们的言语合作举动简单地视为藉用简短明了的方式提供充分的相关信息。相反,我们会把话语看作以目的为导向的交际主体在对语境进行合理评估和理性判断之后的产物。我们才能根据说话人的言说,结合语境和会话合作假设,推导出大于言传的意会。

陈治安、马军军(2007:60—61)简要论述了理性和意义之间的关系,但是图景不太明朗。他们的小结引用 Grice(1989:92)的话,"听话人识解说话人意图就是一种理性行为"。我们认为这至多是提到了问题的一个方面:这是从听话人的角度看问题,但并没有抓住 Grice 意义分析模式中说话人的核心地位这一问题的实质[①]。实际上在 Grice 的意义理论中,至少在探讨非自然意义本体的时候,听话人的地位并没得到凸显和强调。Horn(2009:3)也指出,把含义归于听话人或者句子及句子以下的表达式是一个范畴错误。至于 Thomas(1995)强调的"意义是说话人和听话人之间的互动,是双方建构的结果",这并非 Grice 的本意。说话人要想实现目标不会信马由缰,而会进行判断和评估。这一节的讨论其实和理性与合作原则之间的关系有重合之处,这里不详细解释,我们会在第五章谈到这个问题。

语用学界和语言哲学界以往对理性和意义关系的讨论仅仅停留在理性与合作原则之间的关联上,而没有重视理性与自反性的意向性意谓之间的关系。这里的自反性的意向性意谓就是 Grice 的三部曲模式:(1)说话人有某种意向,想在听话人身上产生某一反应或效果;(2)说话人想让听话人认为他有这个意图;(3)说话人想让听话人认为(1)的实现是基于(2)的成功。Grandy & Warner(1986a:24)指出,Grice 意义分析的第三

---

① 对于这一点的论证参见 Pister(2007);另外 Grice(1989:353)也涉及了说话人、听话人的地位问题。

阶段是把意向意义与理性连接在一起，指出人为什么能够意向性地意谓，在更高的层面上捍卫说话人意义。意向不是随便产生的，只有理性人才能够合格地意谓①，并且拥有何种意向也是判断一个人的标记。Grice（1989：105，123，139）提到了意向性意谓，强调了说话人从听话人那里获得某种反应这一意愿的重要性。说话人持两种态度，也期待从听话人那里得到两种反应：某种信念为真；听话人应当采取某一行动。这两种心理状态和期待决定了说话人的意向性意谓。这两种态度或语气分别与直陈句和祈使句对应。后来Grice（1989：105）对这两种期待的反应作了修订：说话人希望在听话人身上产生某一命题为真的效果；听话人在了解说话人想让他做某事的意愿之后采取行动。

理性的说话人借助话语把自己的意向传递出去，同时有一种期待，希望自己的行为能够产生某种效果。所以在行事的时候，他会做出判断，进而为后来可能会发生的情况做准备，遇到其他的情况他也会做出调整。为此说话人就必须进行推理，判断话语的内容与言说方式；而听话人也会根据这些线索来推断说话人的意图，确定在下一轮的对话中如何回应。所以如果他们想传递信息，就会愿意去遵守交际行为的惯常规则性，也会根据具体情况调整自己的言行，而不会随心所欲：说什么、说多少、怎样说、说了之后会产生什么反应，都需要理性的判断，这都是理性在意向性方面的作用的折射。

3.6 小结

理性贯穿了Grice意义分析的整个过程，它既是前提假设，又是证明的结果。在分析人类行为以及隐藏在行为背后的心理特点和心理结构的基础上，Grice阐述了自己的理性思想。他的理性观可以归纳为以下几个

---

① Grandy & Warner（1986a：38）指出，考虑到我们的目标和环境，有很好的决定性的理由让我们拥有这样一个前理性结构，也就是这里所说的意向性意谓结构。前理性不是指不理性，而是指把这一结构的出现和运作视为独立于任何试图评价它"是否需要以及应该如何被调整、指导和控制"的努力。对应的理性结构则是指，通过评价，人们发现有一个好的决定性的理由允许这一结构继续运作，而不是试图禁止或者消除它（1986a：23—24）。

第三章
Grice 的意义理论与理性原则

方面:(1)理性是一种能力,体现在推理活动过程中。(2)理性是人和其他动物的根本区别,是人的本质特征和人之为人的标尺。(3)理性是以价值范式为取向的(Grice 2001:35),理性就是评估。价值对理性至关重要,也是衡量理性人的尺度。行为主体接受某一信念、采取某一行动,不仅要追求手段的合理性,还要强调目标的正当性与值得期待性。(4)理论理性或认识理性蕴涵着实践理性,主体要推崇和关注实践必要性。(5)推理过程注重论证性,也即证明性理由,主体要为自己的行为证当,即提供理由。其中第(2)、(3)、(4)、(5)点是我们关注的重点,这和他的合作原则、价值思想关系密切。

这一章我们分析了 Grice 的理性观,以及会话含义分析中体现的善意原则,着重讨论了他的实质理性和论证性理性。研究发现,Kasher 等人对 Grice 的合作原则及理性的解读有偏差,最后分析了理性与意义推导之间的关系,研究发现无论是明说、暗含,还是说话人的意向都与理性假设分不开。在这样的理性视域之下,Grice 的语用学会更具解释力。话语的产生和理解,以及通过言语行为模式来透视其他人类行为,只有理性人才能做到。

这里我们凸显了 Grice 的实质理性观和实践必要性的主张和立场,我们将在下一章讨论 Grice 理性假设背后的东西,挖掘他坚守实质理性的原因,而实践必要性的概念将会在第五章讨论合作原则的性质时发挥作用。

第四章 价值理论与意义分析

这一章主要讨论 Grice 的绝对价值思想。研究根据他对绝对价值论的坚守,对其中涉及的目的论和亚里士多德幸福概念的讨论,对自由与行动的阐释,来挖掘 Grice 意向意义理论背后的深层关注。Grice 对人类成员与人的区分,对禀性(propension)概念的强调,哲学心理学思想,作为人类行为调整性原则的幸福概念,以及对人类整体发展繁荣的关怀,对价值与意义中最优化的追求,都为他的实质理性观、实践必要性提供了依据和基础,也为我们进一步理解意义理论背后的伦理学基础、对于合作原则的性质的界定提供了支撑。

Laird(1929)在导论部分指出:"价值可能是将所有人文科学从目前的悲惨处境中(说得好听一点是无用状态中)解救出来的关键"(转引自冯平 2009:209)。这从一个侧面显示出价值概念的重要性,同时也折射出它在当时社会科学研究中的缺失。Grice 主张在研究中引入价值概念,并且他对科学主义[①]有相当的警惕和抵触心理。他的意义理论,尤其是合作原则在很大程度上与价值概念紧密相关。

这里我们主要依据 Grice(1991)探讨他的价值思想及相关概念。这

---

① 1985 年在回顾自己的哲学研究生涯时,Grice 写了一篇题为"预先道别"(preliminary valediction)的文章。这是他(1987)"反思性后记"的初稿。在这里他明确表达了对科学技术的反感,呼吁哲学研究中的日常直觉,反对现代社会过于倚重技术化的倾向和做法。在反对人工智能的可能性,支持意识性的中心地位时,他再次强调心理概念对理性的一般意义,尤其是对意义的具体作用和意义。他认为解释生成意义的过程对人类来说很重要,这一过程以一种神秘的方式进行,但绝不能在计算机上观察出来(参见 Chapman 2005:170)。另外 Grice(1991:161)把科学主义称为"魔鬼"(devil),认为它会诱使我们陷入近视的、过于关注知识,尤其是科学知识的本质和重要性的境况中。

第四章
价值理论与意义分析

部著作题为《价值构想》，由 Grice 的学生、加拿大约克大学哲学系的 Judith Baker 教授编辑整理，包括 1983 年 Grice 的 Carus 讲座发言稿，"答理查兹等"一文的最后一部分以及"哲学心理学方法"一文。这些论述均以价值为议题，其中"哲学心理学方法"主要讨论休谟投射（Humean Projection）。作为一个形而上学路子，休谟投射是 Grice 藉以进行价值建构的手段。Grice(2001)一书中对幸福和目的论概念的论述也与价值思想相关。此外我们还参考 Baker(1989,1991,2008,2010)四篇文章以及其他学者的相关评述。Baker 的著述对于了解 Grice 的思想具有重要的参考价值。这是因为，作为 Grice 的弟子，Baker 从 20 世纪 70 年代就与 Grice 一起讨论和理性、价值相关的问题。他们每周会面，每次 Baker 都做笔记，下次见面时由 Grice 审阅，这一过程持续了好几年。他们之间的交流以及联合举办的讲座，焦点也都集中在想望、评价、理由和放纵（incontinence）①等问题上（Baker 2008:764）。她 2008 年的这篇文章追溯了与 Grice 之间的探究和立场观点。二人也合作写过文章，有的发表了（如 Baker & Grice 1985），有的以手稿形式存留（如对价值的思考）。Grice 在"再论意义"一文中表达了对 Baker 的感谢，因此她的论点和评述很有参考价值，里边渗透着 Grice 的观点，在某种程度上她的论述可以看作 Grice 思想的延续。

需要指出的是，我们通过 Grice(1986a:102—106;1991)对绝对价值的捍卫中所体现出的思想，挖掘其深层关怀，揭示他各个理论之间的关联。说到底 Grice 对绝对价值的坚守依然是对理性主体假设的维护，这与他的终极关怀不无关系。他坦承这种解释"相当整齐有序，尽管有很多问题没有解决，也没有系统的支撑和论证"。在评价自己的这一努力时，他依然低调指出，尽管参考了其他先哲的观点，但这种解释"主要是对被不公正地忽略了的康德—亚里士多德（Kantotle）立场的重新表征"（Grice 1986a:102—103）。

---

① Baker & Grice(1985)认为，这种放纵的、冲动的个体并不是在根据理由行事。

4.1 Grice 的绝对价值思想

上个世纪 80 年代，Grice 对理性和伦理学的兴趣与日俱增，随之出现了研究重心的转移。对此他的说法是，他要逐渐偏离主导了他 10 多年的形式主义研究范式，开始把大部分注意力由语言哲学转向哲学。根据他的札记和当时的工作计划，在去世前的两年间，Grice 还有两项任务要完成：把关于价值的讲稿整理出一套完整版本，进而发展出一个由此衍生的规划。Grice 预见了这一宏伟规划的广泛应用和意义。其实这并非一个全新的想法，在他先前的著述中已经初见端倪，其中的部分内容，如生物体建构的思想，早在他 1975 年的发言稿中就有反映。正如 Chapman (2005:171) 所指出的，实际上这一规划可以说是囊括了整个哲学理论（包括它所有明显的分支和细类）的基础。他是在建立一个形而上学方法，来解释构成人类知识的那些理论是如何建构起来的。这就是他当时比较喜欢的"理论之理论"(theory-theory, Grice 1991:71)。这一大计并没有完成，整个规划也未最终实现。后来他委托学生 Judith Baker 编辑出版了这些讲稿（即后来的《价值构想》一书）。1988 年 Grice 还发表了两篇文章："形而上学、哲学末世论与 Plato 共和国"和"Aristotle 论存在的多样性"，前者用类比的方式，借用神学中的末世论思想，在形而上学的定义与目的论或目的之间建立关联；而后者实际上是早在 20 世纪 70 年代后期他就开始思考的论题。

《价值构想》一书的前两章主要是对 Foot 与 Mackie 反对绝对价值观的立场进行批驳，第三章则主要反对还原主义的价值观，捍卫建构主义绝对价值观的合法性。Grice(1991:70) 认为，任何对价值的解释都应该给予形而上学上的支持，合适的形而上学应该是建构主义的，而不是还原性的。他(1986a:89)再次指出，采用建构主义的方法对形而上学进行研究，尽管也面临一些困难，但要比还原主义具有更加光明的前景，能够获得丰富的解释。他形而上学建构思想的一个重要特点就是渐进、改良性的，呈现出螺旋上升的趋势。Grice(1991)是对绝对价值概念形而上学层面上的辩护。在这本书中，他从生物体建构，从人类发展的整体视角着眼，关

第四章 价值理论与意义分析

注的并非具体某一个体,而是整个类属。与 Locke 相仿,他对人类成员和人做了区分,后者是在更高更抽象的层次上着眼,具有理性思维的人类成员才是真正意义上的人。

价值判断是客观的,价值是我们生活世界的一部分,尽管它是我们建构出来的(Baker 1991:2),但价值并不是源于愿望或者想要去期望这样的自然主义的术语。对于建构出来的价值客观性,研究者必定会提出质疑。对此可以采用建构的路子(这里 Grice 指的是下文我们要讨论的形而上学质变和休谟投射)来回应:它们消除了建构观点的正当信受和信其为真这样的合法信念之间的一个有威胁的间隙(Baker 1991:3)。

4.1.1 主观价值与客观价值

价值是一个重要概念,"根据研究被评价对象的不同可以划分为经济价值、认知价值、道德价值、政治价值、审美价值等等"(张华夏 2001:24);而根据价值的来源和性质则可以划分为主观价值和客观价值两种立场。价值的主客二分其实早就存在。Calkins(1928:413)指出,对于价值的观点历来基本上有两种看法:它要么是客观的、现实主义的;要么是主观性的、心理学的。现实的价值观认为价值是一个不能定义的性质,附着在独立于意识的实体上。这种观点认为,事物具有价值,就跟有形态、颜色和体积一样,是不可定义的,绝对的。Calkins(1928:417)总结了三种价值理论:现实的或客观的理解,中间路线的关系理论[①]以及心理学的或主观的理解。她对前两种立场进行了批判,指出关系论只不过是主观价值论的另一个标签而已,她接受第三种观点并把价值界定为"某人珍视的东西"。文中还列举了其他一些主观价值论者的观点:如 Münsterberg 把评价看作"意愿",Prall 把价值仅仅理解为"享受",而 Perry 则把价值视为"本能、愿望、感觉和意志"的客体。Ehrenfels,Meinong 和 Urban 则认为评价是情感—意愿或者是意愿—情感的体验,即评价涉及感觉、愿望和某种形式的肯定(Calkins 1928:418)。Calkins 区分了价值的类型和地位,

---

[①] 其基本主张是:价值既不是主观的,也不是客观的,而是评价主体和价值客体之间的关系,客体和心理主体之间的关系(Calkins 1928:416)。

她最后的结论是,价值是评价的客体;评价是自我的体验;体验自我和他们的经历构成了心理学的论题,所以价值概念主要是一个心理学概念。

主观主义者把对价值的陈述看作假言命令(hypothetical imperatives)。他们认为,对价值的度量(即对世界各种状态之好与坏的评价)只能由判断者本人给出,并且不同主体的衡量、评价结果之间也不具可比性。价值判断是有意识的,根据个人偏好进行,具有个体差异。这种从主观上来理解、衡量的价值论就叫做主观价值论。价值被看作变量,因时、因地、因个人偏好而异。在古代,这一观点的代表人物是希腊哲学家 Protagoras,他的经典言论是"人为万物的尺度";而在现代,主观价值论的代表人物是 J. L. Mackie,能体现他观点的经典话语是"价值不是客观的,它不是世界结构的一个部分",而是人们主观结构的一个部分(张华夏 2001:25—26;Sterba 1989:265)。

Ayer 也是主观价值论的主要代表。他 1936 年就在《语言、真与逻辑》一书中,从逻辑实证主义立场出发,认为评价性、道义性的句子根本没有意义,不能被证实,所以无法判断其真假。虽然这些句子具有主语部分和谓项,但是没有实际意义,根本不表达一个命题。这一派的主张就是没有道义绝对,价值判断的表达总是相对于某一主体和语境的。Ayer 算是一个极端的代表。而温和派则认为,这类表达道义评价的句子具有假言命令的性质,是试图对行动施加的一种限制,是相对于一定的实际或潜在后果而言。在他们眼里,句子之间体现的是一种目的—手段关系,有显性和隐性之分。前者包括条件句,若要实现某一结果或目的,最好这么做;而后者则不包含明确的条件句。总的来说,它规定了手段和目的之间的关系,如果你想怎么样,实现好的结果,就不要如此这般,或者就必须如何如何。

客观价值论则坚持客体本身价值的不变性。它认为道义价值本身是一种存在,是一种实体,独立于任何外在的思维和意识。尽管在观察、体验和感知它们的时候具有程度上的差别,对它们的理解也有敏锐程度的不同,但是作为人类成员,每个人都能感受得到。最具影响力的客观价值论者要数 Kant,他把伦理性的陈述当成了一种"绝对命令",独立于任何人的内心和意识,不依赖个人偏好,不受制于具体的特殊情况。这不同于

第四章
价值理论与意义分析

上文提到的"假言命令",因为假言命令总是和一定的意向性目标或目的联系在一起,要求人们应该做什么。

Grice 的客观价值思想和 Kant 一脉相承。他坚持客观价值论,即绝对价值。Grice 具有客观主义的背景(1991:25)。在《价值构想》一书中,Grice 的立场在批评 Foot 和 Mackie 的主观价值论的过程中得到了呈现。Foot 的论文"作为假言命令系统的道义"(1972)与 Mackie 的专著《伦理学:构造正确与错误》(1977)都坚持主观价值论。Foot 认为道义包括一套假言命令系统,而非绝对价值系统。Grice(1991:48—49)总结了 Foot 的基本立场:目的欲望十分重要;而对于"道义命令是绝对的,因为它们具有赋予理由的力量;这种力量独立于潜在主体的任何欲望"这种说法,Foot 并不认同。他认为不存在这样的自动的理由赋予力量,所以也就无所谓绝对命令的存在;不过存在某些"应当"的"非假言用法",这种用法根本不赋予理由;如果道义"应当"会赋予理由,它们必须被解释为(或者被重新解释为)假言命令,取决于某些目的(如人类的幸福),这些目的是期望那些体面的人去关注的;若把道义规则看作是绝对命令则必须把道义基于理性(reason),然而非道义不等于不理性;我们不希望道义性的"应当"是强加的,不顾主体的兴趣、偏好或愿望,在道义服务上我们需要自愿而不是强迫;而在早先的版本中,道义不得不依靠参照行为主体的幸福来证明其正当性;而在后来的版本中,关注他人的福利,作为行为主体幸福的一个部分,要求一个相因而生的对道义的关注,为的是关注他人的福祉。为了回应自己的主观价值论可能会遭遇的质疑和挑战,Foot([1972]1978:167)指出"如果人们把自身看作是自发地联合起来为自由和正义而战,反对残暴和压迫",而不是非要遵守先在的一些道义命令,那么对于他们会不会有朝一日放弃已被广为接受的道义法典这样的忧虑就会得到缓解。

Markie(1977)的立场稍微缓和一点,他并不否认日常语言中存在对客观价值的反映,但他认为这同时也不足以证明其存在[①]。Markie 仿效

---

① Grice(1991:31—32)实际上批评 Mackie 对常识或者日常语言用法心存偏见或不够重视。

Boyle 和 Locke 对颜色的看法,认为坚持真实世界存在价值这种特质是一种错误和庸俗的信念(Grice 1991:32)。他认为这个问题关涉本体,而关键不在于语言层面。他的论据主要来自两个方面:相对性论证和荒诞性论证,后者比前者更重要。相对性论证主要是说,道德价值具有社会差异性和多样性,因不同社会、时期和群体阶层而存在差异,并且不同的信念似乎并不是从一般原则推导派生而来,而是源于道德感或直觉,从而排除了客观主义者如下的可能批判:这些是大家公认的一般原则在不同情景假设下的表征。而荒诞性论证则认为,如果把价值当作一种客观存在,那么它的实体类型(也包括它作为一种性质或关系)和人们对它的认识的知识类型就显得很怪诞。Mackie 指出荒诞性论证对客观价值的冲击力更大。Grice(1991:44)根本不为这两种说法所动。这可能源于二者对原初现实和建构出来的现实的地位看法不同。Mackie 的立场是,尽管客观价值在日常语言上有体现,但并不能说明日常语言哲学研究者就一定接受伦理学上的客观主义立场。对此 Grice(1991:29)回应道:Mackie 对客观主义者的理解有偏差,因为客观主义者并不一定承认,如果客观价值存在,就一定会对我们的主观状态产生影响。

另一位学者 Hare 则认为,价值没有主观与客观之分,二者实际上是同一个问题的不同角度,只是叫法不同而已,更没有优劣之别。Mackie 与 Grice(1991:30)都不同意 Hare 的上述立场,但提供的理由不同。在 Grice(1991:47)看来,Mackie 对客观价值的否定不啻否认存在任何绝对的行动导向的价值,无视日常道义判断中的观点与主张。他认为实际上大家对客观性的定义并不相同。Mackie 坚持的是形而上学意义上的客观性,也有经验主义倾向。Grice(1991:41—42)也不赞同 Mackie 把"通俗评价者"的观点等同于客观价值的做法;另外他觉得 Mackie 关于首要(first-order)评价和次要(second-order)评价的区分模糊不清,对秩序(order)的应用比较含糊。Mackie 对客观主义的否定并非语义上或逻辑上的,而是本体论意义上的。Grice 的绝对价值立场与众不同,有点叛逆的性质。这与 Kant 的绝对命令密切相关。Kant 把道义视为绝对命令,不依赖或独立于外部感知而存在,也与评价者的主观偏好和所处的具体环境不相关。Foot 否认存在客观(绝对)价值,行为主体没有客观的原因

第四章
价值理论与意义分析

要去做某件事,其意向和愿望就是行事原因,这一点与 Hume 的观点一致。Grice 采取的策略是,如果能把主观价值和客观价值区分开来,仅据此一点就能击败 Foot 的观点。他(1991:66)指出,Mackie 和 Foot 面临的问题在于,二者在某种程度上都不愿意充分肯定价值在桥接事实世界和行动世界之间所发挥的重要作用。

Grice(1986a:72)展示了其客观价值观。他既不同意外延论和物理主义,也与机械论和自然主义相对立。他的基本观点如下:(1)他相信或者愿意相信,能够赋予价值是理性动物的必要特征,或本质特性的一部分及其后果。他也因此相信,结合其他一个或更多的假设,客观价值的确存在。(2)价值不仅仅是客观的,同时也有其内在驱动力,这一结合只能通过建构主义而非现实主义的方法才可能实现。只有当价值在合适的意义上"被我们创造",才能展现出上述结合。(3)价值的客观性只有当目的论或本质目的(purpose in nature,承认目的因)出现时才有可能。(4)理性(reason)在认知和实践领域都发挥作用。这一事实强烈地暗示出(如果不是证明的话),建构主义路径至少在实践领域和部分认知领域起作用。(5)采用建构主义路径使得采纳强式的而不仅仅是弱式的理性主义成为可能,甚至可能还会要求如此。也就是说,作为理性动物我们不仅应当为自我信念(认知理性 *rationes cognoscendi*)与其他态度(如愿望和意向)提供理由,也要允许并探寻事情何以如此的理由,至少在构建的现实领域中如此,后一种理由是本质理由(*rationes essendi*)。

4.1.2 绝对价值的必要性

Grice 认为价值不具有相对性,因而不能够被还原(Baker 1989:505)。"答理查兹等"一文,以及 Grice 的《价值构想》一书的第三章主要阐述这一问题。这本书主要分为两个部分:第一部分讨论目的论(teleology)和决定论(finality),第二部分从形而上学建构的角度维护绝对价值。Grice 论证的特别之处不在于他认为价值是人们建构的,而在于坚持这一建构行动本身就会带来客观性。对客体和生物体的评价、概括和理解始于他们的功能或职责,是根据人们对他们的期望来评定的。但是 Grice 认为仅有这些还不够,这种判断的合理性必须最终依赖于绝对价值观点(Baker 2001:2)。与众不同的论证背后是这样的疑问:Grice 对绝对价值的坚守背后,究竟是一种什么样的因由与动力?

Grice 认为绝对价值是一个理性要求,其实现途径可以通过建构一个本质上能"建立和应用绝对价值形式"的生物体来实现,而这样的生物体通过"形而上学质变"过程得以完成(1986a:102),质变的结果就是 Grice 所谓的"人"。但是如何才能证明绝对价值这一要求的合理性呢?即如何才能使得绝对价值的存在在理论上是让人向往的呢?Grice(1986a:104)认为,可以从形而上学意义上认定绝对价值的存在是一个理性要求。不过这样说并不能为人们接受这一想法提供直接原因,尽管朝这个方向迈出了一步。它只是说,我们有好的理由使得想要接受这一想法为真。Grice 指出这种愿望的理性根据可能不止一种。他提出的两个可能思路和方向为:(1)我们感到有必要诉诸绝对价值来为自己的某些信念和有关相对价值进行辩护,提供证明;人们需要有这样的观点:每个人应该在一定限度内追求对自身具有绝对价值的东西,而这一做法本身就具有绝对价值。(2)参照莱布尼兹标准,人们认为拥有绝对价值的世界肯定要比缺失此类价值的世界更丰富,因而也更加美好。对此 Grice 本人并没有提供具体论证。Baker(1989:509)对上述两个思路进行了评述。她认为,比较而言第一个思路更有前途:如果对相对价值做出本质判断需要借助绝对价值来证明,那么这一要求本身就会被视为合法或者理性。她的思路就是,如果主体认定自身目标值得努力实现是其理性行动的必要预设,那么拥有这份值得感,就是拥有了自我尊重。同样一般来说,其他人也普遍认同下面的观点:目标值得去追求。所以,赋予追求个人的目标以绝对价值就满足了上述合理性要求。

Grice 从目的论角度对绝对价值的必要性进行了捍卫。他(1986a:104)指出,如果价值是相对的,就会使得目的论概念在某种意义上变得可有可无,而不再必要;而一旦目的论失去了真实性,那么价值的真实性就会受到质疑。他坚信,有些现象是机械因果论和控制论所不能解释的,必须引入绝对价值概念;后者的解释力更强大,二者虽然有重叠,但是机械因果论不能解释人的生存和繁衍问题。Grice(1991:78)认为控制论和目的论有重合之处,但前者只关注因果关联,后者是对它的扩展。他

第四章
价值理论与意义分析

(1986a:104)指出,"如果价值概念是真实而非权宜的,那么这就要求它需要由目的论支撑,这种目的论超越了它和那种可以用机械论替代的目的论之间的'重合'部分;这就要求自主目的论(autonomous finality),而机械论者不能提供这种目的论,必然会否认它;这样,……他就等于否定了绝对价值"。Grice 甚至援引 Kant 提出的"积极自由"(postive freedom)概念,这是理性动物所享有的尊严。这一概念的部分意义可能就在于,人不仅能够自由地开展形而上学的游戏,也能在理性限度内修订其规则。在任何情况下,只要绝对价值能被设计出来,一个没有麻烦的形而上学故事就能确保对它的所有信任。Grice 认为,这与他先前提到的形而上学论证的准实践性特征相关。存在多种理由让我们对绝对价值心存想望,也有很好的理由使人认定这一概念可以接受,让人期待。

说到底,Grice 对绝对价值的维护仍然是对理性主体假设的捍卫。这可以从他对绝对价值与理性之间关系的阐述中体现。在他看来,只有本质上理性的人才拥有绝对价值,才可以对评价客体投射绝对价值。Grice 希望能够展示,价值概念不可或缺。他(1989:289;1991:67)认为,"价值并非不知怎么进来的,它一开始就在那儿"。价值内嵌于理性生物体概念之中,是理性的应有之义。价值的本质以及对它的理解都可以用理性来解释。也就是说,拥有绝对价值既是理性人的特点,也是一个要求。

上面我们讨论了 Grice 对绝对价值思想的必要性,即拥有绝对/客观价值的意义与重要性。Grice(1991:88)把绝对价值需求看作理性要求。在哲学心理学领域,他主张"理性生物体对某一具体概念的需要本身,就是认定它存在的一个足够充分的理由,或者说至少在理论建构的目的上可以认定其存在"。这就是他所谓的"供需原则"(Chapman 2005:136)。这一原则是 Grice 哲学心理学思想中的重要观点,需求催生也证明其存在的合理性。他的一句名言就是:"证明布丁的存在来自于吃布丁的需要,而不是相反"(1986a:96)。根据这一思路,我们可以说这一主张本身就预示了绝对价值的存在。根据他的供需原则,绝对价值就成了一种客观存在(1991:118)。Moulds(1972:207)在谈论绝对价值时说,让人感兴趣的不是主体实际上做了什么,而是他应当做什么。

4.1.3 绝对价值论面临的困境

当然,绝对价值论也面临着挑战。它首先要应对来自主观价值论者的挑战。Grice 不能否认,我们无法像感受有形的实体那样,来体验诸如美、道义上的善、真理和其他价值。Spinoza 的经典名言就是,"任何情况下我们都不会因为某一事情是好的而去尝试、意愿、争取或者想望它;相反,我们因为自己尝试、意愿、争取或者想望某件事情,才会认为它是好的"(转引自 Calkins 1928:415)。主观论者的态度就是,只有我们想望某一事物,才会赋予它价值。在他们眼里,基本的概念不是价值,而是评价者或评价本身。

相反,绝对主义者认为价值独立于人而存在,不涉及人的意志和行为。在这一点上,维也纳学派的创始人之一 Schlick([1930]1962)提出了质疑。在《伦理学问题》第五章,他提到,如果问到客观价值对我们的意义,绝对主义者的回答是"它们是你行动的指导方针。当你在树立行为目标时,应选择价值高的,而不是选择价值低的"。不过 Schlick 认为,当问到为什么,以及不这样做会怎样时,绝对主义者就无从回答。如果他们诉诸不这样做就不是一个善的人,那么这正好预设了客观主义者所不赞同的观点:预设了他的价值概念与某种情感相联系。只要想成为一个善的人,或者有理由想要成为一个好人,最好这样做——也就是选择价值高的行为目标。因此 Schlick 的结论是:绝对价值这一假定是空洞的、毫无意义的论断。在伦理学者看来,价值只是在其自身可以被感觉得到,也就是同我们有关这一范围内才存在。如果说价值还有某种绝对的存在,这句话并未给可以证实的事实添加任何新的东西(冯平 2009:382)。Barnes (1993:366)认为 Grice 对绝对价值的辩护"尽管如 Grice 本人所承认的那样,在很多关键立场上不完整,但别具一格,发人深思,耐人寻味,通常吸引人"。

这里我们不去纠缠这一思想在多大程度上是正确的,我们关注的是 Grice 这一思想背后的考虑。正是从这些思考中,我们可以窥探出他论述背后的一些深层动机,以及他在明明知道一些观点可能会遭受批评,却依然苦苦坚守的原因。下面两节我们讨论 Grice 对客观价值的捍卫,第二

第四章
价值理论与意义分析

节主要是从生物体建构的视角来论证,第三节则从行动与自由的角度进行辩护。我们认为,正是在这一论证过程中所体现出来的思想,体现了 Grice 的立场和深层关怀,为我们探寻理性、价值与合作之间的内在联系提供了线索。

4.2 生物体建构

建构主义路径对于论证客观价值的建构来说至关重要(Baker 1991:3)。在美国哲学协会发言中,Grice 第一次正式提出生物体建构的思想(Grice 1975b),其基本目的是为了论证某些价值判断的客观性以及价值的绝对性特征。论证思路则是通过展示它们的建构过程。这一建构过程包括形而上学质变和休谟投射两个规划。在前者中,通过质变,理性人出现了,这是理性的合法要求的产物;拥有绝对价值的人可以根据休谟投射赋予评价客体绝对价值。Grice 正是借助于这两个建构规划来证明投射的合法性,因为价值的建构或投射都离不开其投射者的地位(Baker 1991:4)。

Grice 对生物建构的设想是虚拟的,造物主创造的生物体越来越复杂。Grice(2001:134)的基本思路是:我们把自己想象成半神半人的超人,能根据自身制定一个理性方案,来规划和创造生灵,即作为造物主(genitor)来创造初民(pirots),这是一个虚构的说明手段。其实他这一思想的雏形早在 1941 年的"个人身份"一文中就已经显露出来。20 世纪 60 年代中期,他一直在思考这一问题。一条手记显示,他本想把这一思想在 William James 系列讲座上一起讨论[①]。当时本已纳入演讲计划,但是后来没有顾及到。这就能解释为什么他在某次在前往 Oxford 作报告的路上随身携带关于动物学的书籍了。他从上个世纪 70 年代就开始致力于

[①] 这是 1966 年左右的一个粗略的摘记,名为"James 演讲和讨论会宏伟计划初拟"(Provisional Grand Plan for James Lectures and Seminars)。参见 'Reference 1966/7', H. P. Grice Papers, BANC MSS 90/135c, The Bancroft Library, University of California, Berkeley.

这项规划,直到1988年去世。在1975年度的美国哲学协会发言稿中[①],Grice首次明确提出这一思想,题目为"哲学心理学方法"。讲稿集中讨论了建构的不同阶段和过程。在"答里查兹等"(1986a)一文中,他对这项规划进行了归纳总结,认为这项规划能够带来实质性的哲学成果。

手记显示,在这一生物体建构规划产生之始,Grice用的术语不是"造物主",而是"上帝"(Chapman 2005:150)。他把这些造物主创造的产物称为初民。造物主的任务就是为不断发展演进的生物体提供适应环境所需的最大能力。这些能力有些是稳定的,有些则可以随着情况的变化而进行调整。这些能力使得生物体实现某些目标成为可能。当然其最主要的目标是自身的可持续发展,也就是说生存是第一性的,也包括个体所属的整个类属的生存与延续。造物主的行动要遵守一个规则:他所赋予生物体的每一项能力,对生物体必须是有益的,至少在生存的意义上如此。每一个心理特质的引入都有原因,而不是随意的。造物主进行生物体建构的说法在"语言和现实讲稿"的手稿中也出现了,是在讨论交际的心理过程时提到的。1973年Grice在Berkeley的"哲学心理学问题研究"课堂上就有了此类言论,那时他又回到了20世纪50年代讨论意向时关注心理状态的情景。他不满行为主义对交际的解释,引入了心理状态,借助"初民规划"来搭桥,进而弥补行为主义之不足,以期能为行为解释提供底层的心理状态,而不是仅仅根据可观察的外在行为。行为主义者坚持纯粹的唯物主义(materialist)立场,而心理主义者则是对外在行为底层的心理特性和结构进行形而上学意义上的探究。Grice主张,心理状态对解释可观察的行为至关重要。"初民规划"的目的之一就是"挖掘制约初民和人类心理规律之间的相似性"[②]。在这些规划中,造物主的行为很好地体现了这一过程:什么样的心智能力对生物体有益,造物主就会赋予生物体这样的能力,心理状态可以解释外在行为。

---

① 这是他1975年3月28号在圣地亚哥举行的美国哲学协会第49届年会上的主席发言。发言样稿1972年曾在普林斯顿大学宣读,随后1974年4月在密歇根大学Ann Arbor分校的John Dewey讲座上宣读。

② 这是Grice的学生Steve Wagner 1973年在课堂讨论时做的笔记,参见H. P. Grice Papers, BANC MSS 90/135c, The Bancroft Library, University of California, Berkeley。

4.2.1 形而上学质变

生物体建构需要经历一系列的发展阶段，每一步的推进都呼唤理论上的辩护，证明其动机，提供发展的必要性和正当性。如此一来造物主就有理由认为，建构这一生物体的形而上学要求是合法的。也就是说，新实体的产生必须具有理论上的正当性解释与合理的动机，而这需要概念的转变，再加上某种类型实体出现的合法要求，其实这时实践的需要也成了特性重新分配、新实体出现的理由。这就是 Grice(1991:81)所谓的实体或实体类型的形而上学演进。

Locke(1694)对个人身份的讨论对 Grice 具有重要的启发意义。Locke 把生物的发展视为层级性的，划分层级的依据是考察它们能否完成自身存在和发展所必要的功能，抑或是实现自己的职责。除了在 1975 年的"哲学心理学方法"一文偶尔提及 Locke 之外，Grice 在自己的著作中并没有明确凸显 Locke 的思想。不过他 1941 年发表的"个人身份"一文，显然是对 Locke 想法的回应与修正。之后 Grice 对生物层级的划分比 Locke 走得更远。他采用在心智操练中的生物层级来评价人类理性的地位和功能，在他划分的人类成员和人这两个层次中，理性的地位不同。他后来的著作也体现了他(1975b)的观点：我们可以认为，对于理性能力、理性以及正当信受的关注，对人类有益。这允许我们把理性赋予人类成员，尽管只是作为非本质属性。Grice(1991:83)指出，理性可能是对生物体的生物学恩赐，这些生物体的生物需要很复杂，面临的环境复杂多变，不仅仅是因为世界的不稳定性，或者虽然稳定但高度复杂且不愿意轻易为自己的居民提供生存之需。这使得生物体为了生存，需要产生不同的反应来应对这些庞大多变的刺激，也使得给生物体提供更多合适的本能能量变得越发困难，因而也越来越代价不菲。这时理性手段就应运而生了。理性将会极大地促进人类成员快速、机智地处理和应对更广阔范围内的大环境所提出的生存问题(Grice 1986a:102)。

Grice(1991:82)所区分的人类成员和人这两种生命形态，是生物体存在的两个不同发展层次，前者虽然已经发展到了一定的阶段，但理性并非其必要特性，只是偶然的、条件性特性。经过形而上学质变，这些生物体达到了人的阶段。这时他本质上是理性的,其本质、本性和功能就是评价。价值进入到生物体类型最为复杂的、也是最后的阶段中。这一阶段需要实质性地引入价值概念,因为理性人开展评价活动,以及为行动提供正当性解释,最终都要借助非相对性的价值进行。作为整个类属本质特征的一部分,它是不易去除的,并且生物体的本质就是,评价思想允许把"对整个类属来说是善的"这一要求应用到人,只要他们按照能被证当的信念和规划行事,履行自己的职责即可;这使得 Grice 所谓的价值传递成为可能。控制论或机械论不能用来对本质为评价性的生物体进行解释,因为对这些生物体来说,价值概念不能被还原为仅仅对存活有益的东西(Baker 1989:506)。

　　从人类成员到人这一形而上学质变过程相当复杂。Grice 并没有提供详细的图景来展示这一运作过程,也没有说明究竟可以借助何种理由把这个过程看作一种自然倾向。不过,其大致的发展脉络可以这样来理解:在生物体的发展过程中,当达到一定阶段,出现了复杂生物体的时候,造物主就会赋予生物体理性,这种能力可以增加他们的生存几率。为了应对复杂多变的环境,他们仅仅具有简单的能力(如觅食,吃东西、御寒)是不够的。因此他们必须学会推导,来面对生存环境。如果拥有了对环境推理的能力,就可以对环境进行判断,采取必要的生存策略,这种能力对他们的生存有利。当出现这种需要的时候,仁慈的造物主就会根据自己的职责赋予生物体这样的能力,这也正好应了 Grice 的"供需原则":只要有需要,就应当满足。生物体一旦有了推理的能力,他所追求的,或者说他的这种能力所能应用的范围就不仅仅局限于维持生存这样的层次和目标之上。他们会对自己先前的能力进行整合,不仅使其继续发挥作用,还会更加合理地应用。他们还具有了进行反思和评价的能力。位于最高层次的生物体开始考虑这样的问题:继续存活的目的和理由到底是什么?这时候就牵涉到了对目的和手段之间关系问题的思索。他们开始考虑手段的合理性,目的的正当性。正是推理能力促成生物体建立标准体系,评价目的的可行性与合理性,对其进行排序,评估自身行动。慢慢地,推己及人,他会以这些标准来评价和衡量其他理性生物体的行动。这时,他就能够明白自己的行动,以及自己继续挣扎着生存下去的意义所在,也就回答了上面提出的生存意义问题(Grice 1991:144)。

也就是说,在生物体不断发展的过程中,造物主会赋予每个生物体一系列能力的集合,每一种能力的实现都是这一能力和其他能力得以存在和延续的必要条件。生物体具有一些特征,有的是必要的、本质性的,有的则是次要的、非本质性的。这些特征的出现与否决定了生物体的发展阶段,或者说决定了他们的个体身份。本质特性决定生物体的类属,决定其成员归属。如果缺失这种特性,那么他作为这个类属的身份就难以为继,也就是说他已经不再是原来意义上的他了(Grice 1991:79)。在 Grice 眼里,理性特征就具有这种区分度和效力,它是划分人类成员和人的一个决定性条件和特性。一旦具有了理性特质,生物体所考虑的就不仅仅是生存的问题。他就会用推理和理性来考虑实现目的的手段,更重要的是,他能利用理性和理由来评判自身态度、信念、行为和目的的合理性,决定它们是否让人期待,他也因此就能赋予这些信念和行动一定的价值,即对它们进行评价。有的行动价值高,受人赞赏;而有的价值低,是自己和他人所不希望看到的。理性在人类成员层次上还是次要特质,但生物体要成为真正意义上的人,必须拥有理性这一必要条件。在理性特质从次要因素变为本质要素这一过程中,人类其实经历了一个 Grice 所谓的"形而上学质变",尽管这个特质本身没有变,但是理性在这两种生物体内的分布或曰地位已经产生了显著变化,"他们没有改变自己作为人类成员所拥有的特性总量,但是重新分配了它们"(Grice 1986a:102)。尽管世界上并没有因此出现新的成员,但是一个新的心理类型——人——出现了。这个过程是一种形而上学建构,是特性的重组分配,而不是发明创造。尽管没有增加实体,但是他们的思维方式变了,世界因此更加丰富。Grice(1991:84)指出前者是一种生物类型(智人 Homo sapiens),而经过后续的形而上学运作就变成了另一个非生物类型(人)。理性在前一类生物体中的意义或作用在于"生物效用",主要是为了实现生物学目的,即应对世界、保存自身、提高生存机会,这是一种"生物学恩赐",也是出于造物主省力的需要(1991:83)。变化前后的差别在于,质变之前他是一种生物体,之后则演进成为一个心理实体,这个过程是一种"创造"(Grice 1986a:105)。

形而上学质变过程主要是把人类成员变成人。实现转变之后，一种新的心理实体产生了。Grice指出，转变之后，人具有了某种实施操练或某种操练理性这一职责（metier）或者自主目的，并把它作为自身本质特性的一部分；为了在有利的情况下展现自己实现职责的能力，他们将不得不承认、并尊重他们本性的某个法则。完成自我职责的程度将决定他们能否把自我建构成一个善的人。Baker（1989：510；1991：13）指出了人类成员与人的一个重要区分，即"当我想起'我们都一样，我这样做对于我们一定都有好处'这个一般事实时，我把自己和他人都归于利己的，关注自我利益的。我认为我们的参与和行为是基于自身利益的激励和驱动，当然也受到这个利己心的限制。相反，如果我相信自己和其他人是这样一个群体：我们关注的可接受标准不受利己主义和保留（preservation）标准的固有限制，如果我认为我们要寻找的可接受的行为规则具有最大的一般性，对其他理性人来说也是正当的，那么我就把自己看作一种新型的类属——人"。这里Baker的意思是，当人类成员的考虑超越了个体利益，从长远视角来审视和看待自己与别人的行为时，她就已经超越了人类的阶段，进入了人的境界。如果人类成员致力于理论努力，只接受那些可以理性认证的理论和发现，那么她也把自己的理性能力看作是对自己来说必要的、本质的了（Baker 1989：510）。

随着生命形态的改变，生物体自身也转变为潜在的评价者，这使得赋值和评价具有了可行性，而所有这一切都归功于理性的存在与作用。价值的存在与解释力都在于理性，在于对理性人的假设。在这一评价过程中，理性生物体实际上启动了一个赋予价值的运作，具有了评价赋值的能力。Chapman（2005：153）指出，这些心理能力是进化的结果。在生物体发展的最后阶段，心理操练就具有了评估的能力，会判断哪些随后的、次要随机特征会带来副作用，会影响生物体本身的生存和发展。当然这都是在形而上学意义上的运作，具有很强的思辨性。这时候，生物体就可以客观地来讨论价值了，因为评价者被赋予了评价的能力，评价者本身也是根据这种能力来界定的，他的存在就保证了评价本身的客观性。这个阶段生命形式的职责或者本质就是建立和应用绝对价值的形式。主体具有了推理能力，也因此具有了评判和赋值的能力，能够对态度、行为进行评价。Grice 是在对行为、目的手段进行评价的过程中,对价值进行了解释。

Baker(2008:778—789)对 Grice 造物主规划的评价是"诙谐而又严肃的构拟"(778),"华美的神话"(colorful myth)。Grice(1991:143)在谈到哲学心理学时,把造物主规划界定为一个启发手段。后来他倒是希望用一种不太花哨的形式来重新表述它,不再参照造物主的目的,而是参照目的因或者生存效用,来回应生物体建构的合法性问题。但是如果涉及伦理学,造物主规划的功能可能就不仅仅是纯粹启发性的。如果某人是造物主,他会赋予生物体某种特征,这种特征无疑能导致某种行为,那么上述这一想法本身就是在评估这个特征及其引起的相关行为中迈出的正确一步。在 Grice 的规划里,造物主是虚构的,只负责设计而不能创造(1991:141),同时他也是善意的、仁慈的。不过他的行动要受到一个原则的约束,那就是提供可能的最高程度的省力与经济性。这种程序不仅会让他的工作更漂亮,也会对他所建构的生灵有所裨益,因为运算和集中注意力都需要付出努力,而人的精力有限,消耗的精力越少,留下来的应急能量就越多(Grandy & Warner 1986a:30)。Grandy & Warner(1986a:31—32)指出,作为仁慈和善的造物主,我们设计这些初民,赋予它们最大程度的生存机会。在建构初民时,我们建构进去某些目的。在适宜的情形下,这些初民会尽力去实现某些长期固定的、持续性的目标。我们希望他们尽量把自己的目标追求安排周详,计划合理,以便把实现整个长远规划的几率最大化。当环境不适合的时候,初民可以去除某些内置目的。这里的"生存"就是:把生存的机会最大化,即把实现内置目的的机会最大化。Grice 在 20 世纪 80 年代后期谈论存活与生存问题时指出,对于智性的理性初民来说,他所说的"生存"并非仅仅指活着,苟延残喘。这一诉求就和他在 John Locke 演讲时所讨论的目的论和幸福概念相关了,我们将在后面讨论。

不过,Grice 虽然指出了形而上学质变的特点,却并未展示这一转变的具体过程,对于在这期间究竟发生了什么样的变化,这些变化是由哪些因素引起的,哪些特质能够得以保留,哪些要被扬弃,都无从探究。Baker(1991:8)也指出 Grice 应该给出一些例子来说明这一过程,说明这样做的正当性与合法性。Sbisà(2001:202)认为,这一质变过程实际上不是由孤立的个体单独完成的,而是由整个类属的成员集体实施和运作的。这样,Grice所说的这种建构和转变就是指集体性的社会转化,这种转变只有在人与人之间的交互主体关系中才有可能实现。

4.2.2 休谟投射

用Grice自己的话说,Hume曾是他比较推崇和敬慕的哲学"老男孩"之一(Chapman 2005:177;Grice 1986a:66)。"投射"是Hume提出的一个比较著名的观点。他认同心灵有一种自然倾向,会把"自身扩展到客体上",把必然联系的印象投射到外部对象上去。投射的内容是我们心理状态的特征(Grice 1991:146)。尽管二者的基本思路相类似,但Grice并不完全赞同Hume对投射的概括。对于Hume来说,投射的结果是主观印象,可能是引起困惑不解的来源或者结果(Grice 1986a:97);而Grice(1991:88)却把Hume的心灵投射倾向看作一个程序的原型,可以证明某些东西是有效的。在特定条件下,投射可以成为合法的程序。投射的结果跟投射者本身有关。这主要是说,人会把自己的意向、价值投射到自己所关注的客体和判断的对象上,进而使得对象本身也具有了相同的客观价值。

文献显示,Grice对休谟投射的阐述前后发生了细微的变化。这一观点最初在他1970年—1971年间的手稿中初见端倪,详细思想在他1975年的美国哲学研究会上的发言稿中成形。在这次讲座中,投射过程共包括三个阶段(Grice 1991:147—149),而在"答理查兹等"一文它被扩展到四个阶段(Grice 1986a:97—98)。另外,二者的目的也不尽相同:在前一篇文章中,投射是为了论证给生物体赋予前人所没有的概念这一做法的合理性和合法性;而在1983年的Carus演讲以及1986年的"答理查兹等"一文中,则是要用投射过程来提出合法概念。随着生物体的发展演化,他们的心理状态更加复杂,具体表现为他们具有越来越强大的内化或者表征能力。投射中所包含的表达包括:连接词、否定、心理动词和价值判断。具体的发展过程如下:在第一个阶段,我们拥有一些初始概念,它们被视为心理态度的外在限制语,或者是我们感知词汇中的直觉性的、不明晰的成分。第二个阶段到达了一个具体的心理状态,也就是几种思考,包括选择性的、否定的和评价性的。这些状态必须体现在与第一阶段的初始概念合适相关的行为反应中。在第三个阶段,这些具体的心理状态被更一般的心理动词如"认为"或"判断"所取代,并引入一些算子。不过它们仍然仅限于在一般动词的辖域内出现,也就是说,动词的补语是它最大的范围。只有到了第四个阶段,这些算子才可以超越并突破这一限制,出现在从句中。这是 Grice(1991:146—147)所谓的"内化"过程,从外部修饰语变为内部修饰语,随后内部修饰语被更加抽象一般的算子替换的过程。这也是一个逐渐多样化、复杂化、由低级到高级发展的过程,是一个"过渡"。

休谟投射是 Grice 生物体建构的一个组成部分,可以用来解释越来越复杂的生物的概念化和表征的发展进程。这是一个形而上学的路子,是 Grice 用来进行价值建构的基础。它是指以某种方式来看待世界的一种自然倾向,但是一般来说,很多情况下在我们把自己的希望和态度投射到世界上时,却并不能保证投射的客观性。

如何保证判断的客观性呢?Grice 引入了投射原则,这里关键取决于投射的主体。如果一个善的人,在自由的情况下进行了休谟投射,那么就允许(绝对的,非相对的)价值从评价主体传递到在他看来似乎是有价值的东西(Baker 1989:513;1991:16—17)。Grice 认为这一原则和 Aristotle 的"善人看来是好的东西就是好的"这一论断相类似。Aristotle(2003:51)还有这样的说法,"明智的人能在每一个事物中看到真理,所以他们就是准则和尺度"。这背后的根本原因似乎可以从 Grice 的下列思想中获得支持:作为理性人,我们需要证明自己的投射和态度。然而,现实中并没有现成的评判信念和态度的标准,所以就需要建构。Baker(1991:17)认为,这一原则本身就可以被看作是对形而上学供需原则的应用,是一个确保理性要求看起来"没有麻烦"的程序。人在寻求理性人可以接受的原则的时候也从中获益:在他们看来是善的,就是善的。"当我们真正珍视某些事物时,我们的态度很自然地投射到外界……无论什么时候,我们想起珍视的东西,就有了与它一道的态度和情感(1991:21)。价值的存在是因为评价者存在(Chapman 2005:164)。

Grice(1991:91)明确指出,一个合格的、有资格的价值设定者(value

fixer)，他的本质（或者职责）就是建立和应用绝对价值的形式。这样一个人是通过形而上学质变从人类成员转变过来的，是本质上理性的人。若要成为一个合格的价值设定者，他必须是自由的，拥有 Kant 所说的积极自由。如果相辅相成的绝对价值和目的论概念可以用机械控制论来替代，那么就相当于引入了一个"外因"（一个外在于立法者和主体的原因），这就对自由的出现构成了障碍，也会因此给生物体建构[①]的前景带来致命的损害。

确保评价客观性的另一思路就是引入类属的概念（Grice1986a：105）。这一论证的基本思路是：如果某一价值判断为整个类属所有，那么它就具有客观性。一旦一类实体作为类属成员的价值概念被设定，那么一种传递关系的出现就成为可能，这就会把类属价值的应用延展到这一类属成员合格的非实体性方面，如，行动和特征。Grice 认为，即使可能存在除了人之外其他（人并非唯一的）类属价值的初始例子，但作为扩展延伸的源头，它们的成效要远远逊色，尤其是采用休谟投射这一延展方式的时候。一个例子是，无论猫多么可爱，它都不会像人那样卓有成效地进行价值延展和投射。Baker(1989：513)指出，在生物体建构的第四个阶段，就可以赋予作为一个类属的人以价值。这时人能进行评价，价值评判能和他的心理态度分离开来。Baker(1991：3)肯定了这种形而上学运作的客观性特征：通过概念共性达到的共识，同时也是非任意性的，因为概念化不依赖于个体的意志或冲动。这里的意思是说，只要是大家形成共识的东西，就不再是任意性的，摆脱了个人的意志或者冲动，就具有了客观性特征。

总的来说，客观投射需要一定的条件：投射的主体必须是具有客观、绝对价值的人。只有这样，被投射的客体才可能是客观的，才拥有绝对价值的特性。如果从具有绝对价值的人出发，我们就可以利用投射程序扩展价值判断的范围，把价值推及评价客体。那么作为理性人，我们就可以获得想要的绝对价值，这里当然还得依赖 Grice 的供需原则，Grice 本人

---

① Grice(1991：89—90)称之为 S 的故事(Story S)，这是一个假设系统或者故事，包括形而上学质变和休谟投射。

第四章
价值理论与意义分析

对这一原则的态度是严肃的。

Grice(1986a:106)认为,休谟投射是延展绝对价值范围的别具成效的方式。通过它,价值就以一种亚里士多德式的方式赋予任何客体之上,只要这一客体在合适的、可信赖的裁决者眼中似乎具有此类价值;而这一值得信赖的裁决者,可能是在自由条件下行事的善的人。一个可能的挑战源于对休谟投射的"循环论证"质疑:价值是一个"可疑的术语",它的合法性只有通过休谟投射的砥砺才能获得(Baker 1989:513)。因为绝对价值概念的确定需要借助于拥有绝对价值概念的人,这样就出现了循环,确切说是出现了先有鸡还是先有蛋的争论。后来Baker(1991:17)认为,Grice在"答理查兹等"(1986a:93)一文中提供了回应的路径:其思路就是Bootstrap原则。这是Grice创造的,虽然他并未证实这一原则的有效性[①]。不过Baker(1991:5)也担心,Grice可能没有充分回应客观性这种情况。怀疑论者可能会乐意接受Grice的建构思想,但不承认他的客观性观点。她的另一个疑虑就是,建构是不是必须是社会性的?这个问题实际上文我们已经提到,Sbisà(2001:202)对此进行了回应,肯定了建构或者形而上学质变的社会性特征。

4.2.3 小结

从生物体建构视角,Grice对绝对价值论进行了捍卫,这是形而上学意义上的辩护,但他并未给出绝对价值要求的合理性的完全解释。在Carus讲座中,他把绝对价值视为一个理论动机或目的;而在1986年"答理查兹等"一文,他采用一种类似于先验论证的方式,视其为一个理性要求。Baker(1989:505)指出,这些形而上学建构最好不要被理解为编造的程序,而应被视为自然倾向:我们倾向于认为世界就是这样的,它以某种方式运作,在某种条件下,它们本身就会带来这样做的理由。确定的条件会让我们的自然倾向合理化;我们不仅认为事情是这样的,以此行事,而

[①] 此原则的基本思想是:当某人引入用目标语形成的理论的初始概念时,他有使用元语言中的任何概念组群进行表达的自由。这样做的条件是,这些概念的对应物由此可以在目的语中界定或者派生出来。所以,如果一个人引入的初始目标语概念越经济,那么他留给后面要完成的任务就越少。

且认为这样做是正当的。这样就可以穿越虚拟的和"仿佛如此"的假定,过渡到世界上确实存在某些事态这样的思维状态中。

在"答理查兹等"一文,Grice 勾勒出了形而上学建构主义的轮廓。在 Carus 演讲中,他宣称任何对价值的解释都应该给予形而上学的支持,适切的形而上学是建构主义的,而不是还原性的。他对建构主义的界定是,任何有益于问题解释的实体与方法都是有用的,用他本人的话就是能帮忙做家务的就应当被接受(1975b)。与还原主义把多元的世界消解为一系列简单成分综合体的做法不同,建构主义程序包括三个要件:(1)形而上学出发点,即形而上学意义上的基本元素;(2)一个大家都公认的路子或程序,基本要素根据这一程序建构非基本实体;(3)从一个阶段向更远一个阶段(一个新的形而上学层面)的推进必须要有理论动机,能证明其正当性,满足一定的目的。这项规划大致上就是,以某些形而上学意义上的基本要素为起点,然后一个阶段一个阶段地,向上建构成一个系统的形而上学理论或理论连续体,要保持世界的丰富性(Grice 1991:70-71)。为此,要首先确定理论的形式和特征,然后从基要元素出发进行解释,而不是形成与科学解释相一致的理论(Chapman 2005:175)。

这项形而上学规划可以用来确定价值构想。在这一形而上学演化过程中,价值概念,尤其是作为其基要类型的绝对价值,在对某阶段的确定中占据不可或缺的位置。Grice 对价值的解释可以看作适合一般建构主义方法的例子:他提出的简单心理态度,如判断接受和意愿接受,还有生物体建构等,都是理论当中的基本要素,而他对作为人类成员非必要特征的理性概念的详细阐发,对形而上学质变过程的论述,把人作为价值赋予者的创举以及对绝对价值的推导,都是从上述出发点建构起来的(Chapman 2005:173)。

在对绝对价值概念进行一系列辩护和反思之后,Grice(1986a:106)指出,为了确保承认绝对价值这一目标的实现,我们需要这一概念不合格版本的一组基本例子。Grice 认为,在上述假设下分配给实体类型的人的不只是绝对价值,还有不合格的绝对价值。这种做法是一个理性程序。这种价值以类属潜能的形式赋予整个类属,通过类属成员的成就赋予精选的个体成员。这里 Grice 实际上承认,即使在绝对价值上,整个类属中也存在个体差异。

4.3 另一个视角：自由、行动与身份

和许多哲学家一样，Grice 也认为理性概念中包含着自由概念（Barnes 1993:368）。Warner(2001:xxxvii)提到，他在整理 Grice 第三次 Carus 讲稿（也就是后来的《价值构想》一书的第三章）时，他们讨论的话题全都围绕着"自由"展开，而不再是生物体建构了。自由已经成了价值之源，也是 Grice 藉以论证绝对价值的路子之一（另一个就是生物体建构，也即 Grice 所谓的造物主方法），"行动需要理由的出现，而这反过来又要求这一行动是'强式'评价的结果。这时候，具体到目的评估，就不仅限于参照某些外在目的估量了"(2001:xxxvii)。对于自由的思考 Grice 花费了多年。他的手记显示，从 20 世纪 80 年代初期他就开始用先前盛行的"语言采集法"讨论自由概念了。很显然，自由，而不是生物体建构，对绝对价值的推导至关重要(Warner 2001:xxxvii，n22)。自由的人才能够根据需要设定目标，摆脱机械的因果论，因为后者牵涉到外力的介入。

Grice 赋予自由概念很高的地位。他(1986a)提出自由概念的前提性作用；在"行动与事件"一文(1986b:33)中深化了这一看法，强调了自由和行动之间的关联性。Warner 还透露，他在与 Grice 讨论 Carus 第三次讲稿的时候，曾经给 Grice 提出一个建议：从自由而不是从生物体建构的视野和思路入手，可能会更卓有成效。Grice(1986b:33)指出，若要给行动一个满意的解释，正确关注自由概念的地位至关重要。这里 Grice 小心谨慎地提出了自由的概念，尽管很简短。他认为 Davidson 对主体性特征的概括（活动与目的或意向）充其量可以视为自由概念一步一步发展过程中的元素而已。Grice 把这一发展过程分为四步：(1)无生命客体中的外部或外在原因，某一客体受到其他客体中的过程的作用与影响。(2)无生命客体中的内在或内在原因，某客体中的一个过程是此前阶段的结果，比如在一个可以"自由移动"躯体之中。(3)有生命物体中的内在原因，通过其内在特征，生物体发生变化。它们并非同一个变化的先期阶段，而是独立的事体，如信念、愿望和情感。一般来说它们的功能是为当前生物体的

好提供的。(4)顶级阶段,人类生灵以某种方式把某些事情设想成是为了自身的好,仅此一项就足以使得这一生灵去着手做那件事。

在这里Grice其实把理性、价值和自由联系起来了。在第四个阶段,生物体不仅从外部原因中解放出来,也从事实性的原因中解脱出来,而受理性或非事实性原因(这里其实指的是非物理性的因果关系、机械论等)支配。也正是在这一阶段,理性的活动和意向出场了。为了自身的好,生物体开始有了判断,进而采取行动,行动也因而成了一种自觉自发的行为。这个阶段只出现在人类的行动中。Grice指出,对自由观念的关注也会带来一些工作,有相当的难度,但又不可缺少,比如,为采纳或者放弃最终目的寻求理性辩护和解释。如果不能实现,我们的自由就有沦为一种冲动或者偶然现象的危险。

亚里士多德(2003)曾说过,能自由行事的人才具有真正自由。Grice(1986a:95;1991:105)认为自由是实践理性的前提。完全的人类行动需要强式自由,因为它能保证某些行动不仅仅指向主体自身的目的,更是主体自由采用或者追求的,是一种自觉的内在要求。他指出,尽管还不能准确定论强式自由的定义,不过它可能在于或者至少涉及把行动观念看作某种强式评价的产物,这包括对最终目的的理性选择,因此也超越了行动的意向/信念分析,是后者所不能及的。在Grice看来,一个自由的人才能做出理性客观的判断。本质上理性的人才能拥有绝对价值,才能对所判断的实体赋予绝对价值。引入绝对价值之后,价值判断就不再是主观的事情,它必须要么是正确的,要么是错误的。Chapman(2005:175)对Grice的做法进行了总结。她一针见血地指出,实质上Grice是从行动的本质中寻求一种为自由概念进行辩护的方法,发现了自由概念的合理性,同时也为自己的客观价值概念找到了支撑,进行了捍卫。他对行动进行了分类,这和他关于人的不同阶段的论述紧密相关。

Chapman(2005:176)对Grice的思想进行了阐释。她指出,人类行动的特性暗示了自由的必要性。人类行为是有理由的,这些理由可能远不是出于自我生存下去的愿望和信念,它们可能是为了自己而自由采纳的理由。这反过来也意味着,人必须是能够为某些目的赋予价值,做出评价,而不必受制于外部力量或内部必要性。人类行动所要求自由的具体

第四章
价值理论与意义分析

类型,用 Grice 自己的话说就是,"能确保某些行动可能被表征为不仅仅是面向我个人的目的,而是我自己自由采纳决定或者追求的"(1986b:34)。这样一来,对行动的考虑就暗示了自由的必要性,而自由反过来又为人作为价值的赋予者提供了独立的证明。如果人与生俱来就能够赋予价值,那么价值就必然具有客观存在性。这也就是 Warner 提到的,如果不采用生物体建构的视角,自由概念或许能提供另一个证明:价值存在,因为评价者存在。这一视角或许更有趣,更有成效。

根据 Baker(1991:6)的解释,自由概念在行动中承担了如下工作:追求终极正当性的人的行为超越了生物学意义上的效用、有用性;回应他们寻求最终原因的原则和程序必须由他们自身来建构。这样一来,似乎就把用机械论概念进行的答复排除在外了。也正是基于这种原因,Grice 认为目的论比机械论更具解释力。他(1991:90)指出,绝对价值和目的论不能被"机械地替换",即它们是抵制用机械主义来解释的,它们是真实而非权宜的概念。判断是一个心理过程,行动是判断的结果。生物体的行动或状态都是自己内心想望的结果,他们想要这样,所以才这么去做。自由的概念,自由与行动之间的关系,就为这样的论证提供了另一条辩护的思路和途径。

其实,价值、行动、自由和理性,与人的身份具有重要关联。而不是像 Warner 所说的,这一思路和 Grice 的生物体建构思想关联不大。Chapman(2005:161)写到:Grice 指出,价值的本质和地位具有重大的哲学意义。人们考虑价值的方式、他们和价值的心智关系,深刻而又错综复杂地和人之为人的条件(personhood)联系在一起。正如他在 John Locke 演讲中所展示的那样,价值是最后的终点和理性的尺度。任何认识性推理的价值在于事态的真实性,而实践性推理的价值则取决于"善"这一概念。

实际上在 Carus 讲演的结尾,Grice(1991:145)有意无意地透露了自己的意图。他不再把 pirots 仅仅用来指处于低级阶段的初民,而是视为一个概括性的词,涵盖了任何发展阶段的生物体。他提到的"最智性的理性初民"实际上指的就是最高层次的生物体,在心理上最为复杂的生物体,也就是所谓的人。这里智性的理性生物体就是我们自己。Grice 是在煞费苦心地向我们展示这样一个复杂的过程,实际上也是在反思我们自己,彰显理性在我们的经历、生命历程、或更长远来说是在人类发展过程中的重要作用。他也展示了理性与价值的关系:理性既为我们提出了问题,也给了我们寻求答案的途径。当开始对目的进行评价和衡量的时候,生物体已经是绝对意义上的人了。他所关心的不仅仅是自身的眼前利益,或者仅仅是为了生存,还有更高层次上的反思和追求,因为自己的行动不仅仅是个人的人格标记,还涉及一个类属的前途与发展繁荣,他所关注的已不再仅仅是个体的人。

Grice 提示,对这些目的的追求会得到集体理性生物体的高度赞赏,所以这种生活、行动或处事方式就会被极力推崇,以至于成了整个类属的行动指南或生存法则。正如 Grice(1991:145)所说的,这个指南"可能被称作与上帝同在"(Immanuel)。被 Grice 称为"最为智性的理性初民"建构了这个指南,并不时向它表达敬意。这些初民可能确实就是我们自己(当然是处于比较好的状态时候的我们)。尽管很简短,但这条指南是高度概括性的实践指南,可能充当被世界上恶劣生存环境多元化之后的初民编制具体指南的基础。它具有概念一般性、形式一般性和应用一般性的特征(1991:144—145)。Grice 在讨论这些的时候,已经涉及了伦理学的东西:这些集体的行动指南,已经具有了内在约束力或者驱动力的性质,生物体的存在已经不仅仅是为了个体的存活,整个类属的成员还要按照这个路子行事,这已成为"生活的规则"。

Warner(1986)提出的一个思路应当引起重视。他认为 Grice 忽略了理性、幸福和个人身份之间的关联,而"自我"概念就能决定对某一个体来说什么才是至关重要的目的。他说道:"如果我们遵照 Grice 的策略(这是一个很有希望的策略),用'合乎生命的方向'(fit for the direction of life)来取代 Aristotle 的'行动要遵守美德',我会认为,诉诸个人身份这一概念应该可以在解释的适宜性上发挥作用"(1986:493)。在我们看来,这并非 Warner 的独特见解,其实也是 Grice 思想的应有之义。他对人类成员和人的区分本身就是这一思路的表征和证明。我们在第二章提到 Grice 的思想受到 Stout(1896)的影响,后者在讨论意愿的确定性(the fixity of volition)时就曾经把某种行为方式和自我概念等同。这种方式

第四章
价值理论与意义分析

构成了自我概念的一个组成部分。如果行为主体想要实现某一目标,他为之付出的努力本身就成了自我概念的组成部分,构成一种一损俱损、一荣俱荣的关系。"自我认同"这个短语的意义就在于,它指的是自愿抉择的动机的本质,是我们判断以何种方式行事的动机与原因。这种动机可能是一个综合的倾向,能够控制我们生命的整个进程。

日常生活中,在遵守某些原则的时候,行为主体也是在保持自身的完整性与统一性,如果屈从于一时的诱惑,就可能违犯了作为整体存在的连续性和一致性。也就是说,"保持自我的统一性和连续性,对于决定意愿,维持其形成之后的稳定性,具有十分强大的影响"(Stout 1896:359)。所以很多时候,一些行动就成了 Stout 所谓的"自愿行动":首先要进行判断,觉得我们应当这样做,主体的自愿行动就是这一判断的结果。

与此紧密相关的是 Stout(1896:366)提到的另一个重要观点,Grice 深得其中精妙。那就是,当某一行动方式被判定为合理的,并与其他不合理的做法形成对立时,这里就产生一种含义:我们不仅仅把是否选择这一合理做法看作可能,并且断言这肯定是我们应当选择的。这和 Grice 坚持的实践必要性或"禀性"思想是一致的。Stout 的意思是说,如果我们充分了解采取某一行动的理由,我们就会去选择。当然,当我们说应该选择某一行动方式时,指的是理想状态下的自我所做出的选择。这里 Stout 区分了理想自我和现实自我。但我们首先要做出的一个区分在于,自我是一个系统的统一体,还是诸多相对分立的倾向性;另外要注意一个"充分发展的自我"(developed self)与"未发展的自我"(undeveloped self)之间的差别,前者是后者前进和努力的总体方向。这里的"发展"指的是作为整体的自我发展,沿着更加完美的统一性和更加丰富的多样性的方向发展。在这种意义上,当我们说应当追求某一行为方式,实际上说的是,如果我们向往比当前的自己更彻底更完善,我们应当真实地决定追求这样的做法,我们本身具有做出这样决定的可能性。

很明显,无论是 Stout 还是 Warner 都看到了个人行动与其人格、身份,也就是人之为人资格之间的关联。我们认为 Grice 的论述当中也体现了这一思想,这里还应该把合作也加进去。合作不仅仅是语言行为、更是人类一般理性行为的特点和要求。把 Grice 的合作、价值思想、自由、理性、身份等概念综合起来统一考虑，从整体视野来看，合作不仅仅是主体理性的要求和体现，也和幸福乃至整个人类的整体繁荣相关。结合Grice的实践必要性思想，我们就应当合作。同时，合作也是一种主体的内在要求，与他的个人身份、人之为人的特质不可分割，是人类成员和人的区别特征，所以行为主体必定会有所考虑。

Grice(1986a:100)引入"本质特征"这一有颇具价值的概念，深化了上面的论述。从逻辑层面上说，本质特性可能会以某一特定的、通常是实质的构成性或定义性特征出现；要么作为某些成员的个性特征，如果某一个体失去了这些特性，就失去了身份，就不复存在，也就是失去了它本身。如果某一特性是界定整个类属特性之一，即这一类属成员的个性特征，那么如果某个体失去了这些特征，他就不再属于这一种类，也就不复存在。但在Carus讲座中，Grice(1991:79—80)提到本质特征不等于必要特征。本质特征作为一个类属概念，不一定毫无例外地体现在类属的每个成员上，所以可能就不是这一类属的必要特征。其原因在于，某一类属的成员资格不是(或者不仅仅是)由人物(character)赋予的，而是来自于先祖，所以即使某一成员偶然缺失了本质特征，只要他的父辈或近祖体现这个特征即可。Grice对本质特征的理解是：它是某一族类或种属的定义性特性，同时也和同属于那一类实体的认证条件密切相关。某一类属的定义性特征应该进入到该类成员的认同条件之中，它作为一个标准不能缺失，否则个体就不复存在，或者说不是原来的自己了。这里我们看到，Grice把主体特性、行动和主体的身份关联起来了。

4.4　目的论与幸福：作为调整性的评价概念

在Carus的第三次演讲主要讨论了目的论和价值之间的关系，Grice赋予目的论很高的地位。他认为目的论特性常常包括在这种或那种事物的本质特征范围内。Aristotle也持相同的观点。在人的本质特性中至少包含这种自主的目的论。Grice区分了主动目的论和被动目的论，把主动目的论特征叫作职责或角色。在他看来，每一种生灵或类属中的特定个体，都必须把拥有积极的目的论视为本质特征。不过，目的论一直没有引起足够重视。Grice(1986a:100－101)认为,相对于本质特性概念,目的论概念更是受到极度的蔑视,在解释一些现象时,即为我们提供目的因的时候尤其如此。他对于这种轻视独立目的论(detached finality)①的现象感到不平,也很不理解。实际上,目的论的引入是对因果论或者机械控制论的反动。Grice(1991:77－78)认为,目的论和控制论有交叠,但目的性概念比机械/控制论的解释力更强,也更直接,它是对后者的延伸和扩展。正是在二者分离的那个区域,成就了绝对价值特性的归属地,在这里,谈论目的论是和绝对价值特性同行的。Grice(1991:79)认为,如果像Foot和其他学者那样,否认任何形而上学领域内绝对价值得以立足的合法领地,就等于自己亲手葬送了用来决定目的论和因果关联概念之间关系的实验田。

当我们把价值和目的论应用于人时,此时的价值概念不是相对价值,而是绝对价值。当涉及绝对价值和人的问题时,已经无法再用科学主义中的控制论、因果关系那一套术语进行解释与说明,控制论和目的论之间的重叠到此已经结束。其原因在于,作为本质上理性的人,必然是自由的人(Grice 1991:87)。绝对价值和目的论不能用机械论来解释和替换,它们是真实的,而不是权宜概念(Grice 1991:90)。

Aristotle(2003:11)曾经说过,"幸福是终极的和自足的,它是行为的目的"。Grice把幸福看作一个价值范式的术语。他在1979年John Locke讲座的第四讲末尾与第五讲,集中讨论了目的和幸福概念。他(2001:110－111)指出,幸福和目的因关系密切。在什么意义上以及为什么要追求幸福,是和下面的问题相关的:是否可以证明一个人应当自愿延续自己的存在,而不是结束它? 一个人是否有理由能够证明他应当期待或追求幸福? 他是否能够证明(正面评价)某些构成幸福的具体目标集合是可以接受的?

在Grice眼里,目的论和幸福紧密相关。幸福包括一系列的目的集合,幸福的源泉在于目的集合的实现。幸福是自在自为的,它对于行为主体的目标设定具有导向作用,是一个评价性原则。评价原则是Grice理

---

① 就是独立于或不需要目的拥有者或使用者处理的功能或目的。

性观点中一个核心的必要部分。生物体不仅有基本的原则,还可以自我调整。初始的评价原则结合环境信息和它以往行动的后果,就可以产生新的辅助性评价原则,还可以修订和取代初始的评价原则,而某些评价性原则是不变的。

4.4.1 目的论

在 Carus 演讲中 Grice(1991:72)说道,他的第一个形而上学目标,就是要指出生物体的概念本身就预设了(或者说对它的理解离不开)目的、目的论和目的因概念。"对我来说,这不仅令人心动,也正确无疑"。对生物体本质目的论(或者活力论)的解释,会把生命在于拥有一个相互交织的能力集合作为一个统领性的想法。在某种程度上,能力集合中每一种能力的实现,都是整个集合作为一个整体得以延续和维持所要求的。其中任何一种能力的失败,如果足够严重,都会导致其他能力不可挽回的损失,甚至有可能消亡。目的论是生命的应有之义,不可避免地内嵌于生命概念之中。这些目的或目的论应该被视为独立于任何拥有目的的人,独立于任何生灵或动物,不管是世俗的,还是神圣的,这些人有意识或无意识地怀有这些目标或目的论(1991:74)。

Grice(1986a:100—102)讨论了目的论。他指出,目的论的概念和术语仿佛是独立运作的,但它实际上是我们识别和描述发生在我们周围的标准程序不可或缺的重要组成部分。他引入了"自主性目的论"概念,它由一系列目的特征组成,如果满足这些特征集,同时排除与之相反的特征,那么这一目的就叫作自主性目的。这些特征包括:这一实体(人或物)的目的是积极的,而不是消极的;他的目的在于自身期望实施这一事件,而不是被动接受与面对,他不是被动的客体,也不是工具手段;这一目的不是依赖于别人设想期望他来实现的外在目的,不是事物之外的意志或兴趣强加和授意的,而是主体的主观意愿;这个目的并不从属屈服于他所在整体的目的。这样的目的也叫做职责。

Grice(1986a:101)的观点是,如果目的论特征在于拥有自主性目的论,那么它就能够在某种实体(如,人)的本质特性内找到立足点。某些实体本质上就是"为了完成这样或那样的使命"。但是 Grice 认为仅仅如此

第四章
价值理论与意义分析

还不够,我们还可以走得更远。我们可以假设自主性目的论不仅仅能够进入实体的本质本性(essential nature),而且实际上,如果附着于某一实体的话,还必须归属于它的本质本性。如果一个实体肩负某一职责,不一定非要尽力去实现它。不过,如果他选择按照这一动机行事的话,他确实不得不被赋予实现这一职责的动机。由于自主性目的论独立于任何外在目的,这一动机必须尊重如下观点:实现职责是和它自身的本质本性相一致的。但不管怎样,一旦目的特征进入某一类实体的本质特性,我们就拥有了为这一类实体创造行为理论或系统的出发点。

Grice 的目的论受到 Aristotle 的影响。在 Aristotle 的思想中,对客体和生物体的归纳概括、感知和理解都是根据目的论特征进行的,即看他应当做什么,看他的职责和功能。"我们把人的功能看作是某种生命,它是灵魂的现实功能,合乎理性而活动"(Aristotle 2003:12)。判断一个人,就是看他所能实现的功能和所能履行的职责。目的论或者功能概念为我们提供了一个评价行为和生物体的标准。Baker(1991:2)指出目的论和价值相互依存。不过,Grice 认为这些评价的合法性最终取决于绝对价值的存在(Baker 1991:2)。Grice(1991:91)强调目的论和绝对价值之间是相互啮合的关系,目的论特征是不可还原,不可替代的。

一切生物体,包括理性的人,都被视为具有目的性的动物。Aritotle 宣称理性是人和其他生物体的本质区别,理性的人就是能实现自己职责的人(Grice 2001:4)。目的论强调人的职责,在 Grice 的整体构建思想中占据重要位置。他区分两种因果关系:机械因果论和目的论,前者能够按照物理学的因果关系来解释,主要考虑外部力量的影响。但他认为这不是真正意义上的目的论,人的目的不能按照这一关系来解释。因为人作为价值设定者,必须是自由的,能够自我控制的人,无需外因的介入,否则就妨害了自由,妨害了价值判断的客观性。Grice 在《价值构想》的第三章,花费近一半的篇幅讨论目的论能否被控制论或机械论等概念所替代。结论是否定的。因为对于一些领域来说,机械论和目的论二者都具有解释力;而对于另外一些领域,前者无能为力,如对人的概括和归纳就不能用前者来阐释,而只能求助于目的论。这是因为人作为理性动物是自由的。这也说明目的论比机械论或者控制论更具解释力。生物体的一个特征就是拥有积极的目的性。如果他无所作为,就失去了自身的活性和存在依据。也就是说,人要有功能的体现,要有目的的存在,即我们所说的存在就是行动。

4.4.2 幸福概念

Grice(2001:129-130)对幸福概念的阐释体现了亚里士多德的影响,其核心思想就是"合乎生命的方向"。在"关于目的和幸福的反思"一文,Grice讨论了Aristotle的《尼克马可伦理学》思想,同时也表达了自己的不同意见。Grice的这篇文章最早在1976年Chapel Hill研讨会上宣读,后列入他的牛津系列演讲。首先他归纳的Aristotle的幸福观。Aristotle认为,哲学家在思索不同行动的目的范围时,面临着这样一个问题:终极目的的本质,或者说所有行动目标所指向的"至善"到底是什么?他给出的答案很简单,那就是幸福。幸福的本质与人的合适功能联系在一起。对某一个体的判断是根据他特定的功能进行的。在Aristotle眼里,理性是人类的区别性特征,一个善的人就是能够很好履行和实现自己职责的人,能够很好地理性生活的人。Aristotle把善与美德联系起来。他认为,对人来说,善或者能带来幸福的东西就是"根据美德进行的心灵活动,或者如果有不止一种美德,那就是最好的、更完美的那种"(参见Chapman 2005:149)。Aristotle还强调幸福是合乎德行的现实活动,是灵魂的现实活动,不是潜能(2003:14,20,22),它是最高的善,不以他物为目的。不过他(2003:15)指出,幸福也要以外在的善为补充,需要借助一定的手段来实现。他通过两个特征把幸福等同于人的善:最大化的目的论(maximal finality)与自我充分性(self-sufficiency),前者强调幸福的自在自为性,后者指的是它让生活令人想望,什么都不缺。幸福是一切事物中最让人想望的,高于他物的,是一种特别的善(Grice 2001:113)。

同时,Grice(2001:98)也阐述了Kant的幸福观。事实上他认为Kant对幸福的本质不太重视,因为在Kant看来,它对道义的哲学基础意义不大,因而也没有把个人应当追求自身的幸福视为实践性的。Aristotle则把幸福概念与美德相挂钩:如果一个人的活动与美德相符一致,遵守美德,那么他就是幸福的。不过,他过于强调美德的作用。

第四章
价值理论与意义分析

Warner(1986:486—487)提出,可以设定能够找到一个并非规范性的替代物,能够无需借助"价值"或"值得"概念进行解释,提出一个事体充当人的目的,能像美德那样和"享受"发生关联。Grice 对 Aristotle 的幸福观做出修正,提供了一个替代的解释。他用"合乎生命方向的目的集合或系统"取代 Aristotle 的"行动要符合美德"这一解释路径。Grice 强调这一系统具有的最大稳定性,采用它是为了顺应生命发展的方向,而这将会最大程度地使之有益于这一目的继续发挥作用,当然并不排除调整修正的灵活性。在 Grice(2001:119,128)看来,幸福是一个复杂目的,是一系列目的集合,它是包容性的,而不是一个主导性目的[①];其各成分结合必须体现出幸福的某种开放性特征;这些目的对幸福来说都大有裨益。作为一个包容性的目的,幸福的各个成分并非某些目的的实现,而是实现这些目的的愿望。目的集合会因人而异,但是如果它们能够提供一个相对稳定的系统来指导生存生活,那么就会被看作是有益于幸福的。Grice(2001:131)提出的"一般幸福"概念,利用了理性人的本质特征,其基础是从个体的信念中抽象出来的;而"相对于个体的幸福"则是对构成一般幸福系统的具体化和个人化,在具体情形下,某一个体对此类目的集合的采用是稳定的。

上面我们了解了先哲对幸福的定义,但是怎么才能实现幸福?Warner(1986)给出了主体达到幸福境地的四个条件:(1)真正实现了足够多的愿望(充分实现了自己的目的);(2)相信自己(正在)实现了足够的愿望[②];(3)真的享受实现这些愿望时的体验和活动;(4)他的生命是(并且他自己也认为是)值得的。条件(3)的提出是为了区分"愿望的满足"与"享受"之间的差别。幸福与享受之间的关系不仅重要也很复杂,因为享受把幸福与自我的概念联系起来了。人对生活要有一种积极乐观的态度,觉得自己的生活是有吸引力、有益的。Warner 提出第四个条件的动

---

① 这些术语来自 Grice 的导师 W. F. R. Hardie。Grice 采用是 Ackrill 的定义:前者指一个目的包含两个或以上有价值的活动或者善,后者则指单一的目的,只包含一个有价值的活动或者善。

② Aristotle,Hume,Kant,和 John Rawls 以这样或那样的形式赞成这一直觉,参见 Warner(1986:478)。

因就在于，这种态度不仅仅来自于主体认为实现了足够的愿望，还应觉得自己的生活是"值得的"这样一种感知的结果。

下面我们转向幸福概念在 Grice 思想中的重要性。在他眼中，对幸福概念丰富翔实的论述必定会对道义的哲学阐释发挥中心作用(Warner 1986:475)。幸福和目的论紧密相关，因为它本身就是一种目的，或者说是终极目的，是一系列目的当中的终极追求。善意的造物主会赋予初民一个目的集合，这些目的是常设性的、持续性的，在所有情况下都要去实现。除此之外，造物主还会赋予这些初民一些评价性原则。Grice 认为评价原则与幸福、自由、推理和目的论的研究有关(Grandy & Warner 1986a:34)。这些原则具有重要意义，既能指引他们在合适的情况下，在特定的环境中，调整自己的策略，也能指导他们删除一些目的或者采纳新的目的。造物主在赋予初民评价原则的同时，也赋予了他们理性评价的能力。这时候，这些"最智性的理性初民"就扮演了造物主赋予的目的设定者角色，造物主指引他们来决定什么时候开启并实施自己的目的设定功能。也就是说，生物体可以根据情况来修正某些目的。当然目的并不是可以随意删减的，必须要有很好的理由。目的的重新设定和调整，必须要有益于其他目的或长远目标更好地、最大程度地实现。

在 Grice 的论述中，幸福概念很好地充当了评价性原则的角色(Grandy & Warner 1986a:44)。作为一个中心评价性原则，它可以指引或者驱动目标的调整，并为这些行为提供支撑和辩护。也就是说，幸福概念可以影响我们的判断，引导我们的行动，并在这一过程中发挥至关重要的作用。用 Grice(2001:115)的话说就是，幸福可以被理解为"个人的善的守护神(daemon)，如果可以，他会确保给自己的守护对象提供一定的条件或使其处于某种状态中，关注她的康乐与幸福"。

幸福概念在目标设定方面发挥了重要作用。目标设定的时机问题也离不开评价性原则。除了一致性原则之外，幸福概念是一个评价性原则(Grandy & Warner 1986a:20)。在"关于目的与幸福的些许反思"一文，Grice 指出幸福在于拥有一套目的，这些目的能满足某些条件，其中一个重要的必要条件就是这些目的要"合乎生命的方向"。这篇文章很大一部分是在解释和讨论这一条件。如果一个人问，什么对他来说是幸福的，答

第四章
价值理论与意义分析

案就在于确定一个目标系统,这一系统是"具体的个人化的派生物",由他的个性、能力和在世界上的情状决定,这是一般幸福概念具体的个体化的派生。这一派生物在生物体的反复思量中发挥明显的作用,因为他会用它来调整、指导和控制自己的前理性倾向。当然一个人可以改变对幸福概念的看法。不过 Grice 指出,有些评价原则是不能改变的,这并非因为它已经被事先编程固定下来,而是在于如果他还想以理性人的身份继续存在,就不能抛弃上述原则。在这篇文章中,Grice 对幸福的解释深受 Aristotle 影响,确切地说是 Aristotle 和 Kant 思想的结合体。幸福概念可以充当目标设定的一个中心评价原则。评价原则的贡献就在于它能够最大程度地实现目的,这构成了智性初民拥有评价原则的一个绝佳理由。这些初民作为目标设定者,可以通过改变和调整目标重新设计自己。初民不能随心所欲地采纳、修正或者删除某些目的,而必须提供好的理由或动因。这些理由来自管辖目标设定的评价原则的作用。如果评价的结果显示,现状已经成了主体成长的障碍,阻碍他最大程度地实现目标,那么进行调整和扬弃就应运而生。局部的调整是为了整体的长远发展。这些目标设定者被 Grandy & Warner(1986a:35)称为"格赖斯式的目标设定者",一个反思性的理性主体是不会轻易抛弃这一目标设定者身份,因为它本身就是一个自我证明的目标,而不需要前提,只有放弃了推理才能够抛弃这一诉求。上述讨论也可以用以回应一些学者对 Grice 的质疑,批评他的整体思路会使得坚持自我主义的人很容易逃避道义要求,进而总把别人当作实现自我目标的手段。这些问题也曾是 Warner、Grandy 与 Grice 谈话中的话题。

在评价 Grice 的这一思想时,Warner(2001:viii, xxxvi)指出,其实 Grice"关于目的与幸福的些许反思"是他超越"低级劳工"的角色,从对理由、理性的澄清梳理,转向由理性人假设推导哲学结果这一宏大规划的尝试。不过 Warner(1986:491—492)认为,Grice 对幸福概念的阐释没有把"享受"与"自我"概念联系起来,而幸福、享受与自我之间有着极为重要的关联。根据这一思路,能实现所坚守的自我构想(即经验自我)的愿望就是重要的愿望,并且享受实现自我构想的过程也是保持目的系统稳定性的至关重要的部分。Grice 认为,幸福概念一般还是应参照(作为理性动物的)人类的本质特征来确定,目的或目的系统的区分是根据价值确立的。对幸福的阐释是 Grice 道义心理学的一个部分,将会成为处理"我应该如何活着"这一哲学问题的基石。在他眼里,幸福概念提供了一个根据价值概念进行目的评价的相当重要的方法。如果我们要去理解幸福和值得之间的关系,个人身份概念应当在对幸福的论述中发挥更为中心的作用,Warner 认为这一作用在 Aristotle 和 Grice 对幸福的论述中不曾出现。所以他(1986:493)指出,Grice 提倡用"合乎生命的方向"替代 Aristotle 的"行动合乎美德",这一规划和策略是很有前途的。这时候,个人身份概念应当在阐述合适性的时候发挥作用。Warner 提到 Taylor 在 1976 年曾经指出,作为一个人或曰拥有一个人的身份认同,其中最为核心本质的一部分就是根据价值或值得判断来组织自己的行为。显然,幸福概念作为一个目的集合,作为一个中心评价性原则,与个人行动和身份紧密联系在一起。

Grice 主张,既然实施某一件事情是理性的、可接受的和应当的,是从评价原则推导派生出来的,那么它就是必需的。这里他把必要性、可接受性赋予了实践必要性的"应当式陈述"(Grandy & Warner 1986a:37)。这些自我证当(self-justifying)的评价性原则是必须为真的,我们能够依据这些评价性原则,推导出应该采取什么样的行动,并且作为一个格赖斯式的目标设定者,行为主体没有好的理由不去这样做,也承认会根据这些理由行事。上述阐述也是上一章我们提到的 Grice 所坚持的接受必要性和实践必要性的一个推论或体现。这些道义要求表达了如下思想:作为理性主体,只要他们是在坚持理性行事,就有必要接受和按照某些要求行事。在脚注中,Baker(2008:778)写道:"Grice 认为,如果某一'禀性'(propension)对人类的繁荣意义重大,那么我们就该拥有它。"具体的论证过程是通过自省反思的方式进行的:面临如此场景,Grice 会问道,如果一个人想让某一生物体长盛不衰、繁荣兴旺,会赋予它什么样的心理特质或特性倾向?创造者或造物主这种观点是一个反思性的个体所能够采纳的,只要她的目的是为了保留和修正自己能够改变的那些方面。通过引入"禀性"概念,Grice 认为一个更加初始或者是相对初始的活动已经在人类当中保存下来了,它会一如既往地指导人类行动。他所说的禀性包括:

第四章 价值理论与意义分析

美好、安全和情感等方面。Grice 深知这是一种进化论的想象,坚持认为它是考虑理性行为根本法则的好工具(Baker 2008:773)。一些激进的进化心理学者曾毫不客气地指责 Grice 的生物体建构是"假设的故事",而事实上,Grice 确实是在刻意地做这样的假设。

与禀性相关的评价,其形式不是"拥有 X 是一件好的事情",而是"想要拥有 X 的倾向是一个好的倾向,或者是我们应该拥有的倾向"。Grice 认为,只要拥有禀性对我们这样的生物体有好处,它就是正当的。他还指出,对我们禀性的理性反思和评价,会参照"什么对我们有益"这一标准进行(Baker 2008:779)。只要禀性能替代原则,值得保留,那么它们一定能指引而不仅仅是导致人们的行为(Baker 2008:775)。既然是引导,它就要求能进行某种控制或监督指导。Baker 觉得对禀性的反思,作为实践推理的一部分,是把"确定什么是好的生活"作为自己的目标。其实在"倾向和意向"一文,Grice 在分析心理概念时提到了几种方法。他否定了仅仅从可观察的反应来描写心理概念的行为主义解释。在那里他提到了"倾向性"解释,相关的心理概念被描述成一种倾向,即想要在某些假定的环境中按照某种方式行动。意思就是说,如果情况许可,出于对某一事体的兴趣,说话人会按照一定的方式行事。无独有偶,Baker(1986:472)也指出,如果一个理性的人判断他有足够的理由采取某一行动,那么他应当根据自己的判断行事;如果他认定某一行动是道义上正确的事情,或者是他道义上应该做的,这就会促使他产生这一判断。

这一节我们讨论了目的论和幸福概念。讨论的重点在于表明,目的论和价值概念密切相关,目的论对于人类行为的解释具有重要意义,这一解释是科学主义崇尚的因果论和机械控制论所不可企及的。作为一个评价性原则,幸福概念能够影响主体的行动,引导他们的判断,能够根据情况变化重新设定与调整自身目标;而目标的重新设定其实就是行为主体自我设计的开始。目的、价值和幸福密切相关。Grice(2001:134)曾经指出,幸福实际上是由人的理性本质特征决定的。作为人类的最高目的,幸福的本质是合乎生命的方向。作为理性人,我们不会放弃自己这一格赖斯式目标设定者的身份。目标设定与个人身份相关联。Grice 也坚持认为,一些重要的特质或禀性对人类的整体繁荣和长远发展有利,我们就应该拥有它,就应当顺应这样的方向来行事。这样,在 Grice 的思想体系中,目的论、价值、理性、行动、个人身份和幸福概念就分不开了。

4.5 价值与意义

正如 Chapman(2005:164)向我们揭示的那样,在 Carus 演讲之后的年月里,Grice 一直试图证明,对价值的研究能够在哲学研究的不同领域产生深远影响,对意义的解释便是一例。Grice 尝试在生物体建构的框架内对意义进行解释,指出话语要和生物体的心理状态一致,他也这样看待其他生物体的话语与环境之间的一致性。Grice(1989:297)认为,在对语义概念,尤其是各种意义概念做分析、下定义和进行扩展的时候,他本人和其他一些学者都省去了某些东西——价值,即在意向意义分析当中略去了价值这一重要概念。究其原因,他坦言每个人一想到这个概念就惴惴不安,至少在科学或者心灵主义的理论框架内是这样。他因此呼吁,"虽然一般情况下,我们都想把一些价值概念排除在我们的哲学和科学研究之外(甚至有人会认为在其他一切情况下也不予考虑它),但我们可以设想一下,如果适当放宽限制,会有什么情况发生"。这里 Grice 明显是在践行自己的功能主义立场。因为对他而言解释是一个开放的体系,任何事体或方法,只要对解决问题、增强解释力有益,都是受欢迎的。他(1991:131)有一个很生动的比方:"我的口味对所有类型和条件的实体都敞开大门,只要它们进来之后能帮忙做家务。只要我发现它们在劳作,只要它们按照合法的逻辑行事,我就丝毫不会认为它们有什么怪异或者神秘。"这也一度成了评论者认定 Grice 在本体论意义上是一个自由主义者的证据(Grandy & Warner 1986a:28)。这里 Grice 说自己新发明了一个本体论的马克思主义:它们"劳动故而存在"(1991:131)。对他来说,排除诚实的劳动者就好像是形而上学上的势利眼。

关于价值的表达有很多,为了避免在众多的备选项中做出选择,Grice 选取了"最优的"作为价值判断的谓项。之所以对这一术语情有独钟,Grice 的解释是,在他看来价值概念对理性概念或对理性人具有绝对重要的意义。概括一个理性主体的方法有很多,但从演绎理论视角做出

第四章 价值理论与意义分析

的界定会特别有收获,"在我看来最卓有成效的观点就是,一个理性主体是会做出判断和评估的生物体,其他可能的概括可能最终会与它具有相同的广延性,但在某种意义上其重要性会稍微欠缺些"。Grice 著述的一个明显特点就是在风格上充满了不肯定的说辞(Grice 1989),但在这一点上他却一反常态,异常地坚定:"不管怎样,对我来说,对理性的任何自然主义概括的尝试和努力都注定会失败。价值从一开始就存在,不能被剔除出去"(1989:298)。

Grice 提醒我们,在意义的解释中存在一个"神秘包裹",这一包裹被 Fogelin 称作是"高深莫测的,谜一般的"存在。它与 Grice 的价值思想和目的论相关(Fogelin 1991:218)。这里 Grice 的价值理论和意义理论相互交融,彼此关联起来了。Fogelin 同时指出:Grice 承认客观价值的存在,并含糊地说诉诸价值对于"展示对说话人意义本身的剖析"是必要的。因为在 Grice 看来,价值就是判断和评估。在意义理论中,尤其是涉及说话人在具体场合下的意向意义时,就出现了一个"最优化"的问题,评估就不可避免。这里牵涉到两个问题,一个"小问题"和一个"大问题"(Grice 1989:298-299),前者指词语意义和说话人意义之间的关系;后者是对说话人意义剖析的努力。

关于小问题,Grice 的观点是:一个句子的意义可以被理解为,句子具体使用者在某一特定场合下所要表达的意思,这样做是可行的。这里他(1989:298)排除了经验的方法,也排除了对意义的规约性解释。他坚持认为意义并非与规约本质上必然相连。他的一般建议是,谈论词语的意义就是谈论一般情况下说这种语言的人能用这一词语所能做的最佳的事情;他们在某一具体场合下所能拥有的正当的具体意向,或者他们所能怀有的最佳意向。当然这并不是说他们非得拥有这些意向,而是说同等条件下,拥有这些意向是他们的最佳选择。至于为什么此时此刻最佳,可能存在多种解释,包括规约性的解释等。但无论在哪种解释思路中,一个不变的情况是,我们都能得到行为的最优化或者适当性(1989:299)。显然,其中价值概念发挥了重要作用,最优化、正当性的评估离不开价值因素的介入。这样意义分析和价值就联系在一起,并且价值在这里发挥重要作用。

"大问题"不是关于说话人意义和词汇意义之间的关系,而是要剖析说话人意义本身。以理性为基础、但似乎又有点直觉意味的基础上,Grice 提出了一个看似很有争议的问题。那就是在意义推导中,在面对一些作者对意向无限回溯的质疑时,Grice 认为这个回溯很多彩,它是无限的,但是还有两个特征:第一,和其他所有的无限回溯一样,这一无限回溯不可能实现,也就是说不存在一个完结的情况;第二,虽然是无限的,但是它应该存在的想法是必要的。意思是说,Grice 所寻求的高度复杂的自反性意向在逻辑上是不可能的,但却又是让人向往的。Grice 认为这并不是一个毫无道理的目标。这里他诉诸 Plato 的理想世界,这是一个理想的极限,可以无限接近但是却不可能达到。所有我们所需要的就是一个参照,一个在完美个别无法实现的性质的背景下,来衡量实际个别的方式。

Grice(1989:301－302)提供的解释说话人意义的策略是:当我们说在某一个具特定体场合下说话人通过话语意谓了 P,我们的意思是说,对于交流传递 P,这一说话人处于实施这件事情的最佳状态。这里的最佳状态是指他拥有一系列无限的目的集合,在原则上不可实现,所以事实上他并非在严格意义上意谓了 P。不过,说话人处于这样一个情形之下,那就是,我们认为他满足这一不可实现的条件,并且我们这样做是合法的,甚至可能是必须的。也就是说,在 Grice 看来极值是一个完美状态,在理性上可以接受。在这种最优化的假设下,说话人可以利用语境表达自己的意向,而听话人则对说话人怀有同样的假设和期待,并据此对话语做出解读。这就解决了最初在意义理论当中未能解决的问题。实际上对于交际者来说,要想成功推进交际,会话双方可以或者必须把不完善的实际心理状态看作生成意义的最佳状态。虽然 Grice 对这一答案持保留态度,但他认为这个大方向是正确的。Grice 就是用这种方法,既抑制了无限增加的对意向识别的回溯,还应对了不同类型的反例,避免了对原初分析的调整。他(1989:99,302)还利用排除"隐秘意向"的做法,化解了 Strawson,Stampe 与 Schiffer 等人的质疑。尽管 Schiffer(1987)在评价 Grice 对说话人意义的解释时,依然说它是没有希望、不可救药的,因为它蕴涵了人们心理上不可能意谓任何东西。

4.6　Grice 三角:合作、理性与价值

　　Grice 思想广博,涉猎广泛。表面上,其语用思想、理性观和价值论之间的关系错综复杂,学界对其内在关联的研究尚显单薄。在前言中我们总结了国内外研究者对 Grice 思想之间的关联性和统一性的认识以及他们尚未完成的工作。根据这些线索以及 Grice 著述中的一些指引,结合我们对文献的整理、提炼和升华,在前面几个章节的基础上,这一节探讨合作与意义、理性、价值三者之间的关联,即探索 Grice 思想之间的统一性,在整体视野中定位以合作原则为基础的意向意义理论。

　　表面上 Grice 关于意义、理性与价值的著述关联松散,彼此之间相隔的年代也比较久远。比如,"意义"一文最早写于 1948 年,发表于 1957 年[①]。以"逻辑与会话"为代表的 William James 讲座在 1967 年举办,而其实早在 1961 年的"认识的因果论"一文中,Grice 有关会话含义的思想已经初见端倪,而全面论述这一思想的核心文章则一直到 1975 年才以"逻辑与会话"的面目问世。"关于预设和会话含义"一文始于 1970 年,1977 年才最终定稿。而关于理性的概念则集中体现在他去世后出版的《理性面面观》(2001)一书[②]。这是以他 1979 年的 John Locke 演讲为底稿发展而来的。而在上个世纪 80 年代,他与 Warner 的讨论已经聚焦于"自由"概念。在 1986 年的"行动与事件"一文,他也谈到了自由在行动解释中的作用(1986b:33—34)。关于价值的思想出现在"答理查兹等"一文(1986a)和《价值构想》(1991)一书,后者是他嘱托自己的学生、在加拿大

[①] 这篇文章 Grice 起初是和 Strawson 一起参加一个研讨会的发言稿,于 1948 年写就。Grice 不愿意发表,是 Strawson 背着他把稿子投出去,被录用后才告知 Grice 本人(参见 Dale 1996:14;fn31,转引自 Wharton 2010:183)。

[②] 实际上他关于理由与理性的工作从 1975 年就开始了(Warner 2001:viii),时断时续,一直持续到 1988 年,直到生命的尽头(参见 Warner 2001:viii)。《理性面面观》的第 1—4 章最早出现于他 1977 年在斯坦福大学作的 Immanuel Kant 讲座,第 5 章"对目的和幸福的些许反思"则来自他 1976 年的 Chapel Hill 学术研讨会上的报告。在 1979 年的 John Locke 演讲上,Grice 把它与斯坦福讲座的四个部分合在一起,作为讲座内容整体呈现,成了 Grice(2001)的内容。其实根据他的笔记,我们发现他关于理性和目的论的想法,早在 20 世纪 60 年代就已经出现。

约克大学哲学系任教的 Judith Baker 编辑整理的。此书以他1983年的 Paul Carus 演讲为蓝本,实际上至少从1970年开始一直到生命结束的1988年,他都在致力于这项规划(参见 Warner 2001:xxxvii)。正是在这两部著作中,我们看到在形而上学意义上,Grice 针对先前意义理论面临的困境进行了更高层次的捍卫,虽然不是很直接,不太明显。在语言学界,除了 Levinson(2000:29)偶尔提及 Grice 的"设计"(design)视角外,鲜有沿着他这一思路在这一层面的探讨。其实关于理性和目的论的一些想法,早在20世纪60年代就已经在 Grice 的笔记中出现(Chapman 2005:8)。分别发表于1969年和1982年的"说话人意义,句子意义和词汇意义","再论意义"是对会话理论和意义理论面临困境的澄清与修正,后者是从理性角度对合作原则的卫护。总而言之,关于这三方面文章的撰写与发表战线很长,关系松散,并且各个时期侧重不同,再加上他的完美主义倾向,重思考轻发表的特点,这一切使得他思想的连贯性和系统性不那么明晰,发展脉络不易为人所熟知。不过,上述问题是他一生都在思考,并不断修正和完善的,有关价值的思想和规划直到他去世都还没有最终完成。进入20世纪80年代,他开始着手整理文稿,并考虑发表自己的作品。不可否认,在写作前期 Grice 的作品有很强的针对性,他心目中的读者可能仅仅局限于牛津学派及周边不大的圈子。尽管他的诸多引用和批评都未明示出论辩对象,论述也没有指明出处,但是圈内人都知道他在和谁对话。在他生命的最后一年多时光里,尽管行动不便,他仍然坚持把自己的作品和思想提炼升华,试图以更加清晰的图景呈现给世人。这集中体现在他《言辞用法研究》一书长达47页的反思性后记中。

    Grice(1989:339)透露,他写这篇后记的主要目的是要揭示书中各论文之间的深层关联。这有三个方面的原因:其一,在当时论文写作的时候,他并未充分认识到这些关联的重要性,而在反思性回顾之际,才开始认识到这些关联的数量和重要意义,这似乎要比论文本身所揭示出来的连结更有意义,也更让人感兴趣。其二,他一直以来感兴趣的论题,不仅很重要,而且时至今日他依然对其兴味不减。他认为这其中的一些(或许是全部)论题都需要下一番决心和苦功,才能够更加彻底和明晰地阐释。

第四章
价值理论与意义分析

第三,也是最后一个方面,就是贯穿了整本书的方法论主题。Grice 尚在牛津之时,牛津哲学研究中的众多哲学分析方法之一,是对语言的特别兴趣,尤其是对日常语言的青睐。

早年,语言哲学界就有整体把握 Grice 思想的呼声,语用学界对于从理性与价值视角理解会话原则也有一定的认识,并强调了这项研究的合理性与必要性。Fogelin(1991:218)在评述《言辞用法研究》时提到,如果不参照 Grice 关于价值思想和目的论的著述,"再论意义"连同它那高深莫测的"神秘包裹",都无法得到完满的解释。Neale(1992)的呼吁,Chapman(2005)的指引,所有这些都说明了对 Grice 的思想进行整体研究,挖掘其内在统一性和连贯性的必要性与合理性,而文献细读的方法也提供了这样做的可行性。Warner(2001:viii)提到了 Grice 的理性思考和其他著作之间的关系。他指出,对于理由和推理的探讨处于 Grice 意义理论和处理哲学问题一般方法论的底层,这是一片丰腴的地带,值得努力探究。在国内语用学界,陈治安、马军军(2006:263)强调,"Grice 对理性的思考不仅是其思想的重要组成部分,也把他在其他领域的研究统一起来。这既为我们深入理解 Grice 思想提供了框架,也为我们研究语言提出了新的研究范式"。林允清(2007)则呼吁,Grice 诸多研究课题之间构成有机整体,只有借助整体视角统一观照,理解其整个思想体系,方能真正把握其任一子理论,比如会话理论。林文还不无感慨地指出,国内外对 Grice 的理性与价值理论的研究都很不充分。我们在理解 Grice 的整个思想体系以及它与 Grice 的子理论之间的关系上还需要做大量研究工作。而目前的局面是"做语言学的人只研究 Grice 的会话理论,而做哲学的人只专注其意义理论。这种研究领域互不往来是不可取的"。既然学界已经认识到问题的急迫性以及行动的意义,就应顺势而为,采取行动也就成了不可避免的必然。

其实,关于合作、理性与价值之间的关系,语言哲学界和语用学界已经有相当普遍的认识。Baker(1989:510)指出:"当我们基于信任与其他人合作的时候,只有当我们把自己和他人看作本质上是理性的人,我们的活动才可以理解和领悟。"Sbisà(2001:204)则把 Grice 对人的理解与合作参与者关联起来,指出"我们甚至可以把形而上学质变视为理性特质一个基本原型，合作的所有偶然性特质都是以此为样本的"。在处理听话人为什么能得出说话人是合作的这一结论时，Grandy(1989)揣测，Grice很可能会持下面的观点：对理性主体来说，合作原则是统领原则，这些主体应当在"道义而不是实用或效用背景下遵守它"。我们前边讲到，Kasher 认定会话准则与合作原则之间缺乏明晰的关联，而是与更一般的理性原则相关，这里理性是指选择能够有效、高效率实现想望目的的行动。在这种意义上，准则直接基于一般的理性原则，而不必借助于一个语言行动原则。在话语生成与理解时，听说双方均认定彼此的理性特征。Chapman(2005:167)指出，Grice 的会话理论可以看作他的整体规划（即对人之为人的描述）的一个成分。

近年，国内学者也开始关注这一研究取向。冯光武(2005)从 Grice 对理性人思考的角度出发，认为合作原则必须是原则，价值就是判断，但只是一笔而过，没有详细展开。他(2006)全方位展示了非自然意义与理性人之间的联系，指出 Grice 意义理论以人的理性本质为基础，理性才是格氏意义理论的主旋律。陈治安、马军军(2006)讨论了 Grice 的理性哲学观，强调了探讨理性、意义与价值之间统一的必要性。刘亚猛(2007)从目的与合作视角，比较了 Grice, Habermas 等人的思想对语用研究的启示。马军军等人的西南大学青年基金项目"意义、价值与理性——Grice 语言哲学思想研究"（编号 0609311,2006-08）则是目前为止我们见到的唯一从价值、理性和意义三位一体视角来考察的规划，但我们还没见到详细研究成果的全貌。

4.6.1 合作与理性

尽管 Grice 关于理性、意义之间的论述比较零散，不那么系统，但是仔细挖掘我们会发现，它们之间的关系还是很密切的。本书中我们曾多次引用 Grice 这一论断：会话是有目的理性行为的一个特例或类别，有利于实现交际目标的话语就是合作言行。我们的谈话通常是一串连贯的话语，否则不合情理。Grice 更愿意把会话实践的标准看作理应遵守、不该放弃的，而不仅仅是所有或大部分人实际上遵循的。合作会话是合情合理的举动。如果主体关注参与的谈话，只有按合作原则的精神行事才有益。"任何情况下人们会觉得,如果一个人说话前言不搭后语或模棱两可,失望的基本不是听众而是他自己"(1989:29)。Grice 直言自己是十足的理性主义者,密切关注人的理性本质。在 Grice 的意义理论体系中,合作原则及会话准则展示了会话和自然语言的运作逻辑。这样做的初衷并不是对合作原则及准则的归纳,所以提到合作概念的次数并不多。在"逻辑与会话的进一步说明"一文,理性概念反复出现,会话含义的解释也基于理性主体认定。

根据 Grandy & Warner(1986a)的观点,Grice 的意义分析模式分为三个发展阶段,这一过程持续了多年。1957 年的"意义"一文构成第一个阶段,那时他的整体思路相对还比较笼统和模糊,文中他区分了后来被标注为说话人意义和话语类型意义的概念,前者可以解释后者。一定条件下,语义概念可以借助心理概念来解释。这一限制条件在 1968 年的"说话人意义,句子意义和词汇意义"一文得以明晰化,这是对"意义"的修正和发展,使之更加系统和全面,在方法论上也更雄心勃勃。这里 Grice(1968:22—230)区分了明说和暗含这两个中心概念,对意向意义在听话人身上产生效果的内容做出修正。语法语气(虚拟语气)明确出现在修正后的文章内,这一重要特征不仅出现在句子意义讨论中,而且在后来对实际推理和伦理学的探讨中也发挥作用。在确定说话人意思时,句子语气发挥了重要的系统性作用(Grandy & Warner 1986a:4)。这在"说话人意义和意向"(1969)中进一步改进。在"含义的几个类型"一文中,尽管 Grice 暗示可以借助说话人意义来解释固定意义,但对于这一做法是否正确或让人期待并不确定,不过他依然坚信后者可以用说话人意向来界定(Grice 1989:138—139)。"再论意义"(1982)暗示,对说话人意义的论述应该放到某一理想状态下来理解,这一状态在现实中不一定会实现。Grice 1979 年的 John Locke 讲座关涉理由与推理,构成了他意义理论发展的第三个阶段(Grandy & Warner 1986a:9),消解了先前有关意义分析面临的一些困境,在更高的层次和形而上学意义上为前两个阶段的假设辩护。这里"意谓"成了理性制约的活动(Grandy & Warner 1986a:13)。

当前,无论是语言哲学界还是语用学界,对合作与理性之间的关联都有一个清晰的认识。Grandy(1989:523)认为合作原则是建立在康德思想上的理性原则。Baker(1991:13)指出,当我们与他人一道从事基于协约的合作举动时,合作包含着信任(trust)。只有把彼此视为本质上理性的,我们的活动才可以理解。如果没有理性主体这一基本假设,说话人就不会去跟对方合作,也没有必要合作。

在语用学领域,这一观点也已经基本成为常言与共识。Attardo(2003:3,5)也认为,理性原则的介入可以拯救合作原则,化解一些反例。作为理性主体交谈双方可以决定到底合不合作,以及在哪个层次上合作。可以让说话人决定在什么情况下合作原则被取代。也就是说,在取效合作层次上,合作被理性原则占先。Horn(2004:24)在承认Grice的语用学框架建立在合作原则这一核心概念基础上后指出,一条更普遍原则的作用还未被充分认识,那就是理性原则。正是在理性原则基础上,Grice才得以把会话理论超越语言交际延伸到非语言交流中。Horn接着引用Smith(1999:15)的观点:合作原则不必被看作一个任意的规约,而是构成了"从我们期待他人都会按照最适合自己目标的方式行事这样一个一般原则的演绎"。在谈到合作时,Davies(2007)甚至认为,合作似乎是一个"误导"的概念,而真正底层的是理性原则。在国内,冯光武(2005:112—113)指出,言语交际是合作性的,但合作性并不等于相互配合。他把合作原则的基本意义概括为:言语交际是有目的的,为了这一目的,说话人要做出自己应有的贡献。而按照这一目的行事对说话人是有好处的(Grice 1989:30)。我们也认为理性原则处于合作原则的底层,是一个基本假设和主体行动的支撑(姚晓东、秦亚勋 2012)。

对于Grice的会话和意义理论以何种方式融入理性这一宏伟规划,学界也有论及(Chapman 2005, Allott 2007, Petrus 2010)。Wharton(2010:182—183)曾明言,会话理论是Grice意义理论的一部分,而后者则是他更宏伟规划(即理由、推理和理性 reasons, reasoning and rationality)的一部分。其实,作为Grice先期讨论主题的延续,Grice的后期著述把人视为理性动物,其态度和行动背后都有一定的动机和理由,人们也因此逐渐形成了用行为背后的原因来解释主体的话语、态度与行动,并且解释活动本身就构成了一种推理。Petrus(2010:2,25,33)直言,理性是Grice哲学研究的基调;在意义分析中,理性、合作与意向识别的

第四章
价值理论与意义分析

底层蕴含着理性假设,会话理论与意义理论是对理性一般理论的贡献,不仅关注理性语言行为,也是对理性语言行为理论的贡献。

另外值得一提的是,对于理性的讨论,在实际论述中还存在一个假定理性和实际理性的区分。这本质上类似于 Allwood(1976:23)提出的"看似理性"(seeming rational)和"就是理性"(being rational)。有些我们看来不理性的行为,对于行为主体来说可能是理性的。所以,Allwood 认为不理性行为的存在并不能否定我们的理性主体假设,不会让我们感到很头疼,因为"我们并非要提出一个主体实际上是在理性行事的主张,而是一个弱式观点:行为主体是在按自己看来理性的方式行事"。我们认为这和理性的相对性有关,也是回应一些否定 Grice 理论的依据。Grice(1989:372)提到了这一点:说话人违反准则至少在他自身看来是有理由的。一个可能的反对意见是,这一弱式假设似乎是一个重言式,没什么意义。Allwood 举例反驳了这一说法。不过,在现实生活中确实存在对行为主体本人来说也不理性的行为。对此 Allwood 没有回应。我们的考虑是,这里牵涉到目标的层级性。某一行为对某个具体目标来说不理性,但是相对于说话人的长远高层目标而言,可能是理性的。

可以说,Grice 对意义和语言使用研究只是他理性观的一个体现,他期待从中挖掘人的理性特征。他(1989:29)认为合作原则是我们有理由遵守、不应该放弃的。这时理性包含三层意思:(1)行为本身是合理的,(2)行为有一个"底层基础",(3)这一基础是好的,应该保留。合作会话是理性行为的一个具体例子或变体(Hanks 2001:220)。冯光武(2006:10)指出,Grice 讨论话语的目的性是与关注人的理性本质紧密联系在一起的,从话语的目的性中可以类推出人的其他非言语行为的本质。因而我们不妨这样来理解合作原则:合作原则揭示的不仅仅是言语行为的本质特征,而且是人类行为的理性本质。Grice 讨论会话的本质旨在说明人类互动行为的理性特征。

往深处挖掘我们不难发现,Grice 的理性观里有更深层的因素在起作用,他有一种诉求:对人的终极目的的考虑。如果考虑到理性的相对性特点(相对于不同类型和层次的目的)以及人类发展的终极目标,超越语言行为的表层,而不仅仅聚焦于具体场合下特定的人类行为,Grice 的理性主体的假设就不是虚幻的、纯粹理想主义的乌托邦。康德(2007)指出,我们应该总是把人当作目的,而不仅仅是手段,因为理性本质本身作为一个目的存在。我们前面第三章讨论的 Grice 的实质理性观是有依据的。他的合作原则就成了一种行动的要求。Grice(2001:25)讨论理由时指出,日常思维和话语体现了理由作为"调整"的想法,它应该控制愿望或激情。放纵不应被视为关于意志和实践理由理论的绊脚石,这些理论本应是非常迷人的。他发现,作为调整的理由也存在无法控制调整对象的可能性。这些可能性从一开始就应在理论中提出。若在我们的理由概念中并入一些理性的理由(也包含一些可能失控的情况),就扩大了理性生物体的概念,会得出更重大的结论,推导的成功率也更大。这些观点对我们分析理性与合作的关系很有启发。理性只是调整性的,对言语行为的调整并不排除例外和不合作的可能性,这种偏差在合理范围之内,而允许偏离的理论反而更具生命力。偶尔的不合作不会否定合作理论,也不会否定理性主体假设本身。

4.6.2 合作与价值

上文大概勾画了理性与意义、合作之间的关联,接下来我们梳理价值与基于合作的意义理论之间的关系。价值蕴于理性之中。Grice(2001:20)区分了恒定理性和可变理性。他明确指出,二者紧密相关,并且"理性程度的差异就是价值的差异"。价值就是判断,也是个体自我评判和互评的依据,与个体的身份相关。在第三章我们提到,只有理性的人才能做出自反性的意向性意谓(Grandy & Warner 1986a),其中一个要求主体能够依据价值进行自我评判。体现在言语活动中就是,说话人要具备判定意向实现可能性的能力,对自己的话语进行评估,根据实际情形调整、选择适宜的表达方式。这涉及对意向表达的考量问题,若要实现交际目标,说话人不能随心所欲信口开河,而要根据语言社区习惯、自我知识库内的程序,采用合适的话语表达。我们前面提到,Grice 认为某种语言中词语和句子的意义就是说话人用它所能做的最佳的事或派上的用场,与目的论相关,而在特定场合下说话人拥有的合适或最佳意向则需要进行判断。

Grice 的论述中体现了合作原则与价值判断的关系。理性充当二者之间的关联媒介。合作需要理由,合作是有益的、合情合理,不该抛弃。

这些论断体现着价值评判因素。他借助价值概念连接现实世界和行为世界,沿袭 Kant 的绝对价值立场(2001:59),坚持实践的必要性要求:如果某些信念或行动是善的,我们就应该遵守它,采取行动,即遵从 Grice 所谓的"禀性"(propension)要求的召唤。这与 Hume 的主观价值主张不同,Hume 认为人在意向和愿望的驱动下才会付诸实践,意欲是主体行动的原因和动机。Pietarinen(2004:308)认为,"对于受理由指引的理性主体,正视合作原则主要是一个道义而非经验的决定,建立在语言行动所实现效用的基础上。所以,合作,进而整个语用学都植根于道义原则的基础之上。语用学归于如同(广义)逻辑和伦理学一类的主要科学领域"。无独有偶,Neale(1992)也认为,尽管用价值导向的方法来解释意向性行为能否卓有成效目前还难说,但可以肯定的是,随着越来越多的读者接触到 Grice 有关伦理学和哲学心理学著作,在更广阔的图景中给会话理论寻求一个精准定位的兴趣会重新燃起。虽然 Neale(1992:532)在注解中提到,"没有必要非得借助伦理或者社会方面的考虑来为 Grice 语用学理论寻求支撑",但至少说明这种努力顺应潮流,是合理的。一些研究正是在这一方向的努力(Petrus 2010;王宏军、何刚 2011),这也正是本书作者的努力目标和方向。

4.6.3 理性与价值

这一节是对 Grice 的理性观与价值思想密切关系的呈现。他明确指出"对理性概念或理性人来说,价值概念绝对至关重要","理性主体是能评估判断的生物体","理性程度的差异就是或者涉及价值差异"。Grice 相信或者宁愿相信,作为人性一部分或这一部分的结果,能够做出价值判断是理性人的必要特征(Grice 1986a:72;1989:298;2001:20,28)。理性人拥有绝对价值,其评价是客观的。根据休谟投射原则,他评估的对象也具有了客观和绝对价值。在 Grice(1986a:72)看来,不能把价值判断的谓项如"合适""正确""最佳"和"相关"排除在对理性活动的解释之外,因为理性生物体本质上是能够赋予价值、作出评估的人。

本书第三章提到 Grice 坚持实质理性立场:不仅实现目的的手段是理性的,目的本身也要合情合理,值得期待。这一立场被一些读者指责太苛刻,我们的看法是,这是因为批评者未看到 Grice 这一主张背后的价值思想。在《价值构想》中,Grice 提到的"禀性"概念以及幸福观显示,如果从人类长期繁荣与蓬勃发展的高度来看,实质理性的要求是一种必然。因为他关注的不是某一特定个体,而是整个类属,其视野上升到了整个物种升沉荣辱的高度。个体只有具有了集体的整体特性才能算作它的一分子;同时,个体的特征变异不影响作为整体的类属特性。这一主张呼应了 Grice 对理性主体偶尔出现的非理性行为的容忍,对不可控现象的接受,以及对理性理论建构中纳入非理性元素之后更具生命力说法的坚守。理性是区分人类成员和人的核心标准。理性是人的必要特征,对人类成员则没此项要求。当人超越了利己心,放眼整个类属的长远利益时,就是善的,就达到了幸福的境界(Baker 1991:13)。在这一点上,Grice 并不孤独。Rescher 在谈到目的合理性时曾指出,普世完美适切的善似乎不由我们自由选择,而是由对我们来说无法逃避的本体情况(这里指我们作为人类存在,是自由的理性主体)所决定。对我们来说最完美适切的善,是人类之善,是实质理性和实践理性的充分基础。对理性主体而言,人类需求的固有本性决定了我们具体的目的。理性是人本性的一部分,是我们宣称的合法性与自我价值的表征,与身份相关,是自我定义的本质部分;理性人是幸福的(1988:105,205,209,223)。同样,Grice 不仅关注高效传递信息的工具理性,更重视目标合情合理的评价和实质理性,后者与人的身份相关,行为目的应是主体期许的,否则会影响其自我定位和他人对他的身份评价(姚晓东 2012a:107)。可见,在 Grice 的思想中理性与价值思想紧密相关。

　　结合前面的阐述,我们大致勾勒出内隐于 Grice 理性、合作和价值之间的潜在关联:推理是理性人的一种活动,体现为两个方面:认识推理和实践推理。在推理中我们感兴趣的是我们认为有价值的推导性陈述(Chapman 2005:147)。这两种推理分别对应于或实现为两种句式:判断句型和意愿句型,而这也大体对应于两种态度:判断接受和意愿接受。前一种推理的证据来自现实世界,体现为是它能否为真;后者则没有明显的证据,是一种善。这两种价值(真和善)包含于一个更一般的价值评判——"满足"。这种"为自身目的"的善其身,是最高的善。这种"至善"

就是幸福。幸福是一系列目标的实现,对所有行动都有益。人的主体性体现在能够实现一定的功能,对人的判断就是对他所能实现功能与职责的判断。人是理性的,一个善的人就是能很好地实现理性目标的人。这涉及目标的适宜性,即评价理性和实质理性问题;而言语行为是人类行为的一种,合作就是实现交流目标的最佳途径和方法,符合会话双方兴趣。实现目的、完成使命是判断一个人的标准,评价和理性密不可分。Grice(1991:83)宣称,推理是一个价值导向概念。总而言之,Grice 的意义理论需要合作原则来支撑,合作是理性的,理性是论证性、评价性和实质性的,受价值决定。长远来看,合作对人类有益,在实践理性的指引下人们就应这么做。合作举动与理性及达到善的境地紧密相连,与人的自我评价和相互评价不无关联。

4.7　小结

这一章讨论了 Grice 价值思想及其背后的深层关怀。首先呈现 Grice 对客观价值论,即绝对价值思想的坚守,梳理他对主观价值立场的批评。接着我们分析他这样做背后的因由,最后讨论了他的价值思想与意义理论之间的关联,挖掘了他关于价值、理性、合作/意义之间的潜在关联。这里研究要凸显的是,Grice 关于人类成员与人的区分,对于后面我们重新审视合作的性质非常紧要;理性与合作不可分割,理性是人类成员与人的区别特征,与人的身份紧密关联。同时,这一章所讨论的目的论、行动、自由概念,也给人之为人的判断标准提供了依据。幸福概念是理性人行动的中心评价原则,对于主体的目标设定和调整举足轻重,而目标的设定也和人对自己的重新设计有关。在此基础上我们认为,合作就成了理性行为主体的内在要求,合作是理性人的自由举动,自在或独立于个体的具体自我利益的羁绊和束缚,尽管 Grice 本人曾说过,即使是为个人利益着想也要合作,但是更要从整个类属发展的长远视角来考量。这一章揭示了 Grice 三个思想之间的内在统一性,在 Grice 思想的整体图景中定位意向意义理论,从而为揭示 Grice 意义思想的深层动因,重新解读合作原则奠定了基础。

第五章 Grice 意义思想的深层动因

在前几章的基础上,这一章聚焦 Grice 意义分析模式的深层。我们以理性为基点和纽带,辐射连接 Grice 的合作原则/意义理论与客观价值思想。根据三者之间的关联与统一性,讨论 Grice 的终极关怀,为其意义理论寻找停泊地,并最终把关注点放在他意义分析模式的伦理学诉求上。然后我们结合先前论述,重新审视合作原则,在整体视域中对合作进行全新解读和定位。最后把关注延伸到 Grice 意义分析模式背后,超越语言研究的表层,探究 Grice 对人本身的终极关怀。

5.1 Grice 意义分析背后的深层关怀

从一开始,Grice 关注的就不是单独的个体,所采用的是一种整体视域和联系的方法论。在讨论人的理性特征时,他就旗帜鲜明地指出,他关注的并非具体的生物个体,而是人的整个类属及其必要特征[①]。在"答理查兹等"一文,他强调,哲学研究之根本是对人的关注,"或许可以这样说,一切哲学问题最终都是我们自身,或者说至少是我们的理性本质。各哲学分支都是对这一本质不同方面的关注。不过,对这一特性的概括不可分割为毫无关联的部分。每一方面只有在与其他方面的联系中才有意义"(1986a:65)。《理性面面观》一书(2001)Grice 把理性讨论立足于 Kant 和 Aristotle 理论之上。康德(2007)强调人的自在自为性,要求我

---

① 这一点也引起了 Sbisà(2001)的关注。

第五章
Grice 意义思想的深层动因

们应当总是把人当作目的,而不仅仅是手段,因为理性本身就作为目的存在,显然他这里倡导的是价值理性而不是工具理性。在《价值构想》一书(1991),Grice 评述了 Aristotle,Kant 的幸福概念,提到与 Warner 一道探讨过的自由概念,他对人不同发展阶段的区分,对仁慈造物主的设定,以及认定造物主为人类进化发展所赋予的资质,论述中处处折射着 Grice 对理性人的关注。

Grice 在 1941 年发表了一篇文章,题为"个人身份"。这一话题长期被哲人关注,20 世纪 30 年代后研究热情再次兴起。文章尝试修正 Locke 关于"man"与"person"之间差别的论述,回应它所面临的问题。在 Locke 的概念框架内,Man 关涉生理功能的运作,以及各部分功能之间的统一性,而 person 则关涉意识、推理和反思,与动物不同。Grice 主要讨论肉体和心智特性间的关系以及它们的相对重要性,宣称"人是来自经验的逻辑建构"。他采用"瞬时状态总和"概念(total temporary state)来描述某一个体在任何时刻所面临的所有经验,这就弥补了记忆理论(memeory theories)的不足。Chapman(2005:4,21)透露 Grice 一直聚焦于人类行为的各个方面,不管是语言方面还是其他,以及这些行为底层的心理过程。Grice 一生创作的背后都关注着这样一个主题:人类到底是什么?

在"行动与事件"一文,谈到为什么要关注行动,行动属于什么理论范畴,以及为什么样的目的服务时,Grice 提到个体行动对判断人们的一系列复杂程序至关重要,个体行动系统地决定人们(包括我们自己)是什么,这也是我们关注人类行为的原因。行动概念因而就为在行为理论框架内评价主体提供了基础。意愿(will)的出现举足轻重,它指向和行动密切相关的事态的实现,或许还伴随着这些事态已经或正在实现这样的信念或信条(Grice 1986b:29)。这里 Grice 把主体行动与身份联系起来,把对行动范畴特征的确定归于道德的形而上学,而不是语言哲学。他坚信 Kant 也会这么做。按照这一逻辑,我们也完全可以把主体怀有何种意向、合作与否等行动与个体评判关联起来,判定他是否理性等。这样一来,合作就有了内在驱动力和潜在约束力,成为行动主体的自觉要求。

Baker(2008:781)在文章结尾部分写道:"也不用特别为我们自身辩护,有利于物种的诉求就可以为那些能在道义准则的形成和接受方面发挥作用的'倾向'证当。在道德原则(如,对感激的自然表达)的形成和接受过程中发挥作用"。人类需要、享受并且珍视与其他成员之间的某些关系,并且促进这些关系的情感倾向是正当的,除非个体认为自己特立独行,是个例外。但个体对某一特征的偏离并不能否定整个类属的某一特性。

Grice(1991)讨论过机械论的不足,对科学主义持怀疑态度,并对哲学自然主义心存疑虑和担忧。哲学上的自然主义是指这样一种主张:所有的现象都可以用自然起因和法则来解释,而不必赋予道义、精神和超自然的意义,即不必诉诸价值概念。Thompson(2007)提醒读者,许多研究者忽略或者无视 Grice 的担忧,甚至以此作为和他划清界限、远离其理论的手段或依据,并且一些理论大都把 Grice 的思想或者把从他那里吸收的心灵主义概念或多或少地自然化了。"Grice 并不是把自己对推理的思索,把意义理论阐释中的推导,当作对说话人进行推理和交际时大脑中所呈现心理状态的描述,而是把它们看作对理性框架内行为合理性(有意义的行为)的理性重构。""不过,在晚年 Grice 也愿意把自己对说话人意义的分析看作是无法实现的心理目标,而这样的理念却是用来衡量非理想状态下意义理论的基准"(Thompson 2007:102)。Grice 反对机械因果论和控制论,并主张引入"价值"等概念,因为前者不能解释理性人的行动,而后者则是目的论超出机械因果论的地带,更具解释力。

在讨论某一行动实现目标的可能性及程度时,Grice(2001:106)坦言,他还不至于傻到那个程度,会天真地以为自己描述的图景表征了"任何人实际上决定做什么"这一过程的方式,尽管他确实不否认以下的可能性,那就是,它可能会勾勒或者镜像反映了实际发生在心理状态(愿望和信念)的生理基础中的过程。Grice 的真实想法是,"它可能表征了一种理想,一个当然没实现的程序,而事实上很有可能是一个原则上不能实现的程序。但是我们实际采用的程序依然被视为对它的近似模拟,或者是替代。还有一个附加的看法,那就是越接近越好"(2001)。这和他(1982)提到的理想极限的说法如出一辙:这一做法在逻辑上虽不可能实现,却让人想望。我们认为这也应该是 Grice 在面对合作原则遭受的批评的一种态度和回应。Grandy & Warner(1986a:18)提到,一些原则是对"设计"的运作方式的表征,而不是说它总是运作的方式。这种立场用来描述合作

第五章
Grice 意义思想的深层动因

原则也很贴切,合作是理性重构,而非对实际情景的描写。

在这样的视域下反观 Grice 的意义分析模式,审视合作原则与会话准则,我们就不会仅仅把会话分析和意义传达视为交际理论。他的关怀远不止于此。他是在对意义的讨论中探讨人类行动的理性特征,挖掘人的理性本质。

Attardo(2003)撰文反对 Grice 的实质理性的立场,认为在日常交际中工具理性就已足够,苛求目的合理性多此一举。我们不赞同这一看法,因为二者的立足点不同。Attardo 坦诚,从进化论和人类繁衍的角度来看,生物学理性可以用来推翻他的主张。其实在《价值构想》一书,尤其是"心理哲学方法——从平庸到神奇"、"答理查兹等"和"关于目的与幸福的些许反思"等文章中,Grice 的上述思想都得到了鲜明的体现。他把人看作一个类属,放眼人类的最佳利益,关注其可持续发展,超越了个体的私人利益;而这时造物主也必然是仁善、宽容的,会赋予生物体生存发展所需的一些特质。如果一些东西是生物繁荣所需要的,我们就应该拥有,这既是 Grice 供需原则思想的体现,又体现了他语言哲学研究之外的深层关怀。

5.2 再论合作原则

近年来,语用学界有关合作原则的讨论已经渐渐归于沉寂。然而,半个世纪以来,对于它的真实面目及其背后的关注,还远不是那么明晰,关于语用学一些显然应当成为常言的基本认定,依然言人人殊,甚至是误解重重,这是语用学界不愿看到的现状。张德岁(2009:138-139)指出,Grice 没有清晰地界定合作原则内部的核心概念,如"合作""适切的"。另外,有关合作原则的先期研究中存在误区与偏离,讨论的前提不明确,对合作原则的定性不明,范围界限不清,还存在误解、思路不清和方法陈旧等问题。许多争论集中于合作原则的普遍性、定性和重构上。

Grice(1982)再次讨论了意义,并在意义解析中引入了价值概念,但他没有再论会话原则。Chapman(2005:145)建议,会话原则也可以从价值和理性的角度去理解和探讨,这样的研究将会很有意义。这正是本研究努力的方向。我们整合 Grice 的理性观、价值论与语用思想,揭示合作思想背后的深层关怀,以期可为重新审视合作原则、客观评价经典格赖斯语用原则提供参照;对他思想间的关联性进行挖掘,深化对其语用思想的认识,消解质疑。

5.2.1 合作的普遍性

对于理性重构的尝试,Chapman(2005:141)指出,"在生命暮年的最后年月,当 Grice 重温自己作品时走得更远,他指明了会话理论的心理学本质特性,其目的绝不是描述日常会话的真实行为和规则,而是解释人们相互赋予对方心理状态或态度的方式,不管是在会话言谈中还是在其他任何类型的互动中"。这是对人言语行为能力(包括话语产生和理解能力)的理性重构,集中体现在"再论意义"一文对"理想极限"的兴趣,以及"后记"中从理性高度对合作原则及准则(尤其是前者)遭受质疑的回应上。Thompson(2007)也发现,Grice 晚年表达了对理想状态的偏爱。不过,Hugly & Sayward(1979:19)对这一理性重构做法的前景并不乐观:如何捕捉到对会话含义的理性重构不是一件简单的事情,Grice 在这方面的尝试和努力是失败的。

关于合作的普遍性问题,需要指出的是,Grice 本人并没有直接宣称会话准则的普遍性。他(1989:47,49)只是暗示了会话的合作原则和准则代表了人类社会普遍认定的价值。Green(1989:95-97)也认为,如果上述普遍性成立,它们对解释语言现象的价值会更大些;合作原则假设本质上是这样一个显著的合理主张:人是社会动物。我们十分赞同她(1990:419)的看法:这种普遍性也可能是人性或者人类社会的某些特质的产物。冯光武(2007:10)结合理性概念,把合作原则及准则理解为普遍性的。其实,从"逻辑与会话"一文就可以看出,合作原则及准则代表的是人类社会普遍认同的行为方式。尽管 Grice 没有明确指出合作原则具有这一普遍性,但是他曾说过,语言行为是人理性举动的一种,合作是人们事实上都遵守、不应抛弃的行为,如果把合作看作人类的理性行为,那么该原则就具有普遍性。这是因为人类社会是由理性人构成的,而理性特征是人所共有的,并不具有文化差异性。会话准则是合作原则在不同文化背景下的具体体现,这些文化差异或曰相对性并不能对合作总原则的普遍性构成威胁。

在 Gazdar(1979:54)看来,Grice 之所以把一般会话含义叫做会话性而非规约性的,是因为对 Grice 来说产生会话含义的准则不仅仅是规约问题。他的论据来自 Grice 的一段话:"我公开声明的一个目标,就是把谈话看作是有目的的,其实是理性的行为的一个特例或类别","我更愿意把会话实践的标准看作我们理应遵守的,不该放弃的,而不是仅仅当作所有人或者大部分人实际上遵循的"(Grice 1975a:47—48)。这里可以看出 Grice 排除了描写的立场。Sperber & Wilson(1986/1995:36)质疑合作原则及准则背后的理论根据,追问合作原则从何而来。我们认为,这要结合 Grice 的实质理性观和价值论思想,从整体视角来考虑①。同样,封宗信(2002)主要强调的是合作原则对人际交往、话语理解的方法论意义,没有涉及合作原则存在的根由。如果把 Grice 关于理性观和价值论的考虑纳入视野,我们会从更深的层次上看到这一原则存在的必要性与合理性,也会更坚信它的普遍性。

5.2.2 合作的层次

前面我们提到,合作概念存在不少误解。Kasher(1976)认为合作原则可有可无,Wilson & Sperber(1981),Sperber & Wilson(1986/1995)对合作原则毫不吝啬地贬抑,钱冠连(2002)宣称合作原则不必是原则,冯光武(2005)坚持合作必须是原则,程雨民(2009:53)指出对会话原则具体认识的争论在近半个世纪始终不断,Grice 本人对合作原则运作的表述和会话含义的范围也有可探讨之处,Attardo(1997a,2009)提出了不合作原则,上述分歧都说明大家对合作的认识远未统一。学者对合作的理解不同,褒贬不一。其中一个原因就在于对"合作"概念的日常解读,或者准确地说是学界对合作的层次性重视不够或缺乏统一的理解,另外就是对合作原则中"目标"概念的解读存在分歧或要求过高(姚晓东 2011)。

---

① 尽管徐盛桓(2002)提醒我们不要去过多地追问这样的本体论问题。他认为和"关联"一样,"合作"也是一种"创造"出来的假说;我们只应关注这种方法论的意义,本体论的追问是不切题的。我们对这种看法持保留态度。

Grice(1989)对合作原则的论述暗示了不同层面的合作性,他对目标的界定也具有多重性。我们先来讨论合作中的目标概念。姜望琪(2003:62)认为,合作是说话人和听话人为实现同一个目标而共同努力,因此他们的话语总是相互联系的。这里提到的目标,实际上就是 Grice 在界定合作概念时所说的"双方都接受的目标或方向"。许多作者对这一"目标"有曲解,没有注意目标的层次性。在 Grice 的概念框架,会话目标实际涉及两个方面:信息传递与'指引和影响'对方的行为。仅仅第一个方面就包含两层意思:话语的可及性与言语层面的合作性。这一目标的最基本层面(或者说是最低要求)不是要求行动上的互相配合,实现双方的现实社会目标,而是指从听话人角度来说,想要理解对方,而从说话人的角度来说,想让自己的话语被对方理解,即我们下文要提到的 Gu(1994:181)所说的交谈或互动的预备阶段(preparatory stage)。借用 Saul(2002a)提到的"会话含义的可及性"的说法,上述基本目标就是要求说话人首先要保证话语的可及性,使用与听话人相同的语码,遵守一定的语言规约、社区习惯等等,而不是刻意去说对方听不懂的话。这是满足合作会话的前提,进而使得"传递和理解信息"的目标成为可能,这是 Grice 对合作概念的最基本界定。说话人想让对方理解自己的话,听话人也愿意花精力去解读对方的话,双方都有传递和理解信息的最起码的意愿。与之相关的一个基本要求是双方要把会话游戏进行下去。在典型的合作举动中,"参与者有一个共同的即时目的……一般的谈话都有一个共同目的,即使这只是个次要目的,每一方都要暂时认同对方的临时会话兴趣";"双方有一种默契(它可能是明确的,但常常是暗含的):在其他条件相同的情况下,交往应该以合适的方式继续下去。除非双方都同意终止会话,没有人能随意抬腿就走或转身去干别的"(Grice 1989:29)。

这一层面上的合作性,研究者提及的并不多。Attardo(forthcoming)提出的"把游戏进行下去",姜望琪(2003)提出的"你有来言,我有去语",说的也是这个意思。Mey([1993]2001:68-69)也注意到了这一点。他从解释的角度出发,认为人说话总是有传递信息的意向,这是一切言语行为的基础。他称之为"交际原则"(communicative principle)。尽管在语用学文献中并没有这一名号,但 Mey 认为这是所有人类语用活动的隐性

第五章
Grice 意义思想的深层动因

条件,是大家在研究这类活动时默认或者心照不宣的前提。不论出于何种目的,会话双方只要想交际,一方的话语就应该能被对方所理解,并为之创造条件。这就是会话的交互性。吴炳章(2009:169—170)认为这种合作性不是 Grice 意义上的合作,对此我们并不赞同。

Grandy(1989:521)认为,让理性主体把会话继续下去的理由,不是因为他们共有一个充分具体的特定目标,也不是因为他们的目标交相戏动,而是目标与所处情景之间相互作用,进而每个主体都有一种能从谈话中获益的期待。这比较接近 Grice(1989:30)的看法:遵守合作原则及准则是合情合理的(理性的),任何在乎会话/交际的中心目标的人,在适宜的条件下都会怀有参与谈话交流的兴趣,这些交谈只有在假定彼此都遵守合作原则及准则的情况下才有益。Grice(1989:26,28,29,86—87)不止一次提到了会话主体的合作期待,这种期待随着互动的深入而更强烈。他还告诫我们"话语表达不明受损的首先是说话人自己","很明显,要想使合作原则起作用必须要让听众理解我的话语内容,即使话语中含有模糊内容"(Grice 1989:29,36)。

Fraser & Nolen(1981)提出的"会话契约"概念(conversational contract)与我们的基本合作性大致相当,它明确了交谈双方的权利和义务。它可以分为一般条款和具体条款,前者是所有会话都会遵守的,后者则会随着时间的推移或具体语境的变化而改变,需要重新协商。"当进入某一特定的会话时,每一方都会有这样的看法:有一些初始的权利和义务集合(至少在开头阶段)决定了互动的界限。这一条款集合可能是规约的集合,也可能是由先前的会话和意识到当前情景的特殊性来决定"(1981:93—94)。会话契约中的一般条款包括遵守话轮转换序列,使用同一种语言,说话声音能让对方听见,话语清楚严肃等。这些一般不需要协商,因为互动的成功依赖这些条款的实现[①],而具体条款则因契约的不同而改变,需要协商来确定双方在特定会话中的关系。会话关系(conversational relationship)会影响双方言语行为的类型和内容。一般条款相当于 Grice 在话语可及性层面上的合作目标与要求,即对会话兴趣认同。在这个意

---

① 这类似于高卫东(1997:7)的"基本合作"概念。

义上,除非极端情况,所有的话语都具有可及性目标层面上的合作性,因而在这一层面上合作就有了普遍性。双方都有把话语继续下去的意愿或责任,不至于掉头就走。很少会有人质疑这个层次上的合作的普遍性。也正是在这个意义上,Jiang(forthcoming)说,任何会话都是有目的的,不存在没有共同接受的目标的会话。这里共同接受的目标就是 Grice 所说的"高效地传递信息,或者更一般意义上的影响或指引别人的努力",而不是说非要提供对方所需要的具体信息。合作原则所预设的 Grice 意义上的"双方都接受的目标"是说,只要有言谈交流,必定有一个交换信息或影响他人的目标,否则谈话就没有必要和存在的意义。可以说,合作概念与会话目标是交织在一起的,合作与否是根据目标来界定的。继续会话的兴趣以及语言可及性层面的合作是言语交际的最基本要求:要有交流的意愿。

再向上一个层次,就到了话语层面的合作。话语层面的合作与 Grice 提出的准则相关。大多数情况下,这种合作仅仅是使明说有意义的起点。这与要求更高的一个层面,即行动上的合作相对举。我们有必要把有关二者讨论的整体轮廓勾勒一下,然后再回到对合作性三个层次之间关系的讨论。

关于言语层面与行动层面合作性的区分,很多学者讨论过。Pavlidou(1991:12)提出了"实质合作"(substantial cooperation)和"形式合作"(formal cooperation)概念,前者指交际双方的目标共享"超越了最大程度的信息交换",后者是"简单的 Grice 传统的合作,根据(或违反)会话准则行事"。Airenti et al. (1993:305)采用交际合作(communicative cooperation)与行为合作(behavioural cooperation),前者是为了"遵守会话规则",后者是为了"在伙伴身上产生一种效果,要么是改变他的心理状态,要么是促使他采取某种行动"。另外,Gu(1994:181-182)提出了语用合作(pragmatic cooperation)与修辞合作(rhetorical cooperation);Attardo(1997b)区分了语言合作(locutioanry cooperation)与取效合作(perlocuticanry cooperation);Thomas(1986,1994b,1998b)区分了语言层面的合作与社会目标共享的合作。Greenall 认为 Thomas(1994b:3ff)的术语没有正确地反映出语言目标也是社会目标的事实,所以她

第五章
Grice 意义思想的深层动因

(2002:30)提出了两种社会目标合作,一种是实现意义建构的社会目标层次的合作,叫作意义生成合作(sense-making cooperation),即 Gumpertz (1990:434)所说的,在生成连贯语篇过程中协作的意愿和能力,其他任何社会目标的合作都称为全盘合作(across-the-board cooperation),相当于 Pavlidou 的实质合作。合作是一个程度概念,相对于具体的互动和目的,Greenall 提出了强、弱两种形式的合作。另外,合作的层次与合作的强度有关。她(2002:37)把强式合作、弱式合作、意义建构合作与通盘合作四个变量进行排列组合,构成四种组合方式。她指出许多研究者讨论了合作的类型,但是没有注意到合作的程度。Israeli(1997)是一个例外,把合作的类型与程度结合起来,不过研究视野有限,仅仅涉及"请求"这一言语行为。

在对合作的层次性讨论中,Thomas 的分析比较深入。早在 1986 年,她就区分了社会目标共享合作和"空洞的"语言目标共享合作,后者仅仅是为了遵守语言游戏的规约。她指出,"如果对 Grice 理论的解释不采用社会目标共享的解释,那么会话合作的概念就只在琐碎意义上具有真实性"(1986:53)。她认为会话含义的解释建立在很弱的一个会话合作概念基础之上,这使得 Grice 的合作原则沦为琐碎概念(参见 Gu 1994:185; 2003:49)。持类似观点的还有 Kasher。他(1976:202)对语言目标共享发表了看法,称诸如"把谈话进行下去以及某些观点的交流"这类目标只不过是"琐碎不足道的一般目的",微不足道,没什么价值,不足以作为试金石来衡量合作原则所要求的对会话的贡献。Gu(1994:185—186)对此不以为然,他认为,舍弃社会目标的合作也不会导致合作概念的琐碎,反倒是 Thomas 本人对合作的弱式界定,以及从说话人角度表述合作,才是导致会话合作概念的琐碎化的真正原因。Gu 提示,如果谨记 Grice 的本意,从参与者对交谈的贡献来看待合作,那么,各个层次上的贡献都是有意义的,合作就绝不是一个琐碎的概念。

Thomas(1998b)再次详细讨论了这社会共享合作和语言目标共享合作。她指出许多读者对 Grice 的误读令人吃惊,就连那些从 Grice 理论中汲取重要养分的学者也很少对对合作的定义进行明细化,其结果就是,无论是 Grice 理论的批评者还是受益者,都能给自己的立场找到论据。造成这种局面的原因在于 Grice 对合作的论述"模糊且不一致"。Thomas 借助目标概念区分了两种共享：局部的语言目标共享和真实世界的目标共享，前者指语上的合作，仅限于遵守语言规约，并不预设任何超越命题传递的共同目标或目的；后者指说话双方"拥有共同的目标和目的"，双方都希望通过会话促成共同利益，这种"真正合作"超越了命题传递或暗含（高效地交流信息）的目标。其实她本人并不赞同后者，认为这是语言学研究者强加给 Grice 的，是对合作的字面解读，没有把它看作专门术语。她指出这或许和 Grice(1975a，1978，1981)关于逻辑与会话、预设与会话含义等方面的论述可能会产生误导有关，也与他(1989：28)借助修车的例子，把合作推广到其他行为领域有关。如果 Grice 仅仅聚焦语言行为就不会引起不必要的误解，她的言外之意是说，这是一个败笔。

Thomas 认为上述区分面临一个困境，如果仅仅按照语言目标共享来解读会话合作，我们很难找出言语上"不合作"的例子。这是因为，即使听话人保持沉默或者是掉头离开都可以被看作对说话人话语的一种回应。这样一来就使得合作原则陷入了"无价值""不可证伪"，流于"空洞"的困境，成了一种常识。虽然 Altieri(1978：92)在评价 Margoris 的看法时指出这不能构成 Grice 概念的弱点，反而恰好证明了它的优势，因为在民族志方法中，能够提出常识性的、想当然的观点也是一个贡献（转引自 Thomas 1998b）。面对这一困境，Thomas 本人没有给出合理乐观的应对策略。在文章的最后，她指出虽然 Grice 给出的会话含义推导步骤不正式，经不起仔细推敲，但直到目前仍然没有哪一个更好理论可以取代它。我们认为，Thomas 这里所说的"沉默""掉头离开"等情况，不属于 Grice 讨论的合作原则范围，因为它们明显是退出了(opt out)合作，说话人的行动"表明他不愿意按照合作准则要求的方式合作"(Grice 1989：30)。虽然这一举动传达了行为主体的意向和含义，但是不会产生 Grice 意义上的会话含义，不属于 Grice 合作原则所包括的范围。因为在 Grice 眼里，合作原则的遵守是产生会话含义的必要条件(Jiang forthcoming)。同时，上述举动根本没有顾及最低层次的话语可及性的合作。

第五章
Grice 意义思想的深层动因

Gu(1994:178—182,2003:46—48,60—61)尝试对 Grice 的"交谈"(talk exchange)及合作概念做出了精细界定。他认为交谈包含一个初始的预备阶段和三个互动层次:初始阶段是指,说话双方有交流的意愿,说话人愿意说下去,听话人愿意听;三个阶段分别为:说话人发话/听话人解释的互动,信息交换互动,语言外互动(ultra-linguistic interaction)。与之对应的是四个程度的合作:(1)最低最基本的合作;(2)第二个层次稍高程度的合作;(3)更高层级的合作:信息交流,采纳目标;(4)最高层次的合作:行为上合作。这里的合作是根据参与者对目标实现的贡献来界定的。Gu 把前两种合作划归为语用合作,后两种为修辞合作。二者之间的差别在于:(1)参与者对目标实现的贡献大小;(2)相对于消耗/收益,人际关系的目标的敏感度;(3)参与者所认定的信心强度。Gu 的划分很精细,他随后讨论了三个派别对目标、合作概念的态度,并贴上三个标签:否定派(以 Kasher 1977;Pratt 1981;Sampson 1982 为代表),简约派(以 Sperber & Wilson 1986 为代表)和扩展派(以 Leech 1983 为代表)。不过,我们不赞同 Gu 把信息交换的合作与言外行为合作分为不同的等级。不可否认,一般来讲行动上的合作程度要高于言语上的,但是如果说话人想得到的就是信息本身,这时信息交换就是最高层次的合作。所以,不能一刀切。不过 Gu 也承认,他的合作概念跟 Grice 的合作已经不是完全相同的概念了。

Attardo 也对合作的层次进行了区分。他(1996,1997b)指出,谈话双方共享社会目标是不现实的,谈话中的冲突和竞争时常存在。他(1997b:753)区分了言语合作和取效合作,前者是"语言交往之内的合作",后者在"语言交往之外"。前者指在合作原则基础上,交谈双方都必须投入到话语中一定的合作量,以达到编码和解码文本想要表达的意义;后者指双方必须投入到文本或者情形中的合作量,以实现说话人(和/或听话人)想通过这些话语达到的目标,这里实际上强调了合作的助益性。他不反对 Grice 的合作原则,但是以反语、幽默、笑话、谎言等会话类型为例,说明不合作现象广泛存在。不过他承认言语层面上的合作永远存在。他把会话人的目标实现纳入考虑范围,就有了三个类型的原则:言语合作原则,取效合作原则(社会目标层次上的合作)以及不合作原则①,其中后两种是针对于说话人的目标实现而言的②。说话人根据理性原则来决定到底合作不合作以及在哪个层面合作。他提出了任意性原则来统摄理性原则,理性原则下面包括合作与不合作原则,合作又分为语言合作,取效合作。在这一模型中,层级高的原则支配其下级原则,几个原则之间的互动制约可以用来说明会话交际的运作。

在 Attardo(forthcoming)看来,合作原则与取效合作原则的区别在于二者的适用范围不同:合作原则限于会话目标,主要是言语目标,最终是为了信息传递的最优化;而后者则把会话交谈的整个情景纳入视域,承认语言行为可能只是整个人际交流的边缘部分。他还指出,取效合作原则承认合作依赖于谈话者的目标,而不是事先确定的。其中他的取效合作原则值得一提,具体条款如下:

取效合作原则

说话人开启会话时可能会拥有的任何目标,包括任何非语言的实际目标。或者换句话说:做一个乐善好施之人。

(1) 如果有人需要或想望某些东西,成全他们。

(2) 如果有人在做某事,帮助他们。

(3) 预先设想他人之所需,即提供他们所需要的,即使连他们自己都还没意识到有这种需要。

Attardo 的论述有两点值得注意。首先,这一原则比 Grice 的合作原则更凸显道德要求,在方向上与他(2003)坚持工具理性、排斥实质理性的诉求相违背。其次,应该指出"取效合作原则"这个术语有问题。他不是在 Austin(1962)经典术语的意义上使用这一概念,而是相当于 Austin 的

---

① Attardo 的语言合作原则概念指的就是 Grice 的合作原则,而他的不合作原则有点儿像钱冠连(1987:64)提出的"会话不合作选择"概念(Non-Cooperative Choice):在遵循一个或一组会话目的时,说话人由于某种原因、又符合某种规律地违反合作原则下的某个准则。这里说的"某种原因"不一定专为了产生会话含义。

② Lumsden(2008:1897)区分了合作的几个类型,更准确地说是几个层次:包括语言或形式上的合作,共同的言外目标合作,没有共同目标的合作以及利害冲突时的情景。这与 Attardo(1997b)的做法并无实质性区别。不过,我们不接受 Lumsden 把话语间的相互关联解释为哲学层面的关联。

第五章
Grice 意义思想的深层动因

行事行为。如果他采用 Austin 的言语行为三分说,那么言后行为不一定与说话人的意图对应,它是说出话语之后产生的反应,我们无法控制。说话人意欲的、说话人意想不到的、甚至是不希望发生的都是言后效果。所以他的"取效合作原则"至少应该限定在意欲的取效合作原则,只有说话人意欲的取效行为才是他的行事行为要点。Greenall(2002:39)批评 Attardo 忽视了弱式的社会目标合作,即她所谓的弱式全盘合作(weak a-cooperation):足够充分但并非极有帮助的合作,可能会牵涉到违反统辖全盘合作类型活动的指导方针,但也是很常见的形式和合作层面。

意向作者如 Bramley(1997),Holdcroft(1983),Kasher(1976),Kiefer(1979),Okolo(1996),Penman(1987),Pratt(1981),Sampson(1982),Sperber & Wilson(1986/1995),Welker(1994)等,尽管他们本人并不主张社会目标层次上的合作,却倾向于把 Grice 的合作解读为强式行动或社会目标上的合作,认为合作不仅仅是言语上的移情,更多的是行动上的协同一致,指责 Grice 过于倚重这一概念,Grice 的方案不完善,甚至是无效的,因为现实生活中反例比比皆是。我们认为这种定位不但没有把问题梳理清楚,反而把情况复杂化了,另一些作者(如 Attardo 1990,1993,1997a/b)把谎言、争吵看作不合作,这也是典型的把合作等同于强式社会目标层面合作的做法。不过他(1997b)认为,Grice 的在言语层面的合作永远存在。Greenall(2002)指出,对合作解读混乱的原因在于一些作者未能区分强式和弱式两种合作。

一个比较折中的立场来自 Green。她(1990:418)认为,合作原则中的"合作"并不蕴涵着把谈话对象的目标当作自己的目标并帮助对方实现它,而应该把合作不多不少恰恰理解为"愿意尝试从对方的视点来理解互动",即尝试着理解他们的目标和假设到底是什么,这样做最有益。这种立场采取了移情视角,是一种弱式合作,也有点儿含糊,似乎介于言语层面合作与社会目标层面的行动合作之间。

以上是研究者对 Grice 的合作概念的解读,下面我们来看 Grice 本人对目标与合作论述,探究它何以引起如此多的解读和争议。

程雨民(2009:55)指出:"尽管外界对'合作原则'及其准则的评论众多而且长期不息,但他始终没有做过答辩,所以要弄清他对这些问题的更多看法,不太可能。"Grice(1989:368-369)也意识到了批评者对合作的质疑,准则与原则收到的反响不同。在合作的层次或范围方面他对质疑做了回应。Grice没有明确指出合作的类型与层次性,但他对合作原则的论述暗示了不同方面的合作性,在举例分析时体现了不同目标层面上的合作。客观地说,不同的时候Grice是在不同意义上使用合作概念的,有时候甚至有一点儿含糊。他的"话语"本身就是一个宽泛的概念,包括言语和非语言的举动。"逻辑与会话"一文,在谈到会话的一般规律时Grice指出,至少在某种程度上,我们的谈话常常是合作举动;参与者都在某种程度上认定一个或一组共同目标,至少有一个彼此都接受的方向。这时他举的例子都是关于会话层面上的合作。这里的会话目标或方向可以在事先确定(如,在开始时提出一个要讨论的问题),也可以在谈话过程中逐渐确立和变化,既可以很具体,也可以很随意宽泛,参与者有比较大的自由,如随意闲谈等。但是在每一个阶段,总有一些可能的会话举动会被认为是不合适的而遭到排斥(1989:26)。Grice(1989:28)明确指出,他的会话准则不仅仅用来实现"最有效地传递信息",还包括更一般的目的,如"影响或指导他人的行动"。他把合作举动从言谈会话拓展到了其他行为,这时候他举的例子完全是社会行为上的合作,如帮忙修车,做蛋糕时候在一旁打下手等,甚至把这些目标作为会话/交际的中心目标(1989:30)。可见Grice对合作概念的界定并不排除社会目标层面上的合作。其实早在1961年的"直陈条件句"一文,他([1961] 1989:61)把合作原则概括为"会话的助益性原则"(the principle of conversational helpfulness)。另外,Grice(1989:29)给出了典型展现合作交往的特征:

(1)参与者有一个共同的即时目的,比如把车修好;当然他们最终的目的可能是互相独立的,甚至是互相矛盾的。……一般的谈话都有一个共同目的,即使这只是个次要目的,如在邻居间的墙头闲聊中。这就是说,每一方都要暂时认同对方的临时会话兴趣。

(2)参与者的言论必须如卯眼对榫头,互相吻合。

(3)双方有一种默契(它可能是明确的,但常常是暗含的):在其他条件相同的情况下,交往应该以合适的方式继续下去。除非双方同意终止,没有人能随意抬腿就走或转身去干别的。

第五章
Grice 意义思想的深层动因

正是在这个意义上,Grice 指出,双方谈话类似于在履行一个"准合同",暂时认同对方的兴趣,而不会随便退出会话。这一段话中,他开头提出了"共同的即时目的",虽然他举了修车的例子,但更多的是强调认同对方的会话兴趣,以及在言说层面上的吻合与互动。同样,他(1989:369—370)主张会话的协同性运作。他指出,理论者关心的是自愿性交谈(voluntary exchange),而不是真正的独白,后者并不产生说话人含义。在自愿性交谈中,保留、敌意与协作并存,有的共同目标相当微弱,它们的底层动机也高度不一致。他还区分了基本交谈类型和次要的交谈类型(primary/secondary talk-exchange),如法庭盘问和漫无目的的墙头闲谈。在法庭盘问这类特殊的交谈中,共同目标只是表面上的,不具有真正日常意义上的共同性。这一过程中的协同,只是对合作原则的仿拟,是对合作精神上的模拟而不是例示,但至少在精神上对合作原则表达了敬意。

可以看出,Grice 考虑到了各种情况。他对合作的定义不仅仅包括认同会话兴趣,在语言层面上的"你来我往",还包含了对参与者的社会目标的回应。这其实就是 Greenall(2002:36)所说的弱式合作与强势合作的差别,前者与会话准则紧密相关,更多的是指语言层面上的合作,后者指日常社会目标层次上的合作。

前文我们提到,一些作者如 Davis(1998),Kates(1980),Kiefer(1979),Lumsden(2008),May(1981),Pratt(1981),Sampson(1982),Sarangi & Slembrouck(1992)怀疑 Grice 合作原则中谈话双方目标的一致性。在"再论意义"一文,Grice(1989:369—370)回应了会话目标的多元性问题,承认一些话语或举动共享目标非常微弱,甚至还存在冲突。Gu(2003:50)认为,只需仔细看一下 Grice 的论述就会发现,他有两个"共同的目标":一个是一般意义上的参与者之间的任何合作;另一个是严格或者限制意义上信息传递的协作一致。对于前者,Grice 自己也意识到了,所以在这个意义上说,批评者的言论是有根据的。现实生活中的具体例子,如对抗性、冲突性的话语,在行动意义上或者社会目标层次上存在冲突,但正如 Grice 所言,它们在模仿的意义上遵守着合作原则,或者在模仿的意义上对合作原则表达了敬意。也就是说对准则的模拟体现了理性,违反只是表面的,不是真正的违反,准则的精神(尽管可能不是字面)

还是得到了尊重(Grice 1989:369-370)。Grice 所列举的"修车""加油站"和"导师推荐信"的例子向我们展示的不仅仅是语言层面上的合作,还有言外目的的合作。合作具有不同的层次和范围是 Grice 合作概念的应有之义。另外,在讨论合作原则和会话含义时,Grice(1989:30-33)区分了几种违反准则的情况。他清醒地认识到非理性或者不合作情况的可能性,多次使用的修饰语来缓和语气,避免绝对化,承认他所讨论的只是一般情况。但同时他指出不同层次的违反情况:明说层上违反准则,并不是真正的违反合作原则。

总而言之,合作跟目标紧密相关,合作的范围和维度的确很复杂,合作概念至少包含以下几个层次:其一,Grice(1989:35)提到的把"会话游戏"继续下去,即双方愿意把话说下去,不至于转身就走;以及姜望琪(2003)所说的"你有来言,我有去语"。这其中涵盖了 Fraser & Nolen(1981)提出的会话契约概念中的一般条款,和 Gu(1994)提到的初始准备阶段,即有想要把话说下去、想要理解对方的意愿,确保话语的可及性(吵架,墙头闲谈都属于这种,至少双方愿意把架吵下去,把谈话继续下去)。其二,在明说的层面上完全满足说话人的要求,却没实质性地满足对方的社会目标的情况(如敷衍,下文举出的周冲应付周朴园的例子),这一点类似于 Greenall(2002)提出的弱式合作概念。其三,虽然在言说层次上没有满足要求,但在实质上满足了对方的社会目标要求,这类似 Attardo 提出的听话人意欲的取效合作(例如,A 向 B 询问 C 在不在办公室,B 没有直接回答,解释了一堆原因,并给了 A 一个能找到 C 的电话号码)。其四,在语言和行动上都满足对方的完美情况,即 Greenall 提出的全盘合作(如 Grice 举的加油站的例子)。另外,在上述言说层面合作、行动层面合作的基础上,Greenall(2002)又增加了一条:态度和表情的合作,即真诚性的要求(她举例说,帮助别人修车,脸上却流露出酸酸的表情,也不是最强意义上的合作)。这其实就是对合作的真诚性要求。从这个意义上看,她提出的强、弱两种合作还是很有道理的。这里的层次划分是根据对交际目标的实现的助益性来进行的。

Grice 的合作概念很复杂,与合作的目标密切相关,具有层次性。客观地说,Grice 在这个问题上的论述比较含糊,既没有旗帜鲜明地表达立

第五章
Grice 意义思想的深层动因

场,甚至在有些地方还前后不一致。除了 Greenall 提到的强势合作,合作的多维性在 Grice 的论述中都得到了体现,所以学界产生不同的解读也就不足为奇。这可能是造成误解的原因之一,每一个读者都从自己的立场出发选取适合自己材料来支持或反对 Grice。

合作层次和维度上的复杂性其实也暗合了 Jiang(forthcoming:15—16)关于"对合作原则的遵守是一个相对概念"的主张。Grice 的论述表明,遵守合作原则的相对性不仅仅体现在层次相对性上(明说层上对准则的违反不是真正的违反,在暗含层上仍然遵守着准则,或者至少遵守着合作原则,参见 Grice(1989:33),这与前文讨论的合作与准则之间的关系相关),还体现在一些对准则的违反只是表面的,不是真正的违反,准则的精神(尽管可能不是字面)依然得到了尊重(1989:370)。这两点 Jiang(forthcoming)都指出来了,并且他结合具体自然会话的例子,援引 Horn(1988:130—131),Thomas(1995:76)的论述,论证对合作原则的遵守与否,会因话语使用的具体语境而产生差别,需要具体问题具体分析。不过我们的理解是,虽然对合作的遵守是相对概念,在不同层次上和程度上有不同体现,但是合作概念本身而言,是一个绝对概念,遵守的程度都是对绝对合作这一理想极限的无限接近或仿拟。后面几节会论证,合作的底层有一种内驱力,它是理性主体的内在要求,遵守是必要的,让人期待的。遵守合作原则与否和遵守的相对性不是一个层次上的概念。

有关 Grice 的合作层次的概念,大致的轮廓已经很明晰了。我们的看法是,首先我们应当明确地梳理清楚 Grice 本真意义上的合作概念,然后才有可能尝试着根据交际实践对 Grice 的理论进行发展。所以可以说,语用学的主流研究思路中,研究者更多地关注社会目标层次上的合作。我们的处理方法跟 Attardo(1997b)类似,那就是,坚持语言层面上的合作,但更主要的是结合当时的语境、活动类型以及双方的预期和目的,立足于对目标的满足和实现这一层次的合作,也就是高卫东(1997:7)提到的"充分合作"。这是对 Grice 合作思想的发展,是对他的理论在会话实践中的一种延伸。虽然我们的做法可能已经不是 Grice 的本意了(顾曰国 2010:xv)。当然,这里并不是不分场合盲目地顺从或者满足对方的要求。Grice本人没有排除社会目标层面上的合作,他(1989:28)还把与准则相关联的期待或假定拓展到非言语交际中去。在我们看来,仅仅话语上的合作是不够的,有时候甚至意义不大,虽然这能够产生会话含义。如果把Grice的实质理性与价值思想考虑在内,他也不会满足于仅仅停留在语言层面的会话可及性以及语言层面上的"把话进行下去",这些只是低层次的要求,是为了满足在更深刻、更广阔的意义上合作行为的必备条件。下面的例子其实很能说明问题。

第一个例子来自《雷雨》,周朴园与儿子周冲的一段对话。

> [朴园走回沙发,坐下叹一口气。招周冲来,周冲走近。]
> 周朴园:(寂寞地)今天——呃,爸爸有一点觉得自己老了。(停)你知道么?
> 周　冲:(冷淡地)不,不知道,爸。
> 周朴园:(忽然)你怕你爸爸有一天死了,没有人照拂你,你不怕么?
> 周　冲:(无表情地)嗯,怕。
> 周朴园:(想自己的儿子亲近他,可亲地)你今天早上说要拿你的学费帮一个人,你说说看,我也许答应你。
> 周　冲:(悔怨地)那是我糊涂,以后我不会这样说话了。
> [半晌]。
> 周朴园:(恳求地)后天我们就搬新房子,你不喜欢么?
> 周　冲:嗯。
> [半晌]。
> 周朴园:(责备地望着周冲)你对我说话很少。

对话中,周冲的回答简短得让人感觉是在应付。从文字上看,他遵守了合作原则,并没有违反任何会话准则,但却让周朴园感到很不舒服,谈话不欢而散。周冲表面的遵守其实是内心的抵触与抗拒,他不想继续对话,所以谈话并没有产生周朴园预想的效果,后者的目标没有实现,所以在最后一句话,他对儿子的反应表达了不满。

第五章
Grice 意义思想的深层动因

另外,日常生活中我们也会碰到类似的例子,说话人话面上严格遵守合作原则,但并没有促成社会目标层面的合作。

同学甲:哎,你知道学校浴室今天开么?

同学乙:知道。

同学甲:说啊,你这个神经病。

下面一个例子来自《孽债》。安永辉是上海知青杨绍荃和吴观潮插队云南时生的孩子,二人后来各自都有了家庭。安永辉走出云南来到上海寻亲,亲生父亲吴观潮给他安顿住宿的情况。下面是杨、吴二人之间的对话。

杨绍荃:那个——安永辉什么时候来找你的?

吴观潮:今天上午,都快十一点了。

杨绍荃:你把他带回家了?

吴观潮:不。

杨绍荃:那你把他安顿在哪儿?

吴观潮:一个小招待所,外省驻上海办事处开的。清静,一般上海人不去那儿,还有伙食。我在那儿有熟人,让他单独住一间房。

杨绍荃:这倒不错。

(叶辛,1992:73)

这里杨绍荃问"你把他带回家去了",含义并不仅仅指表层意思,实际上她要问的是下面一句"你把他安顿在哪里"。由于吴观潮的回答很简短,没有给出她想要的信息,所以她只好接着问了下面一句话,而吴本人也不得不提供超量的信息来补救,达到了杨绍荃的目的。

上面的例子说明仅有话语可及性、言语层面上的合作是不够的,必须关注到底层行动或社会目标的实现。在这一点上我们赞同 Attardo(1997b)的思路,认为行为目标上的合作更具实际意义。上述合作分类是根据它们所关联的目标类型进行的:语言层面的合作互动是满足意义建构的目标,行动上、态度上的合作是全盘合作或社会目标上的合作。Schutz & Luckmann(1973)认为社会互动比语言互动更重要或者优先于语言互动,并包含了语言互动。Greenall 也坚持全盘合作包含了意义建构上的合作,比后者重要。意义建构的目标是社会目标的工具,是它的一个次类。"找到一个缺少全盘合作的例子要比找一个缺少意义建构合作的例子容易得多"(Greenall 2002:32)。需要指出的是,目标的重要性也是一个不得不考虑的因素。Horn(1988:130-131)提出准则之间的优先性,Thomas(1995:76-78)提出的"悬置"情况都说明了这一点。我们下文会讨论,如果结合 Grice 的实质理性观和价值论,仅仅把合作理解为语言层面的协同举动,"把游戏进行下去"是不够的。另一个值得注意的问题是,社会目标层面的合作要求必须是廉价的,容易办得到的,比如打听消息、借小物件、问路等。当然对于需要付出高昂代价的要求,是不能要求对方合作的。比如,路上碰见一个陌生人,你向他询问时间、问路可以,但不能问人家能不能给你 100 美元,或者要求住到陌生人家里。这里是说社会目标上的合作也不是随意的,没有限制的。

5.2.3 合作:规定、描写还是其他?

关于合作原则到底是规定性还是描写性的论争,我们在第二章已经做了详细论述。下面几位作者的观点值得关注。徐盛桓(2002:8)认为"合作原则是以'合作'及其下面的四个范畴作为一种方便的假说来解释传输和理解说话者的言外之意的机制;它不作为一种如实的描写性归纳,也不作为运用性的规则性规定。"他把合作原则当作含义推导工具,认为我们不必对它做本体论上的追问:不要问它从哪里来,是不是天生的,是具体交际所必需的或者是规范性的,这类本体性的问题对于一个"发明"出来的假说不切题。和 Sperber & Wilson(1986/1995)一样,何自然(1995)指责 Grice 没有明示合作的性质和来源,合作是否具有普遍性以及如何习得等问题。他认为 Sperber & Wilson 回答了这些悬而未决的问题。我们的看法是,徐盛桓的立足点依然是在交际理论上,对合作原则只是一种借用,而不去问为什么。徐盛桓(2002)认为语用学包含本体论、认识论和方法论,但重点关注方法论,这里的方法不是具体推导一句话意义的方法,而是关于这些方法的方法或者方法体系,是关于一句话之所以这样理解的原因、制约理解过程的因素以及理解的规律性。他认为"一部语用学史其实是这方面方法论的更替史",这一更替史中的裁决者是解释力的"有效性"。在他眼里,合作与关联都是阐释语用学原理的一种假说,是一种方法论。程雨民(2009:58)的看法同样引人深思。他指出合作原则是"设定遵守而非实际遵守"的,"准则是需要时可能增加的",这一点跟钱冠连(2002)的观点接近。既然这些准则是对解释谈话双方在传递和识别是否遵守准则的可能途径的说明,那么这些途径是可以由说话人来创造的,"没有必要,也不可能具体限制"。

Greenall(2002:99—100)讨论了 Grice 的准则。她指出,我们看到 Grice 本人对准则和理性之间关联的坚持,对按照准则行事和理性行事的要求,导致相当一部分追随者把准则囊括到纯粹理性的规划方案中。这样就在准则和个体理性、因而也和个体本性之间建立了一个关联。她(2002:101)坚持认为 Grice 的会话准则是社会性的、非天赋的,论据是 Grice(1989:28—29)在讨论准则的来源时说的一段话:它们是儿童学得的,不宜抛弃的习惯。Greenall(2002:102)认为,Grice 暗示这些准则是交互主体性的。在论文结尾她(2002:266—267)指出,自己从 Bakhtin 的对话理论和以对话为基础的社会-认知方法入手,把准则解释为互动的交互主体性限制,把合作浸入到社会-认知的土壤中,能取得新的进展。她的这一看法忽视了 Grice 对此类立场的评述,Grice 明确表明对准则的经验、习惯定性是无趣的,只在一定层次上充分,并鲜明地表达了自己"十足的理性主义者"立场。

何自然(2003:65)认为合作是合理的,但不是义务的、必需的。Davis(1998)把合作原则和会话准则识解为"心理原则",具有规范和描写双重效力:描写力在于预测或解释会话含义时的断言用法。Sbisà(2006a:234)提到合作原则时指出,尽管这一原则形式上是戒律(precept)或者是规则(第二人称祈使语气),但它在会话含义理论中使用从来都不是直接规范性的。说话人遵守合作原则是一个设想或推定,而不是真正遵守,也不是有(可能的)义务或责任去遵守它。在她眼里,合作原则只是听话者的一种假定,并不是实际的规则,并且做出这一假设是理性的,是为了对听到的话语做出尽可能充分的解释(Sbisà 2001)。她完全把合作视为听话人的行为,而不是说话人的举动。我们不赞成这种看法,Sbisà 从听话人角度着眼,从解释的推导过程进行阐述;而我们前面提到过,在 Grice 的意义理论中说话人居于主导地位。Sbisà(2006a:234)把四准则也看作话语接收者的假定,理由是 Grice 对会话含义定义中的第一条款:说话人"会被[听者]认定是遵守准则",以此她采取了听话人的视角。看得出,Sbisà 与徐盛桓(2002)的看法一致。

我们在上一章探讨了 Grice 的实质理性观、价值思想与哲学心理学,我们认为对合作原则及准则的定性需要重新考虑。Grice(1989:136—137)指出,接受并有意识地遵守这一语言规则不仅仅是关于我们语言实践的有趣事实,而且是对语言实践的解释。这会引导我们认定"在某种意义上""隐含地"我们确实接受这一规则。"如果'接受'这些规则要与存在相关实践区分开的话,对我们确实接受这些规则这一想法的恰当解释就成了一个谜。但这样的一个谜,当我们承认它让我们深陷一个未能解决的问题时,至少目前来看,我们必须接受它"。这时 Grice 认为,我们为什么接受合作原则及准则等语言规则依然是个谜,是一个没有解开的难题。根据他的这段话,我们似乎可以认为他对合作持描写立场,认为它是对语言事实和实践的描述和解释。不过,正如我们前面反复强调的那样,Grice(1989:28)用到了"规定"这一说辞:"说话人一般(同等条件下,在没有反例出现时)按照这些原则规定的情况推进。"另外,在回答什么是合作假设的基础,或者是一揽子会话含义产生的依据的时候,Grice 指出合作是人们公认的经验事实,是从小习得的、不易抛弃的习惯。他认为这种说法在一定层面上能说得通或者是充分的,但很乏味。接着他声明自己是一个理性主义者,否定了这种经验主义立场。"我希望能把会话实践的标准不仅仅看作是所有人或者大部分人都事实上这么做,更应该是理应遵守的、不该抛弃的东西"(1989:29)。这里既有描写性的一面,又有规范性的一面:不应抛弃。接着他也悬置了合作原则与准则是"准合同"的说法,指出如果会话主体不合作受影响的首先是自己。只有假定双方都遵守这些原则和准则,对谈话目标的实现才是有利的。这里他强调的不仅仅是最有效快捷的交际方式,背后还包含了其他因素。他(1989:370)在后记中提到了道德戒律和祈使句式,让人想起了 Speranza 的话:Grice 是摩西

第五章
Grice 意义思想的深层动因

的化身①。

在讨论规约的时候,Allwood(1976:30—36)谈到了描写性和规定性。他认为某一语言规约的表达具有描写和规定双重性质,描写和规定并非决然分开,二者可以看作一体两面,只是视角不同而已。不同的视角得到的结论不同,涉及同一个规约的两个不同方面。"规约调整遵守者的行动,也就是规定他们如何去做","如果某一个规约被某一社区接受遵守,这就意味着它具有调节约束力,即社区成员觉得有义务遵守它。另一方面,如果规约真的被遵守,那么它与行动和行为中的规律性对应,就会成为描写实际行为的很好的基础"(1976:31)。这里可以看出二者并非水火不容,也不是严格的绝对二分。Martinich(1980:216)认为会话准则"本身就是规约"。Béjoint(2002)在谈论字典编纂的规定主义和描写主义之争时提出,完全规定性的词典并不现实,完全描写性的词典也不大可能,这也为重新解读合作原则提供了一些启发和一定的支撑,扫除了一些障碍。

Chapman(2005:103)指出,"合理性与合作之间的关联远远不是那么明晰"。合作是一种"期待",一种"确信",更是一种希求和内在要求。姜望琪(2003:61)把合作原则及准则定性为描写之后提到,"格赖斯希望能找出人们之所以这么做的原因,他觉得合作原则及准则不仅是所有人,或者大多数人,事实上所遵循的,而且是我们有理由遵循,不应该抛弃的。"不过 Grice(1989:30)不能肯定这一结论是否正确,"除非我对关联的性质,以及在什么情况下需要关联性,能有一个更明晰的认识,否则,我相当

---

① Speranza(2004—07—01)在 Grice 研究小组论坛中提到,在他眼中 Grice 一直是摩西的化身。Grice 效仿 Kant 的 4 范畴而来的 4 准则下面有 9 个次则,被 Speranza 看作 9 个戒律,再加上 Grice 在"预设和会话含义"([1970,1977]1989:273)一文增加的一个方式次则"使你的话语适合回答",正好构成 10 个,就有了所谓的 Grice 版的摩西十诫。Speranza 的说法虽然在很大程度上是玩笑,但是至少有这方面的暗示和线索。加州大学 Berkeley 分校哲学系摩西楼前设置了一条长凳,专门是为了纪念 Grice。另外 Grice 本人确实提到过摩西,在一个信封背面他随手记下了他的反思:"或许摩西从西奈山上带来的,除了十诫之外,还有别的'目标'。"(参见 Reflections on morals, H. P. Grice Papers, BANC MSS 90/135c, The Bancroft Library, University of California, Berkeley)。Chapman(2005:156)指出,这里 Grice 可能是在思考,能否对别的生存系统进行调整。他甚至还提到:宗教道德或者宗教信仰是人类存在的事实,是人性的必要结果。

肯定无论如何,我不能得到这个结论"。这里姜望琪明确指出了 Grice 的意图,但他并未(Grice 本人也没有)告诉我们深层的原因,只是在后面提到不这样做遭受损失的只是说话人自己。我们认为更深层的原因不仅仅在于某一个体的损失。结合 Grice 在论述合作原则时采用的一系列祈愿和对"合理性"的评价性言辞,我们有理由认为,在 Grice 心中合作原则不是一种经验描写(这个立场其实已经被 Grice 否定了),而是一种祈愿,一种诉求,是在理性重构基础上的一种要求。它虽然没有强制性,没有绝对的规定性,但是有着深刻的伦理学基础。应当指出的是,这里的伦理不是道德评判和审查,而是一种价值评估,是评价性的。为了作为类属的人的繁荣和长远发展,我们一般情况下没有理由违反原则,为了自己,更是为了整体的利益。这在 Grice 论述合作原则时候也暗示了,不过没有点透:即使为了个人的利益,我们也会协同一致,采取合作举动。

实际上在 Grice 的思想中,价值概念的引入对于我们看清合作原则的本质颇具启发意义。合作原则是理性的一般认知能力的体现。把"价值"概念引入会话理论其实也为反对合作原则及准则的规定主义解读提供了证据(Chapman 2005:167)。准则并非缘于必须要遵守某些强加的外在伦理和道义规定,如"助益性"和"周延性"的责任。祈使句的表达实际上掩盖了这样的事实:它们实际上是自由选择的、高度理性的行动方式。和道义规则一样,它们是达到某些目的的方法手段,只不过只有被赋予了评价能力的生物才能对这种目的做出评价和赋值。遵守准则的倾向以及赞赏某些善的行动方式,都来自理性人的同一种本质特性:赋予价值的特性或必要性。正是在这个意义上,会话理论可以被视为 Grice 总体规划的一个成分:对人之为人的描述。

姜望琪(2009:6)指出,Grice(1989:369-370)在"后记"里承认,为交流信息而进行的合作性自由交谈中包含一定程度的保留、敌意、甚至欺诈,法庭盘问这样的特殊对话中的共同目标只是表面上的,合作只是模仿,但它至少在模仿的意义上对合作原则表示了敬意。Martinich(1980:215)指出,即使在激烈的辩论或者艰苦的讨价还价中,每一位参与者都需要理解对方的话语意思,最惨烈的争论也必须在"驳倒对方"这一点上达成共识。这都说明合作是常态,是我们一般情况下要遵守的。需要指出的是,姜望琪(2003:59—60)向我们展示,关于四准则的名称 Grice 仅仅借用了 Kant 的四个范畴的名称,判断的内容跟他的准则没有任何关系,甚至连名称也有所改动,因为 Kant 的量、质范畴的内容和 Grice 准则说的不是一个意思。Horn(2004:7)认为四准则并没有特殊的地位,只不过是表达了对 Kant 范畴四部曲的敬意。还有学者认为 Grice 此举带有玩笑的意味(Chapman 2005)。我们认为情况可能并非如此。《理性面面观》一书明晰地向我们展示,Kant 对 Grice 的巨大影响。我们的考虑是,Grice 之所以采取这四个范畴,其中的一个考虑就是它们基本上囊括了世界上所有的实体之间及其存在的关系,具有普遍性、高度的解释力和概括力。封宗信(2002:9)也提到了这一点。Grice(1981:184—185)本人在讨论会话准则时指出,"我区分了一些被我叫做会话准则的东西。我认为,一般来说[它们]适用于我们的交谈方式";"尽管可以被违反和违背,通常情况下,这些准则是任何理性谈话者都接受的必需之物"。

另一个证据来自 Saul(2010)。她发现,在概括会话含义的时候,Grice(1989:30)指出"一个人通过(在,当)说出(或者仿佛要说)p,暗含了 q,可以说他会话隐含了 q,只要(1)他会被认为是(is to be presumed to)遵守会话准则,或至少是合作原则……"。Saul 认为很多人把前边的会被认为是解读为是被认为(is presumed to)①。这就抹煞了二者之间的差别:后者是一种描写,听话人确实是这么做的;而前者则是更具规范性的条件。对 Saul 来说,对前者最自然的解读就是:如果说话人应该被认为是合作的,那么这个条件成立。这里我们发现这句话对听话人的要求,应当设定说话人合作。Green(2002:243)认为,Grice 的上述说法是一个标准规范命题,既不蕴涵、也不蕴涵于任何人实际上认定的东西。这一概念明显是一个客观价值的例子,Grice 认为它是所有主要哲学领域都不可或缺的概念,但是没有引起语用学者的足够重视。这一客观规范也是会话含义的一个合适要求。

---

① 如 Davis(1998:13),Davis(2005),Levinson(2000:15),Saul(2002a:231)。Green(1995:98;2002)正确地认识到了这一点,并指出这样做的重要意义。Saul(2010)透露 Sbisà 提请她注意这一问题。

另外一个讯息是,Grice 对会话准则的表述最初是陈述性的,后来又改成了祈使语气,这一举动也能说明问题。Warner(2001:xxiv)指出,Grice 关于实践必要性的推导是他后来才加上的,最初的手稿中没有。这恰恰是 Grice 对 Kant 的《道德形而上学基础》与《判断力批判》产生浓厚兴趣的时候。这里可以看出,Grice 从认识可接受性到实践可接受性以及实践必要性,是与 Kant 思想一脉相承的。这也就是我们所说的,只要某一信念、行动是善的,值得期待的,我们就应该去付诸实践。这一要求同样适用于合作原则,如果合作是理性的,让人期待的,我们就没有理由不去合作。

如果把 Grice 的理性关怀纳入研究视域做一深度剖析,或许会看到另一番景象,获取另一种认识。本书第二章我们曾向读者展示,坚持把合作原则视为描写性的立场依然是语用学界的主流认识。现在我们认为情况远比这个复杂。对于祈使语气表述,在坚守描写性的立场下,Attardo(forthcoming)做出如下回应:祈使语气只是表达了一种建议,省略了"如果你是理性的"这一前提条件,合作原则及准则完全可以表述成陈述语气。尽管这些学者是在维护 Grice,驳斥一些对 Grice 规定性的诘问,但是在这一点上,我们认为无论是 Grice 的反对者[①]还是支持者,都未能从整体视角出发,未能在哲学观照下来解读 Grice 的真正用意。封宗信(2002:9)写道:"虽然 Grice 的合作原则理论有表面上不够完善的地方,但是他的理论框架对研究人际交流之本质有很大的指导意义。因受条件限制,Grice 未能从认知等角度揭示出人际交流的原则到底是什么,但是他提出的合作总原则是有普遍意义的、在深层次上起作用的东西。Levinson(1983)指出的"哲学家的天堂"正好从反面说明了 Grice 理论框架的实质。"我们认为 Grice 的本意并不是要建立一个完整的交际理论,所以也就无所谓他是否受条件限制,也不能要求他从认知角度提出交际的原则。他既没有责任也没有义务这样做,他的视域和志趣不在于此。陈治安、马军军(2006:261)说道:"合作原则只是对话语行为的描述,不具

[①] Sperber & Wilson(1986/1995:162)认为合作原则及准则是为了达到充分交际,交际双方必须知道和遵守的一种"规范"。

第五章
Grice 意义思想的深层动因

有规范性或者强制性,四条准则可以看作是对合作行为过程中理性方式的描述,准则是任何一位理性话语使用者都接受的、迫切需要的东西(Grice 1981:185)。正如 Grice(1989:370)将四条准则定义为'道德戒律'一样,合作原则是理性人的指导原则,理性人是在道德层面而非功利层面遵从它(Grandy 1989:524)。因此,理性人在构建话语和理解话语过程中体现合作。"我们认为这一论述有问题:首先,它容易产生误导,上述引文中只有"准则是任何一位理性话语使用者都接受的、迫切需要的东西"这句话出自 Grice 之口,前面的话语是陈、马二人自己的观点。其次,这里他们的表述不确切:Grice(1989:370)并非直接把合作定义为"道德戒律",而原文是"有点儿像道德戒律"。再者,作者的陈述有自相矛盾的嫌疑,他们前边认定合作原则是描述性的,非规范性或强制性的,后边又说它是道德戒律,是理性人的指导原则,主体应在道德层面而非功利层面遵从它。

另外,在第二章我们提到,封宗信对合作原则和会话四准则做出了不同的定性。我认为这样处理至少是不那么方便。不可否认,原则和准则的层次和地位不同,但性质不一定非得不同。结合前面几章的论述,把 Grice 的理性观、价值论、实践必要性、目的论、身份、幸福概念整合起来,在整体视域中审视合作原则,我们认为,合作原则及准则不是简单的描写,也不是一种强制的规定,而是一种理性诉求,一种呼吁和期望,也是理性主体的内在要求和自觉行动。同等条件下,为实现交往目标理性主体所能采取的最佳选择。这是有限理性条件下的必然要求和诉求。故意违反常规,对自己不负责任,则另当别论。在讨论 Grice 的伦理学基础之后再来审视这一观点,图景会更加清晰。

程雨民(2009:55)针对合作原则的遵守,区分了"主观遵循"与"客观设定遵循",看得出,这是从说话人和听话人(解释者)角度所做的区分。他认为,Grice 采取了前一种立场,这就把问题复杂化了,因为从"主观遵循"的角度运用"合作原则",超越显义,推出含义,就很困难。程雨民采用"客观设定遵守"立场。他(2009:56)主张把祈使语气改为陈述语气,去掉"使"(make)这个字。他承认自己的角度跟 Grice 不同:他的着眼点是,符合合作原则是语篇之所以成为语篇的前提或必要条件;而"主动遵循"

对说话人来说也很费劲，不容易总能做到。Grice采取主观遵循是有自己的道理和动机的，我们回头再来讨论这个问题。

5.3 Grice意义理论的伦理学基础

Grice(2001:xviii)把道义原则看作常识心理学的一部分。伦理学在他的思想体系中本来就占有一席之地，并且还是其他理论的源头或者必要因素之一。其实在Grice的理论框架中，始终贯穿着一条主线，尽管不是很明晰，那就是伦理学诉求和他对人的终极关怀。在他理论的深层，对理性主体的假设，与之紧密相关的善意原则、合作原则，都是他这一思想的体现。虽然合作原则的提出最初是为了解决自然语言的逻辑问题①，也是基于理性主体假设之上的又一大胆乐观的假设，但它的提出及约束力都体现着一种伦理学的诉求。

5.3.1 争议：合作背后有无伦理性

关于合作原则有无伦理性的因素，学者们持不同意见（姚晓东2010）。我们先看有无之争，再评价其是非对错。

在讨论合作原则时，Grice(1989:28)在提出四准则后明确指出，"当然，还有其他准则（美学、社会、或道义性质的）在起作用，如要有礼貌等"，但是并未深入展开，似乎对此不太重视。这一举动本身也引起了一些不同看法。吴炳章(2009:11)据此指出，虽然Grice注意到会话准则中应该增加社会方面的内容，但是这一省略却严重地削弱了其作为语言交际论的充分性。处在一定社会关系中的人，使用语言的时候必定会反映他们的社会角色，同时还受到社会角色的制约。进一步讲，交际中的合作是有

---

① 这是Grice对Strawson逻辑连接词处理方法的回应，也是为什么他讲稿的题目虽然定为"逻辑和会话"，但却仅在开头部分提了一下逻辑，就转到会话的特征和合作原则上来的原因。Grice是有针对性的，其实逻辑问题是本次讲稿的核心内容，这里的逻辑是会话逻辑。Wharton(2010:183)指出，其实Grice在1967年整个William James讲座系列的总题目是"逻辑与会话"，只不过在1975年发表的时候，他把第二讲以"逻辑与会话"为题发表。这里Grice引入合作原则是为了反对Strawson所谓的逻辑连接词与其自然语言对应语词意义不同的说法，他的办法是借助合作原则以及据此产生的会话含义来解决这一问题。

条件的。姜望琪(2009:5)在引述 Grice 上面这句话后,在脚注中表达了自己的看法,"这句话明确表示,Grice 不认为他的会话准则是像关联理论主张者所说的那样,有任何社会、道义成分在里面"。我们认为事实可能不是这样,不能仅仅根据 Grice 的这句话就认定他反对在会话原则和准则的内涵中允许伦理学介入。Wilson & Sperber([1981]1998:366)确实认为,Grice 的原则和准则里边存在道义、社会性因素。这体现在他们对 Grice 理论的评价中:"与 Grice 的理论想要引导大家的期望相反,在制约会话行为的规则中没有明显的道义或者社会原则出现。"他们的意思是说,Grice 的原则和准则试图引导一种道义或社会原则,但失败了。但姜望琪(2009:14)指出,Grice 认为道义、社会准则不属于会话理论的范畴,不是会话准则,因而不是他想要讨论的范围。姜文的立论根据就是 Grice 在讨论会话四准则之后又提到的其他三条准则,他认为虽然这三条准则在谈话中通常也被会话者遵守,产生非规约含义,但 Grice 把它们与会话四准则并置对照,又没展开,就暗示它们不是会话准则。对此,孙玉(1994:9)的看法是,由于 Grice 主要从信息交流的角度谈会话,所以对这些准则没有展开讨论。虽然各方对三条准则的定性和归属存在争议,但大家似乎都接受,根据这三条准则可以产生"非规约非会话含义"。不过要指出的是,如我们前面提到过的那样,Grice 本人并没有提出"非规约非会话含义"这一概念,这是后来的研究者在对含义分类时加上去的。

对于这三条准则的地位和归属,Harnish(1976)和 Sadock(1978)也有论述。Sadock([1978]1998:316—317)指出"非规约非会话含义"是根据规约意义、话语的语境和背景知识运算出来的,关键依赖的是上述三条非会话准则。Sadock 对会话、非会话的这两大类准则的区分表示不解,他认为二者没有太大差别:毫无根据的无礼举动,脱离社会或者让人不快都会被认为是不合作的。同样,会话准则中要求讲真话的质准则很容易被理解为道义原则和(或)合作原则。最后他补充道,"对于我们的目的而言,不管怎样,这种非规约非会话含义与会话含义而不是规约含义更合拍"。Harnish([1976]1998:305)也认为 Grice 此举容易误导。与 Sadock 一样,他也认为这三条准则可以归入合作原则。不过,对于它们究竟会对理性合作有什么样的贡献,他觉得不是很明显。他举出盖世太保的例子来说明,道义准则很可能会阻碍说话人对其他准则的遵守。这部分地源于我们对这三条新准则的面目还不是很清楚。他认为最好的可能的研究策略是,先设想理想的合作会话,然后转向实际语境中各准则之间的互动。

  有关的讨论仍在继续。在"逻辑与会话"一文,Grice 在提出上述三条准则之后,紧接着指出:"然而,会话准则以及与之相关的会话含义,和谈话(以及进而的谈话交流)赖以达到和主要用来实现的具体目的(我希望)有着特别的关联。"Jiang(forthcoming)认为,这一具体目的就是理解对方以及为此而付出努力,如,说话人发话是为了让听话人理解自己的话,听话人也尽力去理解听到的话语。他指出,不能认为会话原则和准则与伦理学无关,比如质准则要求讲真话、不说自己认为没有足够证据的话,要排除欺骗意图等,但是 Grice 的合作原则及准则是在谈论会话的运作机制,而不是要讨论或者说在关注和强调伦理学这个方面。其实这跟我们总的主张并不矛盾。因为姜文在这里着眼的仅仅是"逻辑与会话"这篇文章,他的关注点也不在 Grice 的整体思想体系,而是语言语用学和日常会话理论。所以我们认为不能简单地根据这三条准则不属于会话准则就排除合作原则与准则的伦理性。另外 Sadock 和 Harnish 也不认为这三条准则和会话准则的区分有多大的意义。Grice 本人明确表示,会话只是有目的的、理性行为的一类特例,并且他对"话语"是一个宽泛的概念。另外,Grice 在牛津的授业恩师 Hardie 就是一个伦理学研究者[①],Grice 也深受 Moore,Stevenson 和 Hare 等伦理学者的影响。Warner 在 1991 年的《哲学杂志》关于"Paul Grice 思想研讨会"报告中对 Stalnaker 的看法做出回应。Grice 研究小组负责人 Speranza 说道:"根据我的记忆,Warner 想说的是,如果不对 Kant 的某些'道义'甚或是'超验命令'限制进行研究,就来解释 Grice 的理性观,这样做得到的图景是不完整的"[②]。这些都从侧面间接地支持了我们的看法。

---

  ① Grice(1986:46)回忆了自己的导师 Hardie,指出 Hardie 关于 Plato 的论著是他的代表作,关于 Aristotle《尼各马科伦理学》的论述对 Grice 讲授 Aristotle 的道德理论帮助很大,另请参见 Chapman(2005)。
  ② 参见 http://www.phon.ucl.ac.uk/home/robyn/relevance_archives_new/0275.html.

第五章
Grice 意义思想的深层动因

McCafferty(1987)指责 Grice 的含义推理过程太繁琐。在某些推理中有些准则不用介入,也无需绕到更高层次的合作原则来推导会话含义,只要听话人认为对方是在合作就足够了。在回应这一指责时 Grandy(1989:523—524)指出,Grice 本人并没讨论一些能引导人们得出"某人是在合作"这样的推理过程,所以自己无法得知 Grice 可能会是什么回应,不过可以确定的是,Grice 的回答肯定与其伦理学思想相关,而 McCafferty 眼中不常用的绕过合作原则的推理本质上是功利主义的,是 Grice 所不喜欢的。Grandy(1989:524)提议,Grice 很可能会认为合作原则应该是建立在 Kant 思想之上的理性主体的支配原则,对理性主体来说,Grice 在 James 讲座上的解释是正确的,因为他们遵守合作原则是基于道义的,而不是实践的或者功利主义背景之上。

对于 Grandy(1989:524)认定 Grice 会把遵守合作原则与伦理学联系在一起的看法,Stalnaker(1989:526)并不认同。在 Grandy 看来,转向伦理学寻求解释"既无必要,也是错误的",因此他呼吁,我们"能够并且应当把解释会话中合作原则的作用和假定理性人受任何类型的道义原则驱动分离开来"。他认为合作原则在"最让人生厌的、双方对彼此的道德品性少有信任的会话者之间的谈话中发挥作用"(1989:526)。虽然是批评,但看得出 Stalnaker 的预设是,人的谈话本身就有了这种要求,无需再单列出来进行强调,这与我们想要把它们凸显出来的做法实质上并不矛盾。

Leech(1983:9—10)提到,在对"原则""准则"等术语的日常解释中,有一种元素被小心谨慎地略去了,那就是这些限制具有道义或者伦理学本质,比如,"要讲真话"实际上会被视为道义上的责任和要求。不过他指出,把它纳入到科学语言解释之中的原因却是描写性的,而非规定性的。这些准则构成了语言意义描写的必要组成部分,因为它们解释了说话人如何做到意会大于言传。他还认为,说人们通常遵守合作原则,并不是采取一个道义立场。然而,紧接着他坦承:"不可否认,各原则把诸如真实性这样的交际价值观引入到了语言研究中",而传统的做法是避免引入价值概念,以免妨害研究的客观性。很显然,Leech 承认合作原则里边存在价值判断,承认道义解释不可或缺,只是不同学科的研究方法和侧重不同,才刻意剔除了这一因素。他没有说明原因。Leech & Thomas(1988)表达了同样的立场。后来 Leech 呼吁,既然我们所考虑的价值因素在经验背景下在社会中发挥作用,而不是我们强加给社会的,我们就没有必要把它们排除在研究范围之外。这里我们看到至少 Leech 肯定了价值判断的作用。在这一点上,吴炳章(2009:107)指出,Leech 想要说的是语言学家在提出语言理论的时候永远不能忘记:语言使用受道德因素的制约。语言共同体的价值观通过其道德系统得以具体化,体现在语言行为中。正确的语言行为是语言能力接受道德规范(礼貌原则)约束的结果,合乎道德规范的话语(包括谎言)具有"合法"地位。Leech 还指出,原则和规则之间并非界限分明,他原先的区分(Leech 1983:8)过于绝对。

Sarangi & Slembrouck(1992)在评价合作原则时指出,Grice(1975a:48)的下列表述本身就包含了伦理因素:"我们遵守合作是合乎情理的……这些是我们不应放弃的。"两位作者认为,正是 Grice 的伦理学立场使得 Allwood(1976)把人类的合作看作是蕴涵了"人类仁善"(human benevolence),互动者也被视为常态的理性主体,具有下列特征:

(1) 他们主动自愿去实现一些目的;

(2) 在尽力实现目的的过程中,他们在伦理、认知上体谅对方;

(3) 除非对方发出明示信号,双方都相信彼此会按照(1)、(2)去做(1976:56—63)。

不过 Allwodd 提出"理想合作"中的这些原则并非要描写实际行为,而是对"理想规范交际的阐释说明"(1976:143)。显然,Allwood 这一做法同样会遭到 Grice 所面临的批评,即无视社会事实的理想主义。他放弃了不受价值约束的合作原则立场,论述充满了价值评价。

Leech & Thomas(1988:8)不赞同 Allwood 的上述立场。他们认为,Grice 提出合作原则很大一部分原因是为解释会话含义,解释人们为什么能够表达和获得比明说更多的意义,仅此而已,并非像评论者所主张的:合作原则建立在先验的人类仁善与合作配合的基础上,Grice 是在坚持人类行为的伦理性。这似乎跟前文我们提到 Leech(1983)的论述有出入。不过他们却没有解释人们为什么非要合作,对 Grice 提出合作原则的另一部分原因闭口不谈。Sperber & Wilson(1986/1995:162)认为关联原则是对明示-推理交际的概括,交际者不用"遵守"关联原则,即使他们想

第五章
Grice 意义思想的深层动因

违反也违反不了,关联原则无一例外地适用于每一个明示交际。而 Grice 的原则和准则是交际双方为了充分交际必须知道的规约,关联原则却没有这么苛刻,所以他们(1986/1995:36)质疑 Grice 合作原则及准则背后的动因和理论根由。Huang(2007:201—202)也提到这一本体论性质的问题:原则和准则从何而来,以及谈话双方是如何知道它们的? Grice(1989:29)明确提到的一个可能回答是,它们是学得的,"这是一个广为人知的经验事实,人们确实这样做;他们在孩提时代就学会了,也未丢掉这一习惯。事实上,要明显背离这一习惯需要花费相当大的气力"。我们前面提到,Grice 后来放弃了这一立场①,原因可以追溯到他的实质理性观背后的价值考虑,以及他对人类发展的终极关怀。

在合作原则与准则的定性问题上,Levinson 也前后不一致。他(1999:144)认为,准则是格言警句类的行为原则,合作原则是"让人熟知(而非严格管辖)会话","祈使语气的措辞和表达并非暗示道义要求,也不是法律规定,而是为实现会话目标而采取的处方性的理性行为方式"。在文章的下一页他介绍了认知语言学者、民族志方法论者以及会话分析者对合作概念的评论:认知语言学认为,所有意义都是没有差别的语义和语用心理学,"说和没说(unsaid)之间没有原则性区分";民族志方法论者认为 Grice"仅仅(充其量)是在描述牛津贵宾席上的语言";会话分析学者认为"Grice 坐在扶手椅上构思的民族志学是科幻小说,人们尽情驰骋于各种高度详细的语言实践比格赖斯原则对言外之意的解释更具启迪和解释力"。Levinson 在回应民族志者的观点时提到,"如果民族志研究者是正确的,没有人感到有义务讲真话,言说及其言说的方式、时间之间没有关系(没有什么来制约[话语的]量、关联和方式)的话,那么不仅儿童不能学

---

① 我们在本书中多次强调,Grice(1989:28—29)认为这一经验事实是乏味的,只在某一层次上充分,紧接着他指出自己是十足的理性主义者,不满足于仅把会话实践的标准当作大多数人或所有人实际上都遵守的,而是把它看作我们理应遵守、不该放弃的。Chapman(2005:141—142)强调,Grice 在 William James 讲座中确实提到了理性,他坚持遵守合作原则相对于会话目标而言无异于理性行事。晚年在重温自己的著述时,Grice 更进一步,谈到了会话理论的心理学性质。虽然 Chapman 指出,会话理论(实际上是合作原则及准则)的目标并不是对日常会话精准严格实践和规律性的描写,而是解释人们彼此赋予对方心理状态或态度方式的解释。我们同意她否定描写性的说法,但是不满足于她对后者陈述。

习语言,也将无法解释隐含话语,间接指称的特殊价值,不能解释暗示和提示是如何运作的(这其实正是民族志工作者的兴趣所在)"(1999:146)。在文章结尾他再次重申:即使在被无视的时候,Grice 的准则和原则中也有伦理学因素;整个社会科学都需要一类新的解释原则,比规则、规范或者常规更灵活,更具符号性;Grice 的准则比 Bourdieu(1977)的"惯习"(habitus)概念更明晰,但二者属于一路的(a similar kind of beast)[①];推定探索法(presumptive heuristics)管辖社会生活,制约我们的行为,以免产生不想要的意义,使我们能够产生精微的、引申了的意义,而不必说出来。我们认为这里 Levinson 在合作原则及准则有无道义要求的立场上前后不一致。他和前边提到的陈治安、马军军(2006:261)、封宗信(2008)一样,既认为准则是描写性的,又有规定性的约束力。

Grice(1989:298)提到"对我来说,对理性的任何自然主义概括的尝试和努力都注定会失败。价值从一开始就存在,不能把它剔除出去。"哲学上的自然主义是指,所有现象都可以用自然起因和法则来解释,而不必赋予道义上、精神上和超自然的意义(Thompson 2007:102)。这里 Grice 的立场很坚定,也很明确:理性里边有评价和道义因素,合作是理性的,所以没有理由排除它本身具有伦理性因素的可能。

Grice 宣称自己是一个客观价值论者(1991:25),又是实质理性主义者(1986a:34;1989:302;1991:12,61,86;2001:88)。"价值概念对理性至关重要"(Grice 1989:289)。价值就是判断,判断的核心就是"最优化","真""善"以及"满足"。善的人就是能够很好地实现理性的人,一种在自由境况下能够支配自己的人。从 Grice 的论述中可以看出,他认为价值与人之为人的特质紧密相关:"一个理性的生物体是会做出评估的主体"(1989:289)。在这样的图景之下,我们看到理性是合作的基础,合作原则充满了伦理学和道义因素。

5.3.2 意义理论背后的伦理性体现

这里,我们讨论合作的伦理学特征并不是对其进行善恶的道德批判,

---

① 关于这一点,请参阅姚晓东(2011)的批评性述评。

第五章
Grice 意义思想的深层动因

更多的是对这一行为的价值评估和衡量,合作是一种实践理性的体现和要求。我们提到在 Grice 的意义分析模式中,一种意向没有容身之地——"隐秘意向"。这种意向是指,听者从说话人话语中产生了一个信念,而说话者的真实意向则是另外的内容。如果缺乏意向的公开性,则根本不能算作交际,也不能作为意义传递的例子,所以在 Grice 的非自然意义中,缺失了欺骗这一意向意义成分。他(1989:99,302-303)指出,先前他把这种意向排除在解释说话人意义之外,但没解释原因,而这里给出的理想主义框架有一定的解释力。理想主义框架指一种逻辑上不可能但值得期待的最佳状态,接近理想极限但本身无法实现。在这一状态下,我们可以认定这种理想状态不仅是合法的,甚至还是必须的。排除隐秘的欺骗性意向就能够以最佳状态传递说话人意向,而不必受制于意向双向互知这一无限回溯。虽然 Grice 依旧低调,认为至少"这种任意性、或专门性将会不复存在,或者至少得到缓解"。很明显,伦理学的基调是存在的,虽然具有一定的隐蔽性。Chapman(2005:93-94)也强调,"质的准则和关系准则在当代伦理学著作中也广为人所熟知"。

  Neale(1992:550)认为,通过摒弃"隐秘意向"这一避免欺骗的做法,就可以认为说话人 U 确实意谓命题 P,而不用无限向后回溯,来追寻说话双方对彼此的意向共知。Grice 这样做的依据或者说合理性在于,正如他在"再论意义"一文提到的,价值和理性之间的关联,这一关联在 Grice 伦理学和哲学心理学中占据中心地位。其他减少或者杜绝无限回溯的方法包括 Schiffer(1972)的共有知识概念,Harman(1974)的自我指称意向概念等。Grice 认为不必这样,排除欺骗性隐秘意向就足够了。不过 Thompson(2008:304)似乎不太认同 Grice 的做法,并给出了两个原因:(1)有些交际虽然涉及隐秘的推导成分,但成功了。(2)交际成功并不仅仅是不出现隐秘意向,还需被识别为要么是隐秘的,要么是缺失(即它们出现了,但是为了意义而被屏蔽掩盖了)。Thompson 认为排除隐秘意向并非交际成功的充要条件,还要能被听众识别。

  我们不止一次引用 Grice 下面的一段话:交谈是有目的的、实际上是理性的行为的特例,合作原则是我们有理由遵守,不应该抛弃的,而不仅仅是对我们日常交谈行为的描述(1989:28-29)。从本书前面两章对实质理性和价值的论述可知,他认为这样做是有益的,让人期待的。这就把合作原则建立在伦理学基础上,而意义是在合作原则基础上推导出来的,同时他把欺骗性意向排除在外,进而把它排除在非自然意义之外。所以,我们有理由认定 Grice 的意义理论具有伦理学印记:意义源于意向,而意向的传达需要被听话人识别,这样合作原则就起作用。合作建立在理性假设基础上,而价值观和判断是理性的本质特征,三者紧密相连。Grice 的意义理论深深植根于价值判断基础之上。

在"反思性后记"中,Grice 把心理状态和话语、心理状态和现实之间的对应称为真实性,认为这种对应是"有益的","让人期待"(1989:287－289)。并且他认为,如果来看看人类和其他有意识的生灵游走辗转和存活的方式,或许还要实现更远大的抱负,那么这种对应就不仅仅是存在的,而且是必须的、值得拥有的,让人向往的(1989:284)。后来,他进一步说,心理机制的运作需要真实信念(正确的心理、生理对应),这对生物体有好处;愿望与现实符合才能实现,才能按照有益于生物体的方式运作心理机制(1989:286)。一个理性或反思性的生物体可能会意识到,如果想要心理机制对自己有益实用,心理状态和世界之间的对应是必需的;同样,服从于这一对应规定条款,心理机制对生物体的生存或其他目标的实现有裨益。如果生物体认识到这一切,他会从自己的视角自动地认为这些对应值得拥有,让人期待。即不仅这些对应本身值得拥有、让人期待,生物本身也会认为这确实如此,这种对应会变成理性主体的内在要求和自觉行动。

在 Grice(1989:294－295)一步步地推导自然意义和非自然意义之间传承关系的第五个阶段,他提出一个重要论点,那就是听话人 Y 能否识别出说话人 X 的意向,听话人能否识别出并进一步相信说话人的这一意向,取决于一个附加条件:听话人应该认定说话人在某种方式上值得信赖。一个可能的方式就是,除非说话人真的如此这般,否则在一般情况下或某一类情况下,他不会意欲让听话人相信他处于这种状态。另一种方式是,听话人也相信说话人值得信赖,不仅没有恶意,且一般情况下是个负责任的人,他会尽力使得他想让别人相信的事态事实上确实如此;这种人不粗心大意、鲁莽草率。当这种信任条件得以满足时,听话人识别出说

第五章
Grice 意义思想的深层动因

话人的意图,进而采纳接受这种信念,就会被认为是理性的①。

Baker(1991:13—14)也提到了信任概念(trust)。在合作举动中,只有认定我们自己和别人本质上是理性的,我们的行为才可以理解;认定他人本质上理性,对自身行为负责,才能使信任成为可以理解的、正当和无可非议。"有很好的理由认定不仅我们经常以这样的方式相信别人,并且有理由相信这是人类的禀性或自然倾向。由于这一禀性倾向在生物学意义上有益,若想在社团中好好生活,保持一些信任至关重要。"信任的另一个好处是,即使我们认定人类成员必须经历形而上学质变程序,正视信任的建构会要求我们把其他人类成员视为理性人,因而也把他们当作理性人对待。

在 Grice 的意义理论中,谈到合作原则及准则时,Grice(1975a:46,1989:371)把质准则放在第一位。有学者指出质准则和其他三个准则不在同一个层次上,并非平行的并列关系,如,Green(1989),Thomas(1995),Levinson(1983)以及 Horn(1984;1993:38)等都坚持质准则优先。Green(1989:89)甚至认为,违反质准则等于道义上的冒犯,而对其他准则的违反充其量是轻率、无礼的。不过,关联理论并不承认质准则的优先地位(Wilson & Sperber 1981:362;Sperber & Wilson 1986/1995),因为在关联原则中,其他准则都可以通过关联原则得到说明。新格赖斯理论也都保留了这一准则。正如 Lewis(1975)的真实性规约表明的那样,如果不坚持这一点,其他准则就无从谈起。这一点 Grice(1989:27)是同意的,只不过他认为在产生会话含义的功能上,质准则跟其他几个准则没有实质差别,方便起见,就把它们并置了。按照 Grice 的本意,撒谎、刻意欺骗和违反合作原则的会话不在他的研究范围之内。即使在审讯这种双方目标明显冲突(甚至是欺瞒)的互动中,也有最低限度的合作要求:协同举动。这是最低程度的对会话合作的模拟而非例示,但至少在模仿的意义上对合作原则表达了敬意(1989:370)。Grice(1989:371)明确指出,质

---

① Attardo(forthcoming:33)提出了反对意见:按照 Grice 的意义分析模式,句子、词汇的意义最终要取决于说话人的好意和理性。因为对 Grice 来说,听话人假定说话人"值得信赖"(1989:294),遵守合作原则,至少是遵守会话的游戏规则。Attardo 指出,Grice 假定任何交际内容都应该真实,他对交际的定义是价值驱动的,甚至是伦理性的。

准则具有区分和决定一个会话举动能否算作合法话语的效力,"虚假的信息不是劣等信息,它简直完全不是信息"。所以在 Grice 会话理论中,不存在谎言,所有话语都被看作说话人的真实意思表示,这再次凸显了他的意义理论背后的伦理学性质。另外从实现谈话目的及其高效性来说,在假定双方理性的前提下,应该认定话语为真。

吴炳章(2009:105)指出,仅仅依赖于表述方式就把合作原则及准则视为义务或强制性要求的做法有失公允,不能仅仅根据祈使句就把它们看作强加给说话人的义务。他指出,造成这种解读和分歧的原因在于,"我们片面地局限于字面表述的命题内容,而没有注意其中所包含的命题态度"。也就是说,在解读 Grice 的表述时,读者未能领会其言外之意。比如 Grice 对质准则的表述是"设法让你的话语真实",这表明说话人应该"设法"而不是必须使自己的话为真,或者尽量讲真话。一些作者之所以误解合作原则的基本要旨,原因在于无视"应该"和"必须"之间的差别,没有充分注意到 Grice 赋予准则表述的命题态度,而仅仅聚焦于表达式的命题内容。对此我们深表赞同。姜望琪(2002)曾指出,关联理论对讲真话这一准则的解释有误,交际的要点不在于说话人是否在讲真话,而在于听话人是否知道说话人为什么不讲真话。Grice(1989:136)认为,遵守规则不仅是真实的语言现象,还是解释语言事实的工具。我们的语言实践显示,仿佛是我们接受这些语言规则,并且有意识地遵守它们,这引导我们进一步假定"某种意义上""隐含地"我们确实接受这些规则。

徐友渔等(1996:113—117)在谈论语言与道德问题时提到,当代语言分析哲学家对伦理学的研究集中于分析道德和道德陈述的意义与功能,不制定善恶标准,不提出行为准则,价值上保持中立,这是一种元伦理学,不同于传统的规范伦理学。但我们觉得,即使是这样的研究取向,也不否认价值评判因素的存在。Stevenson 在《伦理学和语言》(1944)中提出,除了描述性用法,语言还有伦理性用法,表达爱憎和赞成、反对等情感,并以此来影响他人行事。他认为伦理性的分歧实际上是一种态度分歧和对立。道德断言的意义有说明和祈使两类。Hare(1952:18)认为伦理性语言是一种指令性语言,带有命令性质,会影响人的行动。他区分了伦理性语言中的描述部分和评价部分。其实细读 Grice 的著述,我们不难发现

第五章
Grice 意义思想的深层动因

其中伦理性表述,体现出一种强烈的让人行动的潜在要求或指令。

　　Grice(1989)充满了类似的评价性标签。在合作原则里既有社会背景假设,也远不是没有价值判断。正如 Sarangi & Slembrouck(1992:124)指出的,虽然"合作"可以用作科学术语,但不可否认它是一个评价性的标签,围绕着它有一大串并非社会中立的语词。不合作就是违反了会话参与者的"期待",不遵守语篇的"一般特征"或逻辑,不按"经验事实"行事;不合作很有可能是违背了"准合同",或者是不关心自己的利益,"失望的是自己"(Grice 1989:26,29)。Grice(1989:29—30)的"在一般/正常情况下"的表述,就把不合作的情况推到了反常的范围;在他的论述中,合作就是"合乎情理的"(1989:30),言外之意就是如果不合作就是不合情理(当然这里要看怎么界定合作;另外合作肯定是理性的,不合作不一定是不理性的,理性才能决定合作与否,以及在哪个层次上合作),与"我们从小接受的教育"违背(1989:29),也违反了"我们应该做不该抛弃的"惯习。人们"说真话要比撒谎容易",也就是说不合作的行为会很困难。很明显,Grice 对不合作行为赋予了负面、否定的评价。违反准则似乎就违反了普遍性的规则;违反质准则就是拥有"隐秘意向"(1989:302—303)。他还把合作称为"理性的""高效的",不合作会降低"会话理性",违反'道德戒律'(1989:370)。Levinson 指出,Grice 在讨论合作原则、准则与理性的关系时采取了先验论证①的方法:Grice 认为会话准则是理性的,合乎情理的。如果我们不依赖它们,我们就不是在理性地说话。这些准则就像 Strawson(1986)所说的,是"理性交往的前提"。

　　按照上述伦理学家的逻辑,Grice 的话语中充满了倾向性和价值偏好取向,这暗示一种行动的呼唤与要求。另外根据 Grice 的实践必要性要求,这些好的、让人期待的东西,肯定对人长远发展有利,那我们就应该坚

---

① 在哲学领域,先验论证是指从一个事实到它的可能性的必要条件这样的一种论证形式。先验论证属于演绎推理,其典型的模式为:仅当 P,那么 Q;Q 为真,所以 P 为真。这种论证形式的关注点和困难不在于从前提到结论的常规推进,而是在于大前提的设定,即在于出发点。比如 Kant 试图通过展示它是在自然科学中做出经验上可证实陈述的可能性的必要条件,来证明因果关系原则(参见 http://encyclopedia2.thefreedictionary.com/transcendental+argument)。

持,应该采取行动。这样来看,其内在的驱动和要求就更加强烈和明显。这也体现在他对推理过程的表述,他提出的"半推导序列"(semi-inferential sequence)体现了他的上述思想(Grice 1989:365)。综上所述,我们可以看出合作的内在驱动力和实践必要性。在"说话人意义和意向"一文,当谈论说话人谈话意欲产生的效果时,Grice 提到"行动是说话人的最终目标……祈使句总是呼吁意向性行动"([1969]1989:105)。根据这一说法,作为他心目中的读者,如果我们对 Grice 本人的话做一个文本分析,那么他关于合作原则及准则的祈使表述,是否可以看作是 Grice 意向的无意透露呢。我们认为,答案是肯定的:这是一种行动的要求和呼唤。

其实,Saul(2002a:244-245)也曾提出一种规范性的要求。尽管不能保证说的话能被听明白,所传递的含义能被领会,说话人至少要确保传递的信息对听话人来说是可及的,他要满足一定的交际责任。虽然他可能没有交流出自己的意图信息,但是至少让它可及了。她指出,这种规范和要求对明说和暗含来说是同等的,只不过 Grice 采用了不同的机制来实现它们。Davis(2007:1663)把 Saul 的"正当含义"(proper implicature)看作规范性的。可及的含义才是正当的含义。其实 Saul(2001:633)就指出,Davis(1998)忽视了会话含义的规范性维度,说话人不能随便说什么就能实现自己的含义。

Chapman(2005:93)提到,Nowell-Smith(1954:81-82)在其《伦理学》一书中把类似质准则和关系准则当作陈述的语境蕴涵,说话人说出句子做出陈述,就暗示他本人承认话语的真实性,与听话人的利益相关,说话人语境蕴涵了他相信自己有好的充分理由这样说。

另外我们注意到,虽然 Grice(1989:29)暂时搁置了"准契约"立场,但他同时提到这种契约在语篇领域之外有平行的并列实体。他(1989:297)在谈论如何用神秘包裹来解释自然意义与非自然意义之间的概念连结时,再次提及神秘的社会契约。他认为,正如政治责任(其或是道义责任)的本质和有效性可能用神秘的社会契约来解释一样,这两种意义之间的连结也可以用这种神秘来解释。我们认为这一并列是有帮助的,发人深思。除了他明示的这两种神秘之间的对应外,应该有其他更有意义的东西尚待挖掘。Grice 是鼓励这种挖掘和探讨的。他用一贯低调的姿态说道:"如果有人认为,在这两种神秘之间的对应之外还有别的更多的东西,是情有可原而不会受到责难的。"我们认为他内心深处并未完全割舍这种契约论的情结。社会契约思想来自卢梭,它主张每个人放弃天然自由,而获取契约自由。在参与政治的过程中,只有每个人同等地放弃全部天然自由,让渡给整个集体,人类才能得到平等的契约自由。我们曾经提到过,Warner(2001:xxxvii)在一个注释中说道,在他和 Grice 讨论的后期,二人关注的焦点已基本上是自由而不再是生物体建构了。Grice 认为在意义理论中,在自然意义和非自然意义之间,有一种东西在起作用,那就是价值,一种为达到最优化而采纳的合理假定、理性评估和判断。只有在这一理念指引下,社会人才能够对自己和他人的行为做出判断,才能付诸行动。某种意义上,理性行为或者合作,在人类发展的长河中无形之中就承担了社会契约的作用,合作也因此具有了约束力。这时候回过头来看合作的界定,我们就不会认为它是毫无根据的假设,不合实际的奢求。意义源于意向,而意向的传达需要被听话人识别,说话人要保证话语意向的可及性,合作原则在这里发挥了作用。合作建立在理性假设的基础之上,而价值和判断又是理性的本质特征,三者紧密相连,意义理论深深植根于伦理学诉求上。把这种关系纳入 Grice 的实践必要性诉求,我们就会认为合作既不是简单的描写,也不是任意武断的规定,而是一种理性主体的伦理学上的内在诉求。这与我们下文要讨论的关于合作的地位问题不无关系。

5.3.3 合作的原则地位

曾有学者宣称 Grice 的合作原则没有存在的必要(Kasher 1976),充其量是一种会话策略(钱冠连 2002)。钱冠连非常重视目的的作用,提出了目的—意图原则理论,主张用目的意向来统摄话语。现实中不存在不受目的意图驱动的语言交际,人们为了达到交际目的,就要采取相应的合适手段,即表达方式或策略。在论及目的—意图原则与合作原则的关系时,钱冠连(2002:152)写道:"正常的交谈不受合作与否的影响,只受目的—意图的驱动";语用策略是为贯彻目的—意图而采取的措施,它是说话者自然使用的,不必考虑自己是不是在与对方合作;话语、语用策略都是跟着意图走(2002:161);"目的—意图原则是一个根本的会话原则,只要忠实它,或早或迟,就会使话语相关"(2002:163);"说话人的目的意图是无穷无尽的,跟着的策略当然也不会穷尽"(2002:209)。钱冠连"跟着走的策略"包括合作原则及准则。他(2002:151)区分了语用原则和语用策略,前者指"说话如不遵守它们便会引起交际失败的一套规则",后者就是说话策略,"说话遵守了它们便使交际更顺畅、使说话人的行为更符合社会规范的一套措施"。根据他的标准,合作原则就只能沦为语用策略。不合作也能使谈话成功的事实让他得出结论:合作不必是原则。

钱冠连的观点是,说话人以自我目的为基础选取话语形式。这种看法符合语言交际实际。不过,同冯光武(2005)一样,我们对钱冠连(2002)把合作原则降格为语用策略的做法不敢苟同。显然,这里钱先生把语用原则等同于不可违反的规则,认为它具有强制性。另外,他是从字面意义上理解合作概念,把合作等同于行为上的配合,把合作局限于纯粹的"社会目标共享合作"。再者,他同样没有提到目的—意图需不需要实质理性的约束,也就是说,他仅仅考虑到实现目标的手段的合理性,关注达到效用最大化和高效性的工具理性,而没有考虑目的和意图本身是否合适,是否正当。不过在这一点上,如果仅从语言语用学的角度来看,倒也无可厚非。

冯光武(2005:108)指出,合作并不等于相互配合,而是人理性本质的一种体现。他认为,在阐述合作原则时,研究者有把作为语用原则的合作和普通意义上的"合作"混淆起来的倾向,其直接后果就是认为合作原则要求人们在言语交际时说真话、清楚明白地提供足量信息,否则就是不合作。这是对合作原则的误读,是对该原则哲学思想的淡化。通过全面考察,冯光武指出,合作原则只是 Grice 意义理论的一部分,而意义理论又服务于他的哲学目的——揭示人的理性本质。在冯文看来,合作原则试图揭示言语交际的理性特征,合作是理性的一种体现,合作原则背后的哲学思想决定了合作必须是原则。理性在合作之上。冯光武(2005:112)以自问自答的形式回应了一个质疑,"问题是:既然要突出理性,为什么不把合作原则叫理性原则呢? 回答是:他认为合作是理性的具体体现,是一种结果。这和他的哲学观是一致的"。

第五章
Grice 意义思想的深层动因

这一说法还不够彻底。我们认为如果把 Grice 的价值理论纳入视野，把伦理学思想与实践必要性观点考虑在内，我们会对合作做出不同解释：合作不仅是原则，还是不可或缺的原则；它不仅仅是理性的体现，更是一种必然行动和要求。冯光武认为一些作者对合作原则的表述出现了偏离和含混，在字面意思上理解合作，是一种误读，没有充分考虑这一原则提出的背景及其背后的深层考虑。出现这一现象的原因与 Grice 的行文有关，也和当时的写作风气相关。Grandy（1986：149）就指出，Grice 在"逻辑与会话"一文的论述有误导的嫌疑。冯光武（2005）总结了误读的两个原因：（1）Grice 时代的哲学著述在写作传统上缺少背景铺垫，使得孤立地阅读一两篇文章变得不易。（2）Grice 的哲学论述涉及面太广，确定他的哲学意图并非易事。我们的看法是，更重要的原因可能是一种实用主义思维在起作用：对于一种理论拿来就用，而不去关注它的来龙去脉、旨趣与潜在意义。冯光武在探讨合作原则的时候，依然没完全摆脱他的批评对象所犯的错误，步子迈得还不够大。和钱冠连（2002）一样，他也没有提到 Grice 的理性到底属于哪一种理性，有什么内涵。对于我们来说，合作不仅是原则，还是一种行为方式和内在要求。

5.4 实例分析

关于合作原则的批评已连篇累牍，实例分析也是到了无以复加的地步，无论是正面支持，还是反面批驳。研究重点侧重考察不同文化背景、不同语类的交际活动会话准则的偏离上，或者以原则和准则分析会话，用会话含义来阐释文本连贯、解析人物性格等，而很少关注例子背后的共性与规律。其实即使是对会话准则的偏离，也并非完全没有章法。我们尝试从另一个视角出发，认为合作原则需要遵守，否则会为此付出代价；即使表面上违反会话准则，言说层次的违反，也不是杂乱无章、随心所欲，也都遵守着一定的规律和套路。另外在认识上，会话双方都会假定对方合作，也会据此来推断大于言传的意会，特殊情况也有特殊的处理方法。一般情况下合作是理性要求和期待，无形的力量会驱使互动双方朝着这一方向前行：理性主体的自觉行动、内在驱动力，还有人类整体发展长远利益的约束力。下面我们从四个方面来阐述这个问题。

第一、不完善语言的理解

生活中不完善的话语现象十分普遍,以至于我们习焉不察。比如,语法错误,文理不通、用法不当、描述错误,说话人不必非要纠正,却往往能传达出说话人的意图。这恰恰反映出听者认定说话人是理性的,在底层是合作的。这包含了听话人对话语的理性化,也是基于话语的目的性假设。

有时候这还不够,比如在词语搜索的例子中,尽管说话双方都已经明白了指称或表达对象,他们依旧会找到那个最佳表达。Levinson([1987a]1998:607)在讨论指称的"最小化"和"可辨认"原则时,提到了Schegloff向他提供的例子:"当说话人碰到'词语搜索'问题,不能想起一个人的名字时,他可以使用能让人辨认所指对象的描述语。不过,尽管已实现了辨认目的,双方还会继续努力,直至找到最小的指称形式。"。虽然Schegloff举这个例子的意图跟我们想要说明的问题不同,但这个例子可以用来说明我们的观点:合作或者会话准则的遵守是必要的,即使暂时由于各种原因没有达到理想的合作状态,或者出现了偏离,双方还会回到标准的常态轨道上来。长远来看,从经济的角度看,在底层还是有合作的内在与理性要求。

Martinich(1980:215)指出,虽然合作原则的重心主要是在说话人一方,但也适用于听话人,给听者提出了一个一般要求:如何去理解说话人的话语。他认为由于抽象而导致合作原则不够明了详尽,信息性不强;但就是不完善的表达往往也能够成功交际。我们认为这恰恰从另一个侧面说明,合作是常态,是理性人的默认行为。吴炳章(2009:14)也认为,总起来说合作原则的主要贡献在于把意义的研究从语言符号转向符号使用者,提请我们注意交际行为背后存在的某种机制,可以让我们忽略话语中的瑕疵而顺利进行交际。这和我们的看法不谋而合。在理性假设的作用下,自然语言的含糊、歧义、不充分性都能得到有效的澄清、阐释与补充说明,使话语能有效地承担信息交流任务,这都说明合作假设和要求在底层发挥着作用。

第二、最小偏离原则

不可否认,日常会话中违反会话准则的例子不计其数,但都在一定程

第五章
Grice 意义思想的深层动因

度上遵守着合作总原则。即使法庭盘问和墙头闲聊,也在一定程度上遵守合作原则,或者至少在模仿的意义上对合作原则的精神表达了敬意。现实生活中偏离的例子并不少见,不过这些偏离并非随心所欲,毫无章法,而是遵循一定的模式,体现着规律性。我们来看小品《钟点工》中家政服务人员和客户之间的一段对话,后者是住在城市儿子家里心情郁闷的老父亲。二者分别由宋丹丹和赵本山扮演。

> 宋丹丹:(腼腆地)这么地吧,我先给你出两道幽默智力题儿。一来呢,测验一下你的智商,二来呢,缓和一下尴尬的气氛。听好啊,可招笑了。说,要把大象装冰箱,总(lǒng)共分几步?哈哈哈哈,(稍微停顿后)三步。第一步,把冰箱门打开,第二步,把大象装进去,第三(sán)步,把冰箱门带上。(疑惑地)人儿呢?(赵本山转到身后)哈哈哈……。你看我都笑成这样了你咋不笑呢?
>
> 赵本山:笑哈啊你这。
>
> 宋丹丹:嗯,没有幽默感,哈。我再给你出道题儿,说动物园召开全体动物联欢大会,哪个动物没(mèi)有来?(停顿)大象呗,在冰箱里头关着呢。哈哈哈……。
>
> 赵本山:什么?嗳呦。
>
> 宋丹丹:嗳呦,笑死我了。
>
> 赵本山:累死我了都。
>
> (2000 年央视春晚小品《钟点工》)

作为一种特殊的题材,小品本身就充满了包袱,比平时的日常会话多一些喜剧成分和幽默搞怪因素。这里宋丹丹出的考题是不可思议的,因为在现实世界里大象不可能被装进冰箱,这跟我们对世界的预设不一样。但是我们起码都有关于冰箱的知识,对开门关门这样的程序都有共识。这种说法也不是完全的背离,也并非完全异想天开。最起码还是遵守了开门、摆放和关门的程序,没有离谱到提供下面的可能解释,分三步:把大象肚子切开,把冰箱塞进去,把大象的肚子缝上。

另一个例子来自小品《卖车》,是一对夫妇(赵本山和高秀敏饰演)联合忽悠一个路人（范伟饰演）的情节。为了达到兜售用轮椅的目的，夫妇出智力题来测试路人，使他相信自己智力低下是因为有病的原因，需要买轮椅。下面是其中的一道题目：

  赵本山：说，树上七（骑）个猴，地上一个猴。一共几个猴？
  范 伟：[沉思状，一边自己嘟囔]树上骑个猴，地上一个猴……，
      [突然大悟]两个。
  赵本山：错。八个。树上七个，地上一个，一共是八个。
  范 伟：树上七个啊，那树能受得了吗？
  赵本山：你管它受了受不了，它就是掉下来也是八个猴。

            （2002年央视春晚小品《卖车》）

  这里赵本山是利用谐音达到自己迷惑范伟的目的。不合作的典型特征是违反合作原则并不产生会话含义。这里赵在说出歧义问题之后立即回到了正常的合作的轨道上，不然就会露馅，达不到预期效果。

  其实对合作原则的违反并非任意的，也受到原则制约，呈现出一定的模式。如，不能偏离太远。这些例子和分析都体现了 Attarodo (forthcoming) 所提出的最小偏离原则：违反的经济性，或尽可能小地违反合作原则。说话人把对合作原则的偏离最小化，并且要尽量与语境相关，尽量有意义。这包含两条准则：

  （一）仅仅在会话目的必需的程度上违反合作原则，让你的违反最大可能地接近合作，即把对合作原则（尤其是质准则）的违反最小化。

  次则：若可能，只违反一个准则；
      若必须违反一个准则，只做尽可能小的必要的违反；
      若必须违反一个准则，顺应听话人期待的方向违反（即说对方想听的话）；
      把违反合作原则的单位与会话的其他部分连接起来。

  （二）违反持续的时间越短越好，即完成特定会话目的后尽快回归合作原则。在交谈中的下一个可能场合（如，下一个话轮）重新进入合作模式。

  也就是说，说话人不管何原因放弃了合作原则，他/她会尽快重新回

到真诚的会话合作轨道①。

他还提出一个最小破坏原则(Least Disruption Principle,来自一篇未发表论文:Non-cooperation 第12—13页)。这与上面的论述有重叠部分,基本意思没变。这一原则的基本准则就是:使你对合作原则的违反最小化。包含四个次则:

(1) 把对合作原则的违反限制在最小的可能会话单位中(一句话,一个话轮,一个交谈回合);

(2) 把整个违反合作原则的单位与其他的互动关联起来,例如,为违反合作原则的单位寻求一种适宜性;

(3) 把对合作原则的违反限制在与要求相差最小的可能距离;

(4) 如果必须违反某一准则,顺应听话人期待的方向(如,说听话人想听的话)。

不合作原则和最小偏离原则为研究所谓的不合作现象提供了参照,其核心思想就是对准则的违反不是随意的,遵守一定的规则和模式。有时候最小偏离原则和不合作原则不易区分。不过从范围上来看,前者从属于后者。在日常生活中,对准则的违反越小,交际意图实现的可能性越大。具体到违反质准则的话语,越小的违反,成功的可能性就越大。最好的谎言可能是大多数人都会信以为真的那个。说话人尽量使偏离最小,使自己的话语像真话,不要让对方产生怀疑你在撒谎的感觉。正是在这个意义上说,有时候讲真话是最好的策略。

在1991年上映的美国电影《打工淑女》中,妈妈外出前告诉自己十几岁的儿子和女儿不要在家里搞派对,女儿更不能跟男朋友外出。当妈妈打电话回来询问情况时,家里正在聚会狂欢。儿子在电话中告诉妈妈他和姐姐在家里开一个狂欢派对,姐姐过一会儿就要跟男友出去。妈妈根本不信,她很自然地认为儿子是在跟自己开玩笑,因为她觉得孩子们没那么傻,会主动坦白自己公然违抗母亲的旨意。这从另一个侧面反映了对

---

① 这一点钱冠连(2002:160)也提到了,在谈话目的或总目标的驱动下,"尽管在个别话轮中暂时游离上言下语或话题,但或迟或早就会使谈话走入正路并完成交际任务,也就是说总会是相关的"。

合作的最小偏离反而会达到一定的效果:讲实话有时候比谎言更管用。

另一个例子来自美剧《牧羊人》(Cybill)中的片段。剧中人物 Cybill 刚与前夫和好,正当他们要偷情时,她的两个女儿、好友 Marianne 等人在外边敲门。慌乱之中前夫藏到她家的柜子里。简短对话后,Cybill 把他们支开。下面是临行前 Marianne 和 Cybill 之间的对话。

  Marianne:老实说,你在搞什么鬼?
  Cybill :呵呵。我前夫没穿衣服,在柜子里藏着呢。
  Marianne:哦,好吧,算我没问。

上面两则对话具有戏剧性。两个说话人都说了真话,是对质准则的最小偏离,或者说没有偏离,在当时情景下这种超常规的回答却得到了想要的效果。如果撒谎,反而可能会引起怀疑,或者需要编造更多的谎言来圆这个谎言,反而适得其反,弄巧成拙,说实话却避免了可能的纠缠。我们举这些例子只是为了说明问题,并不是说合作原则要求或鼓励大家遵守它来达到自己不可告人的隐秘目的,这与 Grice 的初衷是不一致的。

第三、违反准则后的补偿

合作是常态,如果没有特殊情况,没有足够的理由,违反会话准则或偏离合作原则,会付出代价,需要更多的补救措施,不管是话语还是行动上的,对质准则的违反表现得更明显。上文提到,在 Kasher(1976;1982)提出的理性原则中,不能只考虑有效方式,还要顾及低耗性。这里的消耗还应该包括行动的代价,而不光指行事前或者行事过程中要付出的时间、体力、心力等。

下面的例子来自刘恒的小说《贫嘴张大民的幸福生活》(1999)。张大民的母亲患了老年痴呆,家人没意识到严重性,只以为她记性不好。一天在外工作的五民回家探亲,要吃烧茄子。母亲去买,一去不归,丢了。报警后,大民非常气愤,把火儿撒在了老五头上。在派出所五民被大民冷嘲热讽给臭骂了一顿。五民觉得自己是大学生、知识分子、机关工作人员和仕途的跋涉者,无法忍受羞辱,悲愤难平,就与大哥吵了几句。值班民警进来看到了二人在争吵。大民看见民警,凑上前去赔笑套近乎,让民警帮忙尽力去找丢失的母亲。民警把哈着满嘴酒气的张大民搡开,与五民小

第五章
Grice 意义思想的深层动因

声交谈。

> 民警:这小子是谁?
>
> 五民:我大哥。
>
> 民警:平时对老妈不上心,丢了又装洋蒜?
>
> 五民:他就那德行!
>
> 民警:酒鬼?把老妈的钱偷着喝了,是不是?
>
> 五民:他人就那德行!
>
> 民警:他会不会找个没人的地方……我的意思是,他会不会把你
> 　　　妈给扔了?
>
> 五民:那倒不会!

张五民脸红了,又补了一句:他还没有坏到那种程度。

民警朝张大民的傻脸摇摇头,回屋去了。兄弟俩在派出所的长椅上睡了一夜。没有消息。爱吃冰的母亲说话短促有力的母亲——真的失踪了! 张大民找到母亲的相片,放在相框里,摆到冰箱上。全家人围着圆桌坐着,不敢看母亲的笑容,都看着冰箱。张五民很难过,朝冰箱鞠了三个躬就出去了。

> 五民:妈,我再吃一口烧茄子我就不是人。
>
> 张大民(不信):狗改不了吃屎,张五民改不了吃烧茄子。农业部
> 　　　　　　　食堂一出味儿,汪汪汪,头一个冲上去的不是别
> 　　　　　　　人,肯定是年轻有为的张科长。部长爱吃烧茄子
> 　　　　　　　那就另说了。

张大民也给母亲鞠了三个躬。

这里因为责任在五民,因为他爱吃烧茄子而把老妈给丢了,所以内心有愧。但自己作为知识分子、机关小干部又被大哥骂了一顿心里不舒服,也委屈,觉得没尊严,心里窝火。因此当民警不明就里地猜测是大民对妈不好,把妈弄丢了的时候,五民并没有把情况说明,也不好意思说是自己的过错,就跟民警打哈哈,想蒙混应付过去。这里既违反了质准则,也没有提供足量的信息,还模棱两可,没有按照方式准则说话,给民警的感觉就是大民坏。当民警进一步把大民的坏推到极致时,五民觉得如果再栽

213

赃就过分了,说了句"那倒不会!"同时自己脸红了,赶紧补了一句"他还没有坏到那种程度"。后来五民自己因为感到内疚和难过,不敢看母亲的照片,朝放着母亲照片的冰箱鞠躬,出去后说"妈,我再吃一口烧茄子我就不是人。"这里其实说话人撒了谎,也违反了其他准则,不得不用一系列的言语和行为来补偿,不过他最后承认了自己的过错。

我们再来看下面的例子:(两个犹太人在加利西亚省的一个客车站相遇了)

  一个人问道:"你去哪?",另一个回答到:"克拉格"。对方勃然大怒:"你真是个大骗子! 如果你说你要去克拉格,你的意思是想让我相信你要去莱蒙博格。但是我知道事实上你要去克拉格。那么,你为什么要对我撒谎呢?"(Freud 1905:115)。

很明显,即使是撒谎,在深层也有合作假设,不然交际就无法进行。在这一假设下,语境的作用至关重要。无论顺应还是违背合作的预期,含义都产生了,只是方向不同。另外,当一个人经常撒谎的时候,人们对他已经丧失了信任,即使说真话,也没人相信,他会为此付出代价。"狼来了"的故事也是一个古老的例子。从另一个角度来说,Freud的笑话中要去卡拉格的人没有按照方式准则行事,违反了避免歧义的次则。

另外一个典型的例子转引自向明友、贺方臻(2008:75-76),这个例子是杨修因"多言"惹来杀身之祸的情节。曹操在汉中与刘备对垒连吃败仗,正值进退两难、犹豫不决之际,有人入帐禀请夜间口令,曹操看到庖丁刚刚端来的鸡汤中有鸡肋,便随口答"鸡肋!",杨修见传"鸡肋"作口令,便让随行军士收拾行装,准备退军。将士们不得其解,修曰:"以今夜号令,便知魏王不日将退兵归也:鸡肋者,食之无肉,弃之有味。今进不能胜,退恐人笑,在此无益,不如早归,来日魏王必班师矣。故先收拾行装,免得临行慌乱。"当夜曹操见军士准备行装甚为吃惊,问后方知杨修之故,操大怒曰:"汝怎敢造言乱我军心!"当即处斩杨修。这里杨修因为多言,招来杀身之祸,当然这是一个例子,现实生活中可能没那么严重。另外,人们常说的"此地无银三百两"也是一个典型例子。故事的主人在埋好银子后大可不必多此一言。这多余的一句话是以"这儿有银子"为前提的。如果没

第五章
Grice 意义思想的深层动因

有银子,又怎么来的三百两呢?正是多言暴露了他藏宝的秘密,使他吞下了事与愿违的苦果。

吴炳章(2009:115)也提到,如果你想要对方相信你的谎言,你就要继续编造新的谎言来圆谎,以此类推,你将创造一个完全不符合事实的逻辑结构世界。这样做是需要付出一定代价的:一方面,这是一项需要耗费大量心智资源的心理活动,另一方面还要面对谎言被戳穿后的人际后果:失去大家的信任,使自己被孤立于群体之外。一个典型的例子就是《汤姆·索亚历险记》中,主人公为了圆自己的谎言,不得不编造更多的谎言。

在牛津讲座中,Grice 感兴趣的是深究实现某些共同目标所需的合意的行为方式。最初他提出了两个要件:坦白直率与清晰透彻。人们应该尽量不要误导,并且确保发话时双方不会自寻不必要的烦恼,其实这里就是我们上面所说的要考虑言行的代价问题。

第四、非常态情况

Searle(2001:126)认为,人们"不能做所有你想做的或者是你应该做的事情",所以必须想办法对促发因素的相对强度进行判断。但是 Baker(2008:771)指出,某一具体场合下,如果一个人不为所动,不把自己判定为愉悦的事情付诸行动,并不算愚蠢。从本身来看,如果一个人不喜欢它,就不会因此而受到理性的批评。然而,如果一个人从不或者很少想做自己断定为愉悦的事情,从不或者很少做她想要做的,就应当受到批评。我们认为这种立场很有说服力,也适用于行为主体对合作原则的遵守。

如果双方目标相同,他们当然会去合作,而对于冲突性甚至是竞争性的目标,会话双方也对合作充满预期。即使在激烈的论争中,每一位参与者都需要理解对方的话语意思,论争不是放弃合作,尤其是语言层面合作的理由或根据。当然不排除极端情况。Warner(2001:xii)指出"必须"是指没有别的理性选择,而"应当"通常指这种考虑有可能被其他方案超越,是权衡之后做出的判断。其实 Grice 的合作原则明显属于后者而非前者:在没有特殊情况的常态交际中,没有特殊理由应当遵守合作,即他(2001:78)所说的"同等条件下"应该这样做。Grice(2001:87)承认特殊的情况下可以不合作,但这非不理性。我们看下面一则例子:

刽子手:我搞不懂今天的电椅是怎么回事?
死囚犯:那两根电线没连接上。

(转引自 Attardo 1997b:767)

这里刽子手的目标是执行死刑任务,却没发现电椅出问题的原因。作为要被执行死刑的人,死囚犯提供信息,满足了刽子手的言后行为合作,却提前结束了自己的生命。这种合作也只会出现在笑话中,或者说话人已经放弃了对生的眷恋,在自认为理性的高度或层次上寻求一种安慰和解脱。其实真实生活中,取效合作原则有可能被自我利益原则先占或凌驾,从而失去约束力,但不可否认二者在言语上的合作性。另一些特殊的例子包括,面对盖世太保的盘问,或者日本侵略者逼供等,听话人可以不必遵守合作原则。这都是非常情况,主体自然不必遵守社会目标层次的合作,但还是会在言语层面、编码解码上投入一定的合作量,以达到协同合作;他们还是愿意付出一定的努力去理解对方的话语,这种情况也并非完全意义上的不合作。

Grice(1986a:32)指出"单个行动的未实现(non-realization)只有在普遍[行动]实现的背景下才成为可能"。Attardo(1997a:26—27)谈到竞争与合作之间的关系时也提到,"即使'竞争性'会话方式也建立在合作的基础上。可以肯定,二者之间的关联是间接的,但真真切切,是'基本性的'";"特别是竞争性的会话方式预设和利用了合作的方式。这一提议与把遵守合作原则看作类似于非标记的会话函数是一致的"(另参见 Levinson 1979:376;Sweetser 1987:45;Leudar & Browning 1988:13)。Levinson(1979:376)认为,如果仅仅因为不适用于交谈组织结构的具体经验事实就抛弃 Grice 那颇具魅力和影响的会话理论,未免操之过急,因为它给我们提供了基本的方法,来谈论不同活动中谈话差别的方式。这里 Levinon 指出了两条路径来调和 Grice 的会话一般原则和具体活动的特定期待之间张力:其一,为 Grice 的原则寻求一个更加复杂的陈述,允许对诸准则不同程度运用,以及对应的含义的调整;其二,把 Grice 的准则看作对某些基本的非标记交际语境的规定说明,任何偏离都被看作特殊的或标记性的。最后他指出,"各种观察表明,基本的非标记性交际语境概念对语用学来说是绝对必要的"。我们认为这与本研究的观点吻合：合作是常态，偏离是标记性的，但不是无缘无故的，而是有理由的。在谈论日常心理的预测和解释的时候，Grandy & Warner(1986a:21)认为可能会有偏差，会被证伪，有些人可能会因此否定一些原则，但是他们指出，这并不能否定这些原则本身。这些日常心理解释并没有缺陷，它们的初衷就是确定主体是如何被设计，如何行动的。对这种设计在执行上的小小偏差并不能说明这些原则本身是错的或者无用的。我认为这同样适用于合作原则，偏离只能证明原则的存在。

可以看出，在日常语言使用中合作是一种常态，或者说是一种期待，与人的理性相关，受理性制约。人们即使出现口误、省略或者用词不当等不完备的言语表达，也往往能被对方理解，还会被人纠偏、修补。在极端或特殊情况下，我们会在理性指引下采取相应措施。在社会目标层面上可能不合作，在谈话层面上也会出现"无可奉告"等闭口不谈的情况，但至少都愿意去理解对方，或者说出的话是想让人理解，让人听懂的，最起码使话语具有可及性。即使出现了不合作的情况，也是暂时的，并非随心所欲、毫无章法，体现出最小偏离或破坏原则，在最小语言单位内、一定程度上、最短时间内会尽快回到合作的轨道上，才有可能实现自己的目标。如果一味地偏离下去，不仅会被认为不合理性，还会付出代价。即使是撒谎、吵架，也在模仿的意义上对合作精神表达了敬意。更重要的是，合作与否还与主体的身份相关联，体现出人类成员和人的区别，长远来看还是判断人之为人的依据。所以根据Grice的叙述，我们可以认定合作是行为主体的内在要求与自觉行动，因而合作原则及会话准则就具有了某种潜在的约束力和调节力。

5.5 小结

这一章在Grice的意义理论、实质理性思想和绝对价值论之间统一性的基础上，揭示了Grice意义分析模式背后的关怀，重新审视和界定合作及准则的性质和地位。我们结合Grice总的思想，认为他的意义理论建立在伦理学基础之上，背后有着对人的深沉关怀。合作概念具有层次性,不仅体现在语言层面,更呼唤在社会目标层面的合作;合作是行动原则,是行为主体价值判断之后的理性行动,是其内在的驱动和要求,与其身份相关。最后结合具体实例分析了"不合作"的规律以及为此所要付出代价,说明了合作的必要性与合理性。

人不是个体动物,而是社会性的理性动物。如果说某一个体属于一个类属,那么他必然需要具有整个类属所必需的某些能力,这些能力是集体成员的构成性特征,当然还有一些次要特性。这些构成性能力,要有某些必需条件存在。这种条件也部分地界定了相关的能力。如果一个生物体长期缺失某种必需之物,会导致他不能够实现这种必要的能力,威胁到他其他必要条件的满足,这一缺失会最终威胁到他是否能够继续作为类属的一员,关涉到他的身份。合作其实也一样,是一种能力,是理性的体现,更是人之为人的构成性特征,是作为理性人所必需的。如果长期缺失,经常不合作,就会丧失人之为人的特性。从这个意义上来说,合作是人的自觉要求,是一种内在驱动,也是行为主体对自身的一种认同和定位。

结合前面几章的论述,我们梳理并呈现了 Grice 意义理论、理性观和价值论之间的关联。他的客观价值思想决定了他的评价理性和实质理性诉求,而理性观又指引着会话合作。其意义理论需要合作来支撑,合作是理性主体判断和评估的结果,同时意向的产生、会话含义的推导需要论证理性和判断。另外长远来看,合作对人类整体繁荣有益,是一种禀性,在实践理性的指引下人们就应当这么做。人的主体性体现在能够实现一定的功能,对人的判断就是对他所能实现功能与职责的判断。人是理性生物体,善的人就是能很好实现理性目标的人。这涉及目标的适宜性,即评价理性,而言语行为是人类行为的一种,合作是实现交流目标的最佳途径和方法,符合会话双方兴趣。实现目的、完成使命是判断一个人的标准,评价和理性密不可分。推理是一个价值导向概念。合作举动与理性及达到至善的境地紧密相连,与人的自我评价和相互评价不无关联。

将顺合作、理性与价值间的关系,我们对 Grice 的意义分析认识更深刻:它是对人语言行为能力的构拟,对理解成为可能条件的重构。在全景审视和整体观照下,反观会话理论,我们会对半世纪来争论不休的合作有

第五章
Grice 意义思想的深层动因

不同的认识:合作不单是对日常交际的经验描写,也不是屈于外力的强制规定,应是行为主体的内心诉求或内在要求。合作是判断一个人理性与否的标准之一,进而和说话人身份相关。合作不仅是合理的,正当的,更是让人期待的。一定程度上,它成了衡量生物体不同发展阶段的标尺,是人之为人的标记。在目的论、幸福概念、实践必要性和个人身份的合力作用下,作为理性行动的合作已成了理性主体的内在要求。会话合作是合理的、有价值的。

这样来看,Grice 的意义理论与合作原则背后有着深沉的哲学关怀。Grice 主张,作为理性主体的人要多一份合作与信任,承担起理性人的责任和担当,实现自我功能,做出合理判断,进而付诸行动。

Rescher(1988:204—206)曾把理性视为一种责任,他认为尽管理性不是一种责成和"必须如此"的义务,但本质上是评价、建议、推荐和"最好如此"的规劝,是利于实现人类整体利益的最佳途径。拥有理性主体性能力的生物体就应当去实现这一潜能。我们固有的自我实现、自我发展的责任,一种充分发展人类潜能的担当,就是本体论意义上的责任。对某一事态"是什么"的描写和评价,就暗示了"应当如此"的祈使,或者至少是祈愿和希冀。这在一定程度上暗合了我们的主张,不少学者把合作视为描写性的,指导话语生成与理解,是一种假设和参照,但就 Grice 的深层关怀而言,这何尝不是一种诉求、期许和希冀。我们认为,对合作做出的"描写观"解释不足以承担他会话理论背后深沉的哲学关怀,不足以反映他对人类长远繁荣的忧思。整体视野下对 Grice 语用学的反思,可以回应部分质疑,能够深化我们对经典语用学思想的认识,促进对其评价的客观性。

第六章 问题、思考与展望

1988年8月28日Grice在旧金山医院离世,案头还摆着"Aristotle论存在的多样性"一文的校样,没来得及打开。他留下一些未完成的任务,如关于价值的思考,"设计"思想的一系列计划,形而上学课题规划等。正如他在最后时光对妻子Kathleen所说的,他真的不在乎死亡,他已经充分享受了自己的一生,做了想要做的事情。这是他对自己一生的总结和概括。他留给我们的是无尽的思考,和一些无法确切考证的东西,但研究仍在延续。Chapman(2005:184)对Grice的总结可谓一语中的:他的一生是在不断的自我怀疑,与哲学问题无尽的纠结奋争,以及晚年如痴如狂、拼命地想要实现越来越庞大的一揽子计划中走完的。回望付出的努力和所获得的成果,他一定感到很欣慰,很知足。

这一章共分为三个小节,主要探讨Grice留给我们的思考。第一节主要是简要概括新-/后-格赖斯语用学与经典格赖斯语用思想之间的异同,说明语用学界对他理论的修订究竟在多大程度上保留或偏离了Grice的初衷,在哪些方面为他消除了隐患,丰富了他的理论。第二节是对本书研究内容的总结,指出研究意义,局限性。第三节指出Grice留给我们的启示,和研究继续努力的方向。

6.1 传承与修正

在Grice之后,语用学主要沿着两个方向发展:英美学派与欧洲大陆学派。比较而言,英美学派与经典格赖斯语用学理论比较接近,包括新格

第六章
问题、思考与展望

赖斯语用学和认知取向的关联理论。前者在坚持合作原则的前提下,对准则进行修正与完善;而关联理论则主张用更加一般的关联原则取代合作原则及会话准则(Wilson & Sperber [1981]1998;Wilson & Sperber 1986/1995),即所谓的后格赖斯语用学(Jaszczolt 2002:223)。新一/后一格赖斯语用学在秉承 Grice 的理性会话主体假设的前提下,对会话准则进行优化重组,以期重新建立会话含意的推导机制。语用过程是话语意义的生成和推理过程,在这一点上经典格赖斯语用学和新一/后一格赖斯语用学理论不冲突。另一个重要的阵营是以 Mey(1993)和 Verschueren (1999)为代表的欧洲大陆学派,坚持语用学不是语言学的分支学科,而是一个功能性的综观,在语言使用的各个层面都发挥作用,强调语用研究的历史、社会和文化因素。相对来说,除了坚持语用的理性主体假设,这一派别与格赖斯经典理论之间的关联不那么紧密,这里我们不做重点讨论。

Horn 与 Levinson 的一系列著述都是在 Grice 会话理论的基础上,对 Grice 语用思想的补充与完善。Levinson(2000)凸显了 Grice 的一般会话含义理论,Horn(1984,1988)则在数量含义层面大做文章,并从省力原则那里另辟蹊径,开辟了语用学研究的新领域。关联理论是对合作原则最大程度的简约,用单一的关联原则来统括合作原则及准则,并从认知科学的视角分析语言现象。它对交际的定义、语境的界说,话语的理解机制以及含义的层次都有不同的解释。

在理论传承方面,无论是在新格赖斯语用学还是关联理论中,代表人物的著述,如 Horn(1984,1988,2004),Brown & Levinson(1978/1987),Levinson(2000),Sperber & Wilson(1986/1995)均体现了理性主体假设,这与经典格赖斯语用学思想一脉相承,只不过与欧洲大陆学派一样,他们更多的是工具理性诉求,这一点与 Grice 的论证理性、评价理性和实质理性诉求不同,详细论述参见姚晓东、秦亚勋(2012)。

当然也出现了不同程度的偏离。首先,体现在新一/后一格赖斯学派对规约含义的定位与 Grice 本人看法之间的差别。Bach(1999b)认为 Grice 提出的规约含义不存在,而把 Grice 眼中的规约含义现象一部分归于明说,而把另一部分引起规约含义的结构称为"话语修饰语"(utterance modifiers)。Potts(2005)把规约含义看作语义学概念。Horn(2004:4,6)认为规约含义类似于语用预设,是一个有争议的地带,只要它依然被用来处理词汇意义的非真值方面,就无疑等于承认了分析上的失败,等于说它只是一个标签,并没有真正解释这种现象。他认为,一方面规约含义不影响某一给定话语的真值,另一方面又不能从理性或合作的一般考虑中推断出来,所以它在一般意义理论中的作用就越来越不稳固。Blakemore(2002)则把规约含义视为程序意义,认为 Grice 对规约含义的分析实质上是一种言语行为分析。实际上,在 Grice 的意义理论框架中规约含义占据重要地位。作为会话含义的姊妹概念,它不仅印证格赖斯的意义理论是从说话人主体切入分析自然意义的基本认识,而且佐证自然语言的意义是对某一认知主体而言的基本语言哲学立场。我们应该将其置于格赖斯哲学研究的大背景下去考察,纳入语言与思维之间的关系中去分析(冯光武 2008a/b)。

第二方面体现在,后继研究者对 Grice"明说"与"暗含"概念的区分更加深入,这其间也不乏批评意见(Bach 1999a;Borg 2004;Carston 2002;Levinson 2000;Recanati 2001,2004),提出了 explicature 和 expliciture 概念,研究者从语义学和语用学的界面入手,讨论明说理解过程中的语用介入现象,即对格赖斯循环的指责(Bach 1994;Capone 2006;Carston 2004;Levine 1989;Levinson 2000:186—187;徐盛桓 2006),把研究引向深入。

第三方面,不同派别对合作原则地位的界定也不同,对理性的侧重也有差异。新格赖斯语用学并不否认合作原则的地位与重要作用,而关联理论则对合作原则提出了质疑,认为关联原则比合作原则更明晰,主张用单一的关联原则取代合作原则,统摄会话准则。关联论从认知视角,从听话人的角度来解释含义的产生过程。关联论者不仅区分了含义前提和含义结论,也认为"明说"的解析离不开语用原则的介入。它的一个不足可能在于关联是一个模糊的概念,具有不同种类的关联性(Giora 1997;姜望琪 2003),以及不可证伪性(Huang 2001)。另外鉴于语境效果和处理努力的平衡问题不好把握,它也不得不面对实操性不强的诟病。关联

第六章
问题、思考与展望

论者对"意向""期待""相信"的讨论不多。说话人在整个模式中不是重点[1]，关联论强调更多的是听话人对含义的推导。很明显，关联论的作者在讨论两个关联原则的时候强调了最大关联和最佳关联。他们提到，即使人们想要违反关联原则也违反不了，这时的关联性指的是最大关联，也就是人们的认知都倾向于用最小的处理努力获取最大的语境收益，这是工具理性观的体现，虽然他们没有明示。因为人们在认知过程中接收到的信息数量庞大，而人的认知资源有限，所以需要对认知对象进行加工选择，总是从那些最具关联性的信息开始，合理配置认知资源，并非不加区分地处理任何外部信号，分配同等的精力和注意力给所有的外部刺激。这里存在着理性主体假设，话语本身已经设定了自身的最大关联（Sperber & Wilson 1986/1995:50）。理性假设在寻找关联性中起着重要作用，支配所有的语言交际现象；同时关联性具有强大的释力。徐盛桓（2002）指出关联思路以优化思维为取向，不过他认为关联原则固然与理性思维一致，却没有关注交际中话语关联性的制约因素，比如，人是情感理智的矛盾体，又是利益的主体，人的行为总是与利益相关，而这些因素又是关联性不对称的主要原因。我们认为上面指出的情况是关联论的应有之义，也是一种理性假设，关联论者只不过没有把它们凸显而已。这里的理性是工具理性，具有相对性，属于有限理性。关联理论认为，人的认知倾向于最大关联，不仅仅要获得充分的结果，还倾向于最佳的效果（Sperber & Wilson 1986/1995:266），而这一切又都必须通过衡量认知努力和语境效果之间的比对，即通过最佳关联来实现。显然，这种工具理性强调手段和目的之间的关系。不过修订版对最佳关联原则的阐述中，Sperber & Wilson 把说话人的能力和意愿考虑进来，这就有了综合的考虑与衡量，尤其是说话人意愿的介入表明作者已经关注（更确切地说是涉及）到了说话人的目的性，不过没有突出强调，或者还不是 Grice 意义上的实质理性。而在新格赖斯语用学者眼中则较少涉及这一方面。在关联理论当中，最大关联和最佳关联这两个原则并不关涉道义性。

---

[1] Bach(1987;1999a:79)认为 Sperber & Wilson(1986/1995)忽略了 Grice 交际意向的自指性或自反性本质(self-referential or reflexive nature)。

第四个方面的不同在于对意向的关注。在 Grice 的意义分析模式中,说话人将不可观察的意向赋予可观察的话语,说话人意向并非随心随意,而是有严格的限制(姚晓东 2012a)。新格赖斯理论中,Horn 和 Levinson 没有特别强调说话人的意向性,在这一点上倒是关联理论更贴近于经典格赖斯理论。Grice 的意义分析和关联理论的相同地方在于,二者都认为话语的产生是说话人意义(意向)的证据或者线索,听话人必须进行推理才能领会这一意思。只不过二者的推理不是同一种机制:在 Grice 理论模式中,话语意义直接由说话人意向决定,而关联理论则依靠关联机制让说话人的意向得以彰显。也就是说,在 Sperber & Wilson(1986/1995)模式中,听话人的推导并非与说话人的意向直接相关,而是和关联机制相关,通过这一机制最终让说话人的意向得以明确。具体来说,就是说话人的话语为揭示他的意向提供了线索。Sperber & Wilson(1986/1995:50)指出,"每一个明示行为都传递了最佳关联假定——明示行为提供了主体内心思考的证据。之所以如此,是因为它暗含了一个关联保证。人们会自动地把注意力转向他们看来似乎是最为相关的。"他们的主要观点就是,明示行为都携带着关联保证,这样的关联原则把明示行为背后的意向展现出来了。

不过比较而言,新－/后－格赖斯的机制更加注重推理过程的探讨。周流溪(1998:30)指出,研究者在试图修正 Grice 的隐涵意义和语用原则的过程中,"越来越突出本来已为格氏看到但未得到发展的交际推理问题"。关联理论更是在 Grice 意向意义理论的基础上发挥,提出了两个意图:信息意图和交际意图,说话人要把自己的意图明示出来。总之,无论是偏重社会文化的社会语用学派(Mey 1993;Thomas 1995;Verschueren 1999),还是倾向于认知的关联理论(Blakemore 1987;Sperber & Wilson 1986/1995;Carston 2002),还有 Marmaridou(2000)提出的体验认知模式(王义娜、周流溪 2004),都是对美国实用主义和英国日常语言哲学背景下发展起来的哲学传统的语用学的拓展和延伸。

总体来说,无论是新格赖斯理论还是后格赖斯语用学,都是对经典格赖斯理论的继承和发展,它们对准则及其之间关系的修补,从不同视角开拓研究语言运用的尝试,为语用学研究开辟了新的研究视域,极大地推动了语言语用学的发展。由于研究范式和路子不同,新-/后-格赖斯语用学不太关注 Grice 提出合作原则背后的哲学基础,研究者也没有去探究 Grice 语用学背后的深层关怀,而是对合作原则下的各准则进行修正,从社会和认知的角度对话语理解过程进行了深入探索。新-/后-格赖斯语用学理论的目的是建构语言交际机制。在他们的论述中"意向"和"话语"概念的范围都与经典格赖斯理论有出入。另外,新-/后-格赖斯的论述关注的依然是工具理性,Sbisà(2006a:233,242,245)也注意到了这一点。这种工具理性的思想被用来作为实现交际最优化的一个手段。Grice 则更加关注实质理性,论证理性在他的思想中也占有重要地位,发挥了重要作用。理论之间的差异是意料之内,情理之中。可以说 Grice 的研究是一个哲学规划,而新-/后-格赖斯语用学则侧重于交际过程中的话语理解。可运算性在经典格赖斯与新-/后-格赖斯的思路里也有不同体现:在后者当中是一种实际的心理实现,而在 Grice 经典理论中只是一个论证而已,只要被问起时能把直觉替换成近似的推导即可,现实中不一定真的这样做。二者是两种不同的研究路子,研究的目的和最终的关注对象、采用的手段也不同。不可否认,后者不能取代前者,只是对前者的补充和拓展,无论是经典理论还是后期的发展都是从不同侧面接近语言使用的真实。当今的语用学研究潮流中,语言语用学是主导,哲学语用学已经渐渐失去了往日的热度。但要指出的是,我们不能忽视对先前理论的挖掘,深入的研究还需要以经典理论为参照,充分重视经典理论的指导意义,最重要的是在批判性继承时不能误读或曲解经典理论。二者互相映衬,才能达到对语用学的本质更加深刻的认识。

6.2 启发与反思

作为理论探讨,本研究意在通过整合 Grice 关于意义理论、理性观与价值论思想,在整体图景中定位其意义理论,重新审视和解读合作原则;立足于 Grice 的意义分析模式,合作原则背后对人的理性建构与价值诉求,揭示其意义理论的伦理学基础,挖掘其哲学关怀以及对人类发展最优化理想状态的追求。在这样的背景下我们能够更清晰地认识语用学的本质:从其发展的历程来把握,从重构科学的视角看,语用学就是超越单纯的语言现象研究,重构与还原人的语言行为能力,揭示其内在规律以及隐藏在规律背后的深层哲学根基,上升到对人的理性本质的认识,追究到人本身这样一种终极关怀。这正契合语用学作为研究语言使用及其规律的学科使命,也符合 Morris 对语用学的定义:语用学是研究符号及其使用者关系的学科(姚晓东、秦亚勋 2012)。

我们采用整体视角,挖掘 Grice 的意义理论、价值和理性之间的关联。研究首先指出,Grice 的意义分析模式建立在理性主体假设与合作假设基础之上;接着讨论 Grice 的理性观,揭示 Grice 理性观的内涵及其分类。许多研究者把 Grice 的理性概念理解为工具性的,尝试对合作原则进行改造。这些努力主要基于以下假设:与人类其他社会活动一样,交际是协作活动,主体会采取合适的手段追求效用的最大化,采用最小的努力获得最佳的交际效果。在这一假设下,话语就是主体为获取效用最大化而做出的选择,主体只关注信息传递的高效性,忽视了更深层次的东西。这是对 Grice 的误读,而他坚持评价理性或实质理性,不仅关注高效低耗的手段合理性,目的本身也应当理性、正当、让人期待。这就超越了一般的工具性思维,上升到了新的高度。这一主张并非无源之水,无本之木。Grice 坚持实质理性观与其价值思想是分不开的。Grice 的价值思想、对人类整体繁荣和幸福的深层关怀支撑或解释了他的理性立场,而理性假设则是合作原则的依据。Grice 在论述实质理性,捍卫绝对价值的过程中,体现了对人类发展的终极关怀。合作是理性活动。作为理性主体,合作是为了整个类属,即使为了个体利益也会去合作。这样来推断,合作原则就具有了伦理学基础,意义理论就有了价值判断的因素。在论述合作原则时,Grice 的话语中充满了评判的口吻,他对质准则的重视,对"隐秘意向"的排斥以及对合作举动的赞赏,都让我们有理由认为合作进而包括他的意义理论有着深刻的伦理学基础。

在此基础上,我们重新解读合作原则。先前研究要么把合作原则及准则解读为规定性的,是一种规约或规则,进而批判它毫无来由,不合情理;要么把其视为对现实日常交际的描写与经验概括,进而批评其不合实际的理想化,无视社会因素。Greenall(2002:27—28)就曾指出,很不幸的

第六章
问题、思考与展望

是,当谈论合作的时候,大家说的根本不是同一个东西。对合作原则背后的思想进行挖掘之后,我们认为合作原则及准则并不是对日常交际实践的简单描写,更不是硬性规定,而是对理性主体交往能力的重构,使理解成为可能的条件。合作是理性要求,尽管现实对合作的遵守是一个相对概念。合作是人做出价值判断之后的理性行动,是摆脱了个人利益束缚的自由行动,其中包含着评价因素。它受实质理性引导,没有特殊情况,撒谎或者偏离合作轨道不是真正意义上的理性"人"所为。合作行动与目的论相关,追求合作状态可以实现人类长远的发展与繁荣,达到终极的善,即幸福的状态。幸福作为一个目的集合,作为一个核心评价性原则,对人的行动起着调整和修正作用。为了自己,为了人类,没有特殊情况,我们最好合作。这包含着理性诉求,体现着 Grice 深沉的哲学关怀。Grice 曾说过,只要是对人类繁荣有利,我们都要去做,这符合他对实践必要性和实践理性的坚守。这时合作就具有了绝对价值属性,是人们为追求一种至善的举动和途径。

结合 Grice 提出的"禀性"概念,生物建构规划以及绝对价值思想,再把他的实践必要性观点纳入视野,我们有理由认为,合作不仅仅是个体的随意行为,而是一种内在要求,是人之为人的标记之一,是理性人区别于其他动物的体现。它还是一种生物学要求,从进化和人类发展的角度看,是合乎潮流、最大程度地顺应环境的表现,也是最大程度地实现自身功能价值、完成角色使命的内在需求,因为对个体的判断就是看他对功能和职责的实现。从另一个角度看,合作也是幸福的体现,做出有益于人类长远发展的举动是实现个人价值、体验生命是否值得存在的标记。Grice 提过,生物体内部有一种内在的自我调整机制,可以应对发生的变化,但是一些基本的评价原则不能改变。最后,结合对具体例子的分析,我们指出从长远来看,合作是一种最佳选择。合作与否已经成了身份的标志,成了衡量一个生物体是人类成员还是理性人的标尺。在目的论、幸福概念、自由概念和个人身份的综合作用下,作为理性行动的合作,已经成了行为主体的内在驱动和理性诉求,不是对实际交往行为的描述,也不是屈从于外力的强制性规定,而是行为主体的一种内在自觉行动。在这样一种整体视野之下,对合作的定性就很明晰了,从而也回答了本书提出来的三个研究问题。

　　Grice 的意义分析为语用学的发展起到了奠基的作用。在对他的会话理论、理性推理、哲学心理学和伦理学思想综合分析之后，我们揭示 Grice 的意义理论、实质理性思想和绝对价值观念之间的内在统一性；定位意义分析在其整体思想图景中的位置，凸现其意义分析的伦理学基础；据此重新审视和解读合作原则；在这一过程中，澄清一些模糊甚或是错误的认识，指出 Grice 注重论证理性、评价/实质理性，呼吁实践理性，而不仅仅是语用学界普遍理解的工具理性。在这样的视野下，我们可以清楚地审视新一/后一格赖斯理论与经典格赖斯语用学理论之间的关系；在他意义理论背后的理性关怀和价值理论指引下，吸收当前语用学和语言哲学研究的成果，对合作原则及准则的性质有了一个更加明晰全面的认识：合作是行为主体的理性诉求，与人的身份相关，不是简单的描写，更不是硬性规定，而是主体理性评估后的内在驱动与自觉行动。同时，在处理目的和手段的关系问题上，我们不仅仅只关注实现目的的手段，也会关注目的本身的合理性。对他的意义分析模式的挖掘也揭示出这一分析模式背后的伦理学诉求，可以消解先前研究中对 Grice 会话理论的质疑，客观评价语用原则。

　　在研究中，我们尝试纠正一种认识。相当一部分读者把 Grice 的意义分析，尤其是会话理论当作交际理论，拿现实生活中的例子来质疑合作原则及准则，批驳其普遍性及经验现实性，并从各自的角度和立场对准则进行修正。研究指出，上述质疑虽然加深了我们对言语交际和语言语用学的认识，但由于研究对象和旨趣不同，这种批判似乎又不构成对 Grice 理论的致命伤，没有抓住问题的实质，偏离了 Grice 的本意。Thomas 提出，合作原则只是一个大致的勾勒，过分挑刺只不过是在浪费时间(1994b:42)。语言哲学内部的注意力主要是针对 Grice 意向意义理论进行评判，而语言学界则是把 Grice 的会话理论当作交际理论，忙于搜集语料进行实证分析，挑战或者修正他的原则与准则。实际上 Grice 是要提出一个一般的意义理论，引导一个方向。这一意义理论是演绎性的，起始于会话的一般原则，原则又具体化或者实现为四准则和具体的会话指令。听话人借助话语，结合具体语境和说话人意向，获取说话人意义，并据此

第六章
问题、思考与展望

推出句子意义和词汇意义。虽然 Grice 的立场后来有所松动，但他始终坚持说话人意向对意义的决定作用。Grice 的意义分析采用概念分析方法，最终把意义停泊在说话人意向和心理状态之上，意义也因而成了一个心理概念。同时意义理论又和理性不可分割。说话双方都有一个理性假设，认定对方是理性的，并且这一知识是相互期待的。说话是理性行为的一个类型。这里 Grice 是在尝试回答什么是意义这样一个问题，强调主体意向的作用，认为规约不是制约意义的主要因素，更不是唯一因素，而只是实现意义的方式之一。在他眼里，意义既不是语言在现实世界中的指称，也不是词语在生活中的使用。

语用学关注实际生活中的语言应用，从这个意义上来说，各种对 Grice 进行的"合作流变"[①]，各方的质疑和挑战都无可厚非。语言学家把 Grice 的理论移植到日常交际领域，在语言事实和材料中验证并对它进行补充和修正，这是一种发展和完善。注重实际应用无疑是一个值得倡导的方向。但由于学科背景和视野不同，关注焦点不一，往往容易忽略这样一个事实：Grice 是一位哲学家，不是语言学者[②]。他语言理论的初衷并不是为了解决语言交流中出现的问题，更不是后来的新－/后－格赖斯所阐释和发展的交际理论。所以如果从这一视角来看，上面的种种批评又显得有些不着边际，似乎找错了靶子，因为他们赋予了 Grice 一些他本人或许并不想接纳的东西。Davies(2007)也认为，"合作"术语的选用容易导致把 Grice 的专门术语与"合作"一词的日常意思混为一谈。对合作原则误读的部分原因在于把它从哲学移植到语言学。只有把关于合作原则和会话含义的论述放在他整个语言哲学背景下来考察，才能参透 Grice 合作概念的本真意思，而不是孤立地来看。"在 Grice 的思想中，合作并不是一个反复出现的概念，进而也不可能在他对语言运作的分析中起到关键枢纽作用。把语言系统作为人类理性行为的一个实例，借助会话逻

[①] 许多读者都以自己的视角对 Grice 理论进行了"合作"，加入了自己的意向，或者是"误读"了 Grice 的本意(Davies 2007)。

[②] Attardo(2006)也指出了这一点：Chapman(2005)美中不足的一点就是把 Grice 称为语言学家。当然 Chapman 这样做的本意是为了突出和肯定 Grice 对语言学，尤其是语用学的贡献和影响。

辑来为明说和暗含、规约意义和非规约意义、言说和意会搭桥,这里的会话逻辑则是理性行为的一个表征(Davies 2007:2328)。

在整体图景的视野下能澄清一些模糊或者论争。Attardo(2003)在论述(新格赖斯)语用学的理性本质时认为,没有理由背离 Hume 所谓的纯粹工具理性观,因为没有必要提出实质理性这一限制,没必要要求行动的目的必须理性,非理性的目标同样可以由理性手段来实现(2003:7)。他后来(forthcoming:113)认为,Grice 的会话含义理论对交际的定义是"价值驱动的(甚至可能是伦理性的)","交际和理性的伦理学定义是不必要的","我对理性的定义是纯工具性的(非价值驱动的),遵守合作原则之所以理性,完全由其纯粹工具性定义决定。"①他也意识到自己这一理性观可能会遭到质疑:如,指责他完全没有注意到下面论断的精微之处,如,Nozick(1993)旨在把实质理性建立在工具理性的本质之上,Grice(1991)把它植根于人性的某些方面,或者把它立足于别的因素之上的举措。面对这样的挑战,Attardo(2003:7)并不否认这样的可能性,但是他认为这不相关。他的观点是,"我们根本不需要实质理性来解释(语言语用学)行为,不管实质理性能否在哲学意义上得到界定"。我们认为分歧的源头依然在于双方的视域不同。Attardo 纯粹从语言交际的角度着眼,关注的仅仅是具体言语交际行为,出发点和归宿局限于语言学。这本无可厚非,但是不能以特定情景下的具体例子作为否定合作原则合理性的证据,指责 Grice 的理论不能满足实际交际需要。这样做是找错了靶子。同样的情况也可用来回应如下指责:合作原则是理想主义的乌托邦,不具普遍性。我们认为这同样忽略了 Grice 的诉求和志趣所致。虽然 Grice 探讨了会话的基本原则,以及如何理解意会大于言传,但他无意构建一个系统全面、滴水不漏的交际理论。Grice 的意义理论,是要用说话人意向界定说话人意义,进而确定其他几种类型的意义,而这远非交际理论所能胜任。所以说,如果借助日常会话的事实来反驳 Grice 的理论体系,说它过于理想化,是没有全面地看问题。Grice 的合作原则、实质理性和价值思

---

① Brown & Levinson(1987:65)实际上也采取了工具理性的立场(参见姚晓东、秦亚勋 2012)。

第六章
问题、思考与展望

想处处体现着对人本身的关怀,其意义理论背后有着深刻的伦理学诉求,而这是交际理论无力承担的重担,也都没有进入批评者的视野之内。当然研究领域和分工不同,研究目的不同是导致这些争论的主要原因。

与上面的讨论密切相关的是研究方法问题。我们关于意义、理性和价值之间关系的分析对语言研究有方法论上的启示。研究主要采取整体视角,对表层语言现象进行分析,揭示出语言研究背后的考虑。本研究搜集文献,多方求证,以期避免断章取义、甚至曲解 Grice 的理论。研究发现,如果进行整体把握,会避免很多纠缠,澄清许多问题,以此能够化解对合作规定性、描写性的争论,回应合作到底是普遍性的还是相对性的争执,看清楚不同理论立场和派别之间的分野所在,消解一些误解和争论。

Kasher 在"再论格赖斯式推理"一文中提到了语言与哲学不可分。他提到 Quine 曾经指出"学科之间的界限仅仅对院系主任和图书馆工作人员有用,我们不要夸大这些界限。当我们从这些界限中进行抽象概括的时候,我们把所有的科学……看作一套单个蔓延的系统,在某些部分松散地联系在一起,但关联却无处不在"。Kasher 不建议在语言哲学和其他语言研究之间找出一个明显的断裂地带。他指出,如果有人依然强调理论语用学的哲学方面,那正是因为,好像某些理论问题置于哲学背景而不仅是纯粹的语言背景下,才能得到更好的理解([1982]1998:199)。我们正是在践行这一主张。其实在人文研究传统内,学科整合与交叉研究已经是广为接受和认可的范式,或者是必须高度提倡和践行的思路。

作为深邃的哲学家,Grice 不主张把哲学分为不同的领域。他认为不同领域和学科门类是人为设置的,这么做不会成果卓著。他在心灵哲学、语言哲学、逻辑、形而上学和伦理学之间没有边界意识,自由穿梭①。1977 年他在为加州伯克利大学哲学系写的小册子上透露,他当前的主要兴趣是语言哲学和逻辑;不过,哲学是一个整体,每一领域只有最终和其他哲学领域联系起来才能得到满意的研究结果。在"答理查兹等"一文他

---

① 这在他 1986 年发表的文章"行动与事件"中表现得很明晰,讨论涉及形而上学、意向和语言、理性、还有价值的地位等,也没有局限于传统哲学的边界。他在文章末尾甚至还谈到了自由与行动的关系以及自由概念的重要性。

指出,和美德一样,哲学是个整体,或者可以大胆地说,哲学只有一个问题,即它们的全部。Grice(1986a:64-65)还指出哲学研究工作的三种统一性:乐天统一性,指的是把哲学研究当作一种乐事,有趣、不古板,虽不一定绝对完整和正确,但也是受人尊敬的;横向统一性;纵向统一,主要是指时间上可以与已故的伟人对话。所以,当他1983年回忆起Gilbert Harman对他的批评时,竟是带有一丝自豪的口吻。大意是说,Harman指责他在讨论哲学时似乎想一人来包揽全部的事情(Chapman 2005:171)。

上述Kasher、Grice的整体研究视角主张及身体力行,使得我们对这种整体研究思路有了更加明晰透彻的认识。采用整体把握的研究方法,虽然有难度,需要面面俱到,但具有不可替代的作用。它使得我们的研究视域更广阔,角度更多元,研究具有层次性,可以做到收放自如,尽量避免断章取义、削足适履的偏差。同时,我们也能以一种建构的视角,对其他研究方法和思路多一份宽容和理解。研究进行至此,我们对当前语用学研究中出现的论争,更多的是理解,而不是批判:视野不同,研究目的和重心不同,分工不同,各方的研究相映成趣,互相补充,都是对真理或真实状态的逼近。

在这个意义上我们再来看林林总总的语用学理论派别,视角可能会更开阔,图景会更明朗,以往的一些纠缠和误解也会得到消解。我们可以认清说话人的地位,关注会话者的内心世界和主体性,从而明了意义理论研究范式的转变,也能充分认识Grice研究的方法论意义,推崇一种整体观和系统的研究视角。另外的启发就是,今后在运用和批评某一理论时,一定要先关注其研究目的和出发点,不能忽略理论背后的深层关怀,更不能断章取义,甚至削足适履让它屈从于本不属于它的关注范围。这也是我们不对新-/后-格赖斯横加指责的原因,相反我们觉得,研究者的努力是对经典格赖斯语用理论的延展,是在交际领域对它的应用和推广,尽管已经与Grice的本意已有所不同。

至此,我们就可以用更开阔的视野来审视新-/后-格赖斯理论与格赖斯经典理论之间的关系,在Grice意义理论背后的理性关怀和价值理论的精神指引下,吸收当前语用学和语言哲学的研究成果,对合作原则及准则的性质有了一个更加明晰的认识;在处理目的和手段的关系上,我们不仅仅只关注达到目的的手段;对他的意义理论的挖掘也揭示出这一分析模式背后的理性假设、伦理学诉求与价值判断,进而回应了先前对 Grice 的一些质疑。

6.3　问题与展望

　　本研究是基于对 Grice 文本的细读与作者的理论思辨。Grice 的 3 部专著(1989,1991,2001)几乎涵盖了他的 3 次系列讲座的主要内容(包括 William James、John Locke 和 Carus 讲座),其中发表于 1989 年的《言辞用法研究》一书,除了包含他著名的 William Janes 系列讲座的篇目,还收录了他的前期作品和晚年对意义问题的回顾与反思。我们研究的文献涉及他所发表的全部论文以及尚未发表的部分论文、手稿、录音材料,我们还与他当年的学生和同事交流,多方求证,以确保获得相对详尽的文献资料。研究挖掘了 Grice 对理由的阐释、对价值的思考,尤其是他对理性人的假设,对合作举动的分析,并结合当前语用学的研究成果进行对比分析。虽然第五章举例分析了会话合作的规律性以及不合作所付出的代价,但整体而言,研究侧重于理论思辨,是对 Grice 思想的深层挖掘,一个不可避免的情况就是重思辨、轻例析,文中缺少大量的实例证明与阐释。另外,对于 Grice 的生物建构思想、幸福概念和目的论的阐释,对合作的理性驱动与定性问题以及关于他对人的界定和身份表征的阐发,始终没有脱离他的意义理论。尽管以他的整个思想体系作为后盾,虽然我们提供了详细的分析思路和理由,但我们的研究不可避免地会给人以下的感觉:主观性或者个人投射的分量较多,仍需要更为详尽的文献挖掘和证据支撑来证明立论的客观性。

　　另外,本研究的重心放在了对 Grice 意义理论深层次动因的探讨上,触角似乎更多地伸向 Grice 思想中的语言哲学、伦理学领域,可能有沦入偏离语言学研究初衷的危险境地。对此我们的理解是,如果我们能对理论背后本质的东西更清楚明晰,就更能掌握它的内在机制和发展脉络,对它的批判和修正就会更具针对性与说服力。另外,语言研究本身,无论是描写还是解释，无论是历时挖掘梳理还是共时比较阐释，最终的关怀离不开语言行为主体本身。从这个意义上来说，本研究并没有偏离语言学研究的轨道和初衷，而是起于语言学，超越语言表象，再回头来观照语言研究本身。本书的探讨虽然对于我们更加明晰地认识经典格赖斯语用学思想有裨益，对了解语言语用学和哲学语用学之间的互补关系有帮助，但不得不承认的是，限于学识和精力，研究在以下方面做得还不够：没有充分关注它对当今语用学研究的直接现实意义，对它的应用意义，尤其是对语言语用学的指导意义，对解决具体交际问题的启发意义，在何种意义上推动新－/后－格赖斯语用学发展，以及如何指引语用学今后的发展方向等方面，没有深入挖掘，而这确实是值得进一步探讨的领域和方向。

再者，我们只是对 Grice 的合作原则、意义理论、理性假设和价值思想之间的关联做一个尝试性的梳理与整合，试图从中挖掘出其意义理论在他整体思想中的位置，揭示合作原则的本质特性，进而窥见 Grice 理论背后的深沉关怀。作者所做的只是以 Grice 意义理论为支点，对其相关思想之间的关联做出解析，对他的观点部分辩护、阐发和发展，把他引而不发的东西挖掘展示出来。鉴于材料、精力和时间的限制，分析可能还不够详尽，需要更多的探究和梳理。研究一个深邃的哲学家，探究其思想之间的关联，是一个有益的尝试，更是一个漫长的过程，任重道远，而我们才刚刚起步。

参考文献

Airenti, G., Bara, B., & Colombetti, M. 1993. Conversation and behavior games in the pragmatics of dialogue. *Cognitive Science*, 17, 197—256.

Alan, D. 1987. *Choice: The Essential Element in Human Action*. London: Routledge and Kegan Paul.

Allan, H. 2007. Grice'srazor. *Metaphilosophy*, 38(5), 669—690.

Allott, N. 2007. Relevance and rationality. Unpublished thesis. University College London.

Allwood, J. 1976. *Linguistic Communication as Action and Cooperation: A Study in Pragmatics*. Goteborg: University of Goteborg Press.

Altieri, C. 1978. What Grice offers literary theory: A proposal for expressive implicature. *Centrum*, 6(2), 90—103.

Armstrong, D. 1971. Meaning and communication. *Philosophical Review*, 80 (4), 427—447.

Attardo, S. 1990. The violation of Grice's maxims in jokes. In K. Hall et al. (eds.), *Proceedings of the 16th Berkeley Linguistics Society Conference*, 355—362.

——1993. Violation of conversational maxims and cooperation: The case of jokes. *Journal of Pragmatics*, 19, 537—558.

——1997a. Competition and cooperation: Beyond Gricean pragmatics. *Pragmatics & Cognition*, 5 (1), 21—50.

——1997b. Locutionary and perlocutionary cooperation: The perlocutionary cooperative principle. *Journal of Pragmatics*, 27, 753—779.

——2000. Irony as relevant inappropriateness. *Journal of Pragmatics*, 32, 793—826.

——2003. On the nature of rationality in (neo-Gricean) pragmatics. *International Journal of Pragmatics*, 14, 320.

——2006. Review of *Paul Grice: Philosopher and Linguist*. *Journal of Pragmatics*, 8, 1357—1359.

——2009. On the definition of non-co-operation. In B. Fraser and K. Turner (eds.). *Language in Life and a Life in Language: Jacob Mey-A Festschrift*. Emerald: New Milford, CT, 1—7.

——Frothcoming. Optimal Pragmatics.

Audi, R. 2001. *The Architecture of Reason. The Structure and Substance of Rationality*. Oxford: Oxford University Press.

Austin, J. 1956. A plea for excuses. In Austin. 1979. *Philosophical Papers*, ed. by J. O. Urmson and G. J. Warnock. Oxford: Oxford University Press, 175—204.

——1962. *How to Do Things with Words*. Oxford: Clarendon Press.

Avramides, A. 1989. *Meaning and Mind: An Examination of a Gricean Approach to Meaning*. Cambridge: MIT Press.

——1997. Intention and convention. In B. Hale & C. Wright (eds.), *Companion to the Philosophy of Language*. Oxford: Blackwell, 60—86.

Bach, K. 1987. On communicative intentions. *Mind and Language*, 2, 141—154.

——1994. Conversational implicature. *Mind and Language*, 9, 124—162.

——1999a. The semantics-pragmatics distinction: what it is and why it matters. In K. Turner (ed.), *The Semantics/Pragmatics Interface from Different Points of View*. Oxford: Elsevier Science, 65—83.

——1999b. The myth of conventional implicature. *Linguistics and Philosophy*, 22, 327—366.

——2003. Speech acts. *Routledge Encyclopedia of Philosophy*.

Baker, J. 1986. Doone's motives have to be pure? In R. E. Grandy & R. Warner. 1986b, 457—473.

——1989. The Metaphysical construction of value. *The Journal of Philosophy*, 86 (10), 505—513.

——1991. Introduction to *The Conception of Value*. New York: Oxford University Press Inc., 1—21.

——2008. Rationality without reasons. *Mind*, 117 (468), 763—782.

Baker, J., & Grice, P. 1985. Davidson on weakness of will. In Vermazen & Hintikka (eds.), *Essays on Davidson*. Oxford: Clarendon Press, 27—49.

Barnes, G. 1993. Review of *The Conception of Value*. *Mind*, 102 (406), 366—370.

Bar-On, D. 1992. On the possibility of a solitary language. *Noûs*, 26 (1), 27—45.

——1995. "Meaning" reconstructed: Grice and the naturalizing of semantics. *Pacific Philosophical Quarterly*, 76, 83—116.

Béjoint, H. 2002. *Modern Lexicography: An Inroduction*. Beijing: Foreign Language Teaching and Research Press.

Bennett, J. 1973. The meaning-nominalist strategy. *Foundations of Language*, 10, 141—168.

——1976. *Linguistic Behavior*. Cambridge: Cambridge University Press.

Black, M. 1973. Meaning and intention: An examination of Grice's views. *New Literary History*, 4 (2), 257—279.

Blakemore, D. 1987. *Semantic Constraints on Relevance*. Oxford: Blackwell.

—— 2002. *Relevance and Linguistic Meaning: Semantics and Pragmatics of Discourse Markers*. Cambridge: Cambridge University Press.

Borg, E. 2004. *Minimal Semantics*. Oxford: Clarendon Press.

——2005. Intention-based semantics. In E. Lepore & B. Smith (eds.), *The Oxford Handbook of Philosophy of Language*. Oxford: Oxford University Press, 250—267.

Bourdieu, P. 1977. *Outline of a Theory of Practice*. Cambridge: Cambridge University Press.

Bramley, N. 1997. How not to answer a question' revisited: a typology applied to the gendered use of avoidance strategies in Australian political media interviews. *Australian Review of Applied Linguistics*, 20, 105—132.

Brown, P. & Levinson, S. 1978/1987. *Politeness. Some Universals in Language Usage*. Cambridge: Cambridge University Press.

Burge, T. 1992. Review of *Studies in the Way of Words*. *The Philosophical Review*, 101(3), 619—621.

Calkins, M. 1928. Value: Primarily a psychological conception. *Journal of Philosophical Studies*, 3(12), 413—426.

Campbell, J. 2001. *The Liar's Tale*. New York: W. W. Norton.

Capone, A. 2006. On Grice's circle. *Journal of Pramgatics*, 38(5), 645—669.

Carston, R. 2002. *Thoughts and Utterances: The Pragmatics of Explicit Communication*. Oxford: Blackwell.

Carston, R. 2004. Truth-conditional content and conversational implicature. In C. Bianchi (ed.). *The Semantics / Pragmatics Distinction*. Stanford: CSL I.

Chapman, S. 2005. *Paul Grice: Philosopher and Linguist*. Basingstoke: Palgrave Mcmillan.

——2007. "Meaning": Philosophical forebears and linguistic descendants. *teorema*, 36(2), 59—75.

——2008. *Language and Empiricism*. Basingstoke: Palgrave Macmillan.

Chomsky, N. 1972. Some empirical issues in the theory of transformational grammar. In P. Stanley (ed.), *Goals of Linguistic Theory*. Englewood Cliffs, NJ: Prentice-Hall, 63—127.

Cosenza, G. 2001a. Some limits and possibilities of Grice's account of meaning and communication. In Cosenza (ed.), 2001b, 7—32.

——2001b. (ed.). *Paul Grice's Heritage*. Turnhout: Brepols.

Crmmins, M. 1998. Philosophy of Language. In E. Craig (ed.), *Routledge Encyclopedia of Philosophy*. London: Routledge. Retrieved April 28, 2009, from http://www.rep.routledge.com/article/U017.

Dale, R. 1996. Theory of meaning. Unpublished thesis, City University of New York.

Dancy, J. 1993. Review of *The Conception of Value*. *Ethics*, 104 (1), 161—163.

Dascal, M. 1983. Pragmatics and the Philosophy of Mind. *Thought in Language* (Vol.1). Amsterdam/Philadelphia: Benjamins.

Davidson, D. 1969. How is weakness of the will possible? In J. Feinberg (ed.), *Moral Concepts*. Oxford: Oxford University Press, 93—113.

——1973. Radical interpretation. *Dialectica*, 27, 314—328.

——1974. Belief and the basis of meaning. In Davidson. 1984, 141—154.

——1980. *Essays on Actions and Events*. Oxford: Clarendon.

——1984. *Inquiries into Truth and Interpretation*. Oxford: Oxford University Press.

——1986. Anice derangement of epitaphs. In R. E. Grandy & R. Warner (eds.), 1986b, 157—174.

——2001. *Subjective, Intersubjective, Objective*. Oxford: Oxford University Press.

Davis, W. 1992. Cogitative and cognitive speaker meaning. *Philosophical Studies*, 67, 71—88.

——1998. *Implicature: Intention, Convention, and Principle in the Failure of Gricean Theory*. Cambridge: Cambridge University Press.

——Davis, W. 2005. Implicature. *The Stanford Encyclopaedia of Philosophy*, E. N. Zalta (Ed.), URL <http://plato.stanford.edu/archives/sum2005/entries/implicature/>.

Davies, B. 2007. Grice's cooperative principle: Meaning and rationality. *Journal of Pragmatics*, 39, 2308—2331.

Ducrot, O. 1972. *Dire et ne pas dire*. Paris: Hermann.

Dummett, M. 1989. Language and communication. In Dummett. 1993. *The Seas of Language*. Oxford: Oxford University Press, 166—187.

Elster, J. (ed.). 1986. *Rational Choice*. New York: New York University Press.

Enfield, N., & Levinson, S. 2006. Introduction: Human sociality as a new interdisciplinary field. In N. J. Enfield, & S. C. Levinson (eds.), *Roots of Human Sociality: Culture, Cognition and Interaction*. Oxford, New York: Berg, 1—35.

Fairclough, N. 1985. Critical and descriptive goals in discourse analysis. *Journal of Pragmatics*, 9, 739—763.

Fogelin, R. 1967. *Evidence and meaning: Studies in analytic philosophy*. London: Routledge and Kegan Paul.

Fogelin, R. 1991. Review of Way of Words. *The Journal of Philosophy*, 88(4), 213—219.

Fraser, B. & Nolen, W. 1981. The association of deference with linguistic form. *International Journal of the Sociology of Language*, 27, 93—109.

Freud, S. 1905. *Jokes and Their Relation to the Unconscious* (Der Witz und seine Beziehung zum Unbewussten). (Freud, S. 1975. Ed. by Strachey, et al. London: Hogarth Press).

Gazdar, G. 1979. *Pragmatics: Implicature, Presupposition and Logical Form*.

239

New York: Academic Press.

Giora, R. 1997. Discourse coherence and theory of relevance: Stumbling blocks in search of a unified theory. *Journal of Pragmatics*, 27, 17—34.

Grandy, R. 1989. On Grice on language. *The Journal of Philosophy*, 86(10), 514—525.

——1990. On the foundations of conversational implicature. In K. Hall, et al. (eds.), *Proceedings of the 16th Annual Meeting of the Berkeley Linguistics Society*. Berkeley: Berkeley Linguistics Society, 405—410.

Grandy, R. & Warner, R. 1986a. Paul Grice: A view of his work. In R. E. Grandy & R. Wraner, 1986b, 1—44.

Grandy, R. & Wraner, R. (eds.), 1986b, *Philosophical Grounds of Rationality*. Oxford: Clarendon Press.

——2006. Paul Grice. *Stanford Encyclopedia of Philosophy*.

Grant, C. 1958. Pragmatic implication. *Philosophy*, 33, 303—324.

Green, G. 1989. *Pragmatics and Natural Language Understanding*. Hillsdale, New Jersey: Erlbaum.

——1990. The universality of Gricean interpretation. In *Proceedings of the 16th Annual Meeting of the Berkeley Linguistics Society*. Berkeley: Berkeley Linguistics Society, 411—428.

Green, M. 1995. Quantity, volubility, and some varieties of discourse. *Linguistics and Philosophy*, 18, 83—112.

——2002. Review of *Implicature: Intention, Convention, and Principle in the Failure of Gricean Theory*. *Philosophy and Phenomenological Research*, 65, 241—244.

Greenall, A. 2002. Towards a socio-cognitive account of flouting and flout-based meaning. Doctoral Dissertation. Norwegian University of Science and Technology.

——2009. Towards a new theory of flouting. *Journal of Pragmatics*, 41, 2295—2311.

Grice, P. 1941. Personal identity. *Mind*, 50, 330—350.

——1950. Dispositions and intentions. Manuscript, H. P. Grice Papers, BANC MSS 90/135c, The Bancroft Library, University of California, Berkeley.

——1957. Meaning. *The Philosophical Review*, 66 (3), 377—388.

——1961. The causal theory of perception. *The Aristotelian Society: Proceedings* (Supplementary Volume), 35, 121—152.

——1968. Utterer's meaning, sentence meaning, and word-meaning. Foundations of Language, (4), 225—242.

——1970. Lectures on Language and Reality. At University of Illinois at Urbana.

——1971. Intention and uncertainty. *Proceedings of the British Academy*, 57, 263—279.

——1972. Probability, desirability, and mood operators. H. P. Grice Papers, BANC MSS 90/135c, The Bancroft Library, University of California, Berkeley.

——1974. Reply to Davidson on 'Intending'. Delivered to University of North Carolina Colloquium at Chapel Hill. H. P. Grice Papers, BANC MSS 90/135c, The Bancroft Library, University of California, Berkeley.

——1975a. Logic and conversation. In P. Cole & J. Morgan (eds.), *Syntax and Semantics 3: Speech Acts*. New York: Academic Press, 41—58.

——1975b. Method in philosophical psychology: From the banal to the bizarre, *Proceedings and Addresses of the American Philosophical Association*, LXVIII (Nov. 1975), 23—53.

——1981. Presupposition and conversational implicature. In P. Cole (ed.), *Radical Pragmatics*. New York: Academic Press, 183—197.

——1982. Meaning revisited. In N. V. Smith. 1982, 223—243.

——1986a. Reply to Richards. In R. E. Grandy & R. Warner. 1986b, 45—106.

——1986b. Actions andevents. *Pacific Philosophical Quarterly*, 67, 1—35.

——1987. Retrospective epilogue. In Grice. 1989, 339—385.

——1989. *Studies in the Way of Words*. Cambridge: Harvard University Press.

——1991. *The Conception of Value*. New York: Oxford University Press Inc.

——2001. *Aspects of Reason*. Oxford: Oxford University Press.

Gu, Y. 1994. Pragmatics and rhetoric: A collaborative approach to conversation. In H. Parret (ed.), *Pretending to Communicate*. Berlin: Walter de Gruyter, 173—195.

——2003. Toward a multi-goal neo-Grice. *International Journal of Pragmatics*, 14, 45—70.

Gumperz, J. 1990. Conversational cooperation in social perspective. In *Proceedings of the 16th Annual Meeting of the Berkeley Linguistics Society*. Berkeley: Berkeley Linguistics Society, 429—441.

Habermas, J. 1984. *The Theory of Communicative Action: Reason and Rationalization of Society* (Vol. 1). Cambridge: Polity Press.

Hanks, W. 2001. Exemplary natives and what they know. In G. Cosenza. 2001b, 207—234.

Harder, P. & Christian, K. 1976. *The Theory of Presupposition Failure*. Copenhagen: Akademisk Forlag.

Hare, R. 1952. *The Language of Morals*. Oxford: Claredon Press.

Harnish, R. [1976] 1998. Logical form and implicature. In A. Kasher. 1998, 230—314.

Harrison, B. 1979. *An Introduction to the Philosophy of Language*. New York: St Martin's Press.

Hazlett, A. 2007. Grice's razor. *Metaphilosophy*, 38 (5), 669—690.

Hempel, C. 1965. *Aspects of Scientific Explanation*. New York, Collier-Macmillan, London: Free Press.

Hintikka, J. 1998. Logic of conversation as a logic of dialogue. In A. Kasher. 1998. London: Routledge, 419—435.

Holdcroft, D. 1983. Irony as a trope, and irony as discourse. *Poetics Today*, 4, 493—511.

Horn, L. 1984. Towards a new taxonomy for pragmatic inference: Q-based and R-based implicature. In D. Schiffrin (ed.), *Meaning, Form, and Use in Context: Linguistic Applications*. Washington, D. C.: Georgetown Univeristy Press, 11—42.

——1988. Pragmatic theory. In F. J. Newmeyer (ed.), *Linguistics: The Cambridge Survey* (Vol. 1). Cambridge: Cambridge University Press, 113—145.

——1990. Hamburgers and truth: Why Gricean inference is Gricean. *BLS*, 16, 454—471.

——1993. Economy and redundancy in a dualistic model of natural language. In S. Shore & V. Maria (eds.), *SKY 1993: 1993 Yearbook of the Linguistic Association of Finland*, 33—72.

——1996. Presupposition and implicature. In S. Lappin (ed.), *The Handbook of Contemporary Semantic Theory*. Oxford: Blackwell Publishers, 299—319.

——2004. Implicature. In L. Horn & G. Ward (eds.), *The Handbook of Pragmatics*. Malden, MA: Blackwell Pubulsihing Ltd, 3—28.

——2007. Toward a Fregean pragmatics: Voraussetzung, Nebengedanke, Andeutung. In I. Kecskes & L. Horn (eds.), *Explorations in Pragmatics: Linguistic, Cognitive, and Intercultural Aspects*. Berlin: Mouton de Gruyter, 39—69.

——2009. WJ-40: Implicature, truth, and meaning, *International Review of Pragmatics*, 1, 3—34.

Huang, Y. 2001. Reflections on theoretical pragmatics. *Journal of Foreign Languages*, 131(1), 2—14.

——2007. *Pragmatics*. New York: Oxford University Press.

Hugly, P., & Sayward, C. 1979. A problem with conversational implicature. *Linguistics and philosophy*, 3, 19—25.

Israeli, A. 1997. Syntactic reduplication in Russian: a cooperative principle device in dialogues. *Journal of Pragmatics*, 27, 587—609.

Jackman, H. 2003. Charity, self interpretation, and belief. *Journal of Philosophical Research*, 28, 145—170.

Jaszczolt, K. 2002. *Semantics and Pragmatics: Meaning in Language and Discourse*. London: Pearson Education Limited.

Jiang, W. 2000. *Pragmatics: Theories and Applications*. Beijing: Peking Univeristy Press.

——Forthcoming. Conversational implicature as evidenced in Chinese TV interview.

Johnson, K. 2002. Review of *Aspects of Reason*. *Australasian Journal of Philosophy*, 80 (3), 381—383.

Kasher, A. 1976. Conversational maxims and rationality. In A. Kasher (ed.), *Language in focus: Foundations, methods and systems*. Dordrecht: Reidel, 197—216. Reprinted in A. Kasher. 1998, 181—198.

——1977. What is a theory of use. *Journal of Pragmatics*, 1, 105—120.

——1982. Gricean inference revised. *Philosophica*, 29, 25—44. Reprinted in A. Kasher. 1998, 199—214.

——1986. Politeness and rationality. In Johansen & Sonne (eds.), *Pragmatics and Linguistics*. Odense: Odense University Press, 103—114.

——1987. Justification of speech, acts and speech acts. In E. Lepore (ed.), *New Directions in Semantics*. London: Academic Press, 281—303.

——1998 (ed.). *Pragmatics: Critical Concepts* (4): *Presupposition, Implicature, and Indirect Speech Act*. London: Routledge.

Kates, C. 1980. *Pragmatics and Semantics: An Empirical Theory*. London: Cornell University Press.

Katz, J. & Bever, T. 1977. The fall and rise of empiricism. In T. G. Bever, et al. (eds.), *An Integrated Theory of Linguistic Ability*. Hassocks: The Havester Press, 46—58.

Keenan, E. 1976. The universality of conversational implicature. *Language in Society*, 5, 67—80.

Kempson, R. 1975. *Presupposition and the delimitation of semantics*. Cambridge: Cambridge University Press.

Kiefer, F. 1979. A brief rejoinder. *Linguisticae investigationes*, 3(2), 379—381.

Kingwell, M. 1993. Is it rational to be polite? *The Journal of Philosophy*, 90(8), 387—404.

Kittay, E. 1987. *Metaphor, Its Cognitive Force and Linguistic Structure*. New York: Oxford University Press.

Kowal, S. & O'Connell, D. 1997. Theoretical ideals and their violations: Princess Diana and Martin Bashir in the BBC interview. *Pragmatics*, 7(3), 309—323.

Laird, J. 1929. *The Idea of Value*. Cambridge: Cambridge University Press.

Lakoff, R. 1995. Conversational implicature. In Verschueren, Ostman, & Blommaert (eds.), *Handbook of Pragmatics*. Amsterdam: John Benjamins.

Langendoen, D. & Bever, T. 1977. Can a not unhappy person be called a not sad one? In T. Bever, et al. (eds.), *An Integrated Theory of Linguistic Ability*. Hassocks: The Havester Press.

Leech, G. 1983. *Principles of pragmatics*. London: Longman.

Leech, G. & Thomas, J. 1988. Pragmatics: The state of art. *Lancaster Papers in Linguistics*, 48. University of Lancaster.

Leudar, I. & Browning, P. 1988. Meaning, maxims of communication and language games. *Language and Communication*, 8(1), 1—16.

Levine, J. 1989. Breaking out of Gricean circle. *Philosophical Studies*, 57, 207—216.

Levinson, S. 1979. Activity types and language. *Linguistics*, 17, 365—399.

——1983. *Pragmatics*. Cambridge: Cambridge University Press.

——1987a. Minimization and conversational inference. In J. Vershueren & M. Bertuccelli-Papi (eds.), *The Pragmatic Perspective*. Amsterdam: John Benjamins Publishing Company, 61—129. Reprinted in A. Kasher. 1998, 545—612.

——1987b. Pragmatics and the grammar of anaphora: A partial pragmatic reduction of biding and control phenomena. *Journal of Linguistics*, 23, 379—434.

——1991. Pragmatic reduction of the binding conditions revisited. *Journal of Linguistics*, 27, 107—161.

——1999. Maxim. *Journal of Linguistic Anthropology*, 9(1/2), 144—147.

——2000. *Presumptive Meanings: The Theory of Generalized Conversational Implicature*. Massachusetts: Massachusetts Institute of Technology.

Lewis, D. 1969. *Convention: A Philosophical Study*. Cambridge: Harvard University Press.

——1975. Languages and Language. In K. Gunderson (ed.) *Minnesota Studies in the Philosophy of Science* (Vol. VII). Minnesota: University of Minnesota Press, 163—188.

Lin Y. 2007. Ordinary logic vs. propositional logic. 熊学亮,曲卫国(编),242—252.

Liu Y. 2007. Cooperation and purpose: Grice, Habermas, and beyond. 熊学亮,曲卫国(编),67—74.

Loar, B. 1981. *Mind and Meaning*. Cambridge: Cambridge University Press.

Locke, J. [1690] 1975. Of identity and diversity. In J. Perry (ed.), *Personal Identity*. Berkeley: University of California Press, 33—52.

Lumsden, D. 2008. Kinds of conversational cooperation. *Journal of Pragmatics*, 40, 1896—1908.

Lüthi, D. 2003. Metaphysics, logic, and conversation: Grice's theory of conversational implicature in its philosophical con-and co-text. Lizenziat Paper. University of Berne.

——2006. How implicatures makes Grice an unordinary ordinary language philosopher. *Pragmagtics*, 16(2/3), 247—274.

Lycan, W. 1984. *Logical Form in Natural Language*. Cambridge: Massachusetts Institute of Technology Press.

Mackie, J. 1989. The subjectivity of values, In J. P. Sterba (ed.), *Contemporary Ethics*: Selected Readings. Englewood Cliffs, New Jersey: Prentice-Hall.

Malcolm, N. 1942. Moore and ordinary language. In P. A. Schilpp (ed.), *The Philosophy of G. E. Moore*. Chicago: Northwestern University, 345—368.

Marcus, S. 2001. The conflictual aspect of Grice's cooperative principle. In G. Cosenza. 20001b, 235—246.

Margolis, J. 1979. Literature and speech acts. *Philosophy of Literature*, 3, 39—52.

Marmaridou, S. 2000. *Pragmatic Meaning and Cognition*. Amsterdam: J. Benjamins Public Company.

Martinich, A. 1980. Conversational maxims and some philosophical problems. *Philosophical Quarterly*, 30(120), 215—228.

May, J. 1981. Practical reasoning: Extracting useful information from partial informants. *Journal of Pragmatics*, 5(1), 45—59.

Mey, J. [1993]2001. *Pragmatics: An Introduction*. Beijing: Foreign Language Teaching and Research Press.

McCafferty, A. 1987. Reasoning about Implicature: A Plan Based Approach. Doctoral dissertation, University of Pittsburgh.

Mill, J. 1872. *An Examination of Sir William Hamilton's Philosophy*. Lodon: Longmans, Green, Reader & Dyer.

Morris, C. 1946. *Signs, Language and Behavior*. Englewood Cliffs, New Jersey: Prentice Hall.

Moulds, G. 1972. Absolute values rediscovered. *The Journal of Value Inquiry*, 6(3), 200—212.

Neale, S. 1992. Paul Grice and the philosophy of language. *Linguistics and*

Philosophy, 15(5), 509—559.

Neale, S., et. al. 1992. Obituary: H. Paul Grice, Proceedings of the Academic Senate, University of California at Berkeley, 58—60.

Nozick, R. 1993. *The Nature of Rationality*. Princeton, New Jersey: Princeton University Press.

Ochs(Keenan), E. 1984. Clarification and culture. In D. Schiffren (ed.), *Meaning, Form and Use in Context: Linguistic Applications*. Washington, D.C., 325—341.

O'Hair, S. 1969. Meaning and implication. *Theoria*, 35, 38—54.

Okolo, B. 1996. Incongruency in discourse: a violation of the "Cooperative Principle"? *Meta*, 41, 378—388.

Parikh, P. 2001. *The Use of Language*. Stanford: CSLI Publications.

Pavlidou, T. 1991. Cooperation and the choice of linguistic means: Some evidence from the use of the subjunctive in Modern Greek. *Journal of Pragmatics*, 15, 11—42.

Penman, R. 1987. Discourse in courts: cooperation, coercion, and coherence. *Discourse Processes*, 10, 201—218.

Pfister, J. 2007. *The Metaphysics and the Epistemology of Meaning*. Frankfurt: Verlag.

——2010. Is there a need for a maxim of politeness? *Journal of Pragmatics*, 42(5), 1266—1282.

Picardi, E. 2001. Compositionality. In G. Cosenza. 2001b, 53—72.

Pietarinen, Ahti-Veikko. 2004. Grice in the wake of Peirce. *Pragmatics & Cognition*, 12(2), 295—315.

Potts, C. 2005. *The Logic of Conventional Implicatures*. Oxford: Oxford University Press.

——2006. Review of *Paul Grice: Philosopher and Linguist*. *Mind*, 115(459), 743—746.

Pratt, M. 1981. The ideology of speech act theory. *Centrum* (NS) 1(1), 5—18.

Prince, E. 1982. Grice and universality: A reappraisal. Unpublished manuscript.

Quine, W. V. 1960. *Word and Object*. Cambridge.: Massachusetts Institute of Technology Press.

Reboul, A. 2007. Does the Gricean distinction between natural and non-natural meaning exhaustively account for all instances of communication? *Pragmatics and Cognition*, 15(2), 253—376.

Recanati, F. 1986. On defining communicative intentions. *Mind and Language*, 1(3), 213—242.

——2001. What is said. *Synthese*, 128, 75—91.

——2004. *Literal Meaning*. Cambridge: Cambridge University Press.

Rescher, N. 1988. *Rationality: A Philosophical Inquiry into the Nature and the Rationale of Reason*. Oxford: Clarendon Press.

Richards, D. A. 1971. *A Theory of Reasons for Action*. Oxford: Clarendon.

Riniker, U. 1979. Some doubts about pragmatic theory. *Journal of Pragmatics*, 3, 59—66.

Rorty, R. (ed.). 1967. *The Linguistic Turn*. Chicago: University of Chicago Press.

Rosati, C. Review of *The Conception of Value*. *The Philosophical Review*, 102(2), 267—270.

Rundquist, S. 1992. Indirectness: a gender study of flouting Grice's maxims. *Journal of Pragmatics*, 18(5), 431—449.

Ruseell, B. 1905. On denoting. *Mind*, 14, 479—499.

Sampson, G. 1982. The economics of conversation. In N. V. Smith. 1982, 200—210.

Sarangi, S. & S. Slembrouch. 1992. Non-cooperation in communication. *Journal of Pragmatics*, 17, 117—154.

Saul, J. 2001. Review of *Implicature: Intention, Convention and Principle in the Failure of Gricean Theory*. *Noûs*, 35, 631 - 641.

——2002a. Speaker meaning, what is said, and what is implicated. *Noûs*, 36(2), 228—248.

——2002b. What is said and the psychological reality: Grice's project and relevance theorists' criticisms. *Linguistics and Philosophy*, 25(3), 347—372.

——2010. Conversational implicature, speaker meaning, and calculability. In K. Petrus (ed.), *Meaning and Analysis: New Essays on H. Paul Grice*. New York: Palgrave Macmillan, 170—183.

Sbisà, M. 2001. Intentions from the other side. In G. Cosenza. 2001b, 185—206.

——2006a. Two conceptions of rationality in Grice's theory of implicature [A]. In E. Baccarini & S. Prijic-Samarzija (eds.). *Rationality in Belief and Action* [C]. Rijeka: Filozofski fakultet u Rijeci, 233—247.

——2006b. After Grice: Neo-and post-perspectives. *Journal of Pragmatics*, 38, 2223—2234.

Sbisà, M. 2012. Austin on meaning and use. *Lodz Papers in Pragmatics*, 8 (1), 5—16.

Schiffer, S. 1972. *Meaning*. Oxford: Oxford University Press.

——1982. Intention-based semantics. *Notre Dame Journal of Formal Logic*, 23(2), 119—156.

——1986. Compositional semantics and language understanding. In R. E. Grandy & R. Warner. 1986b, 175—207.

——1987. *Remnants of Meaning*. Cambridge: Massachusetts Institute of Technology Press.

Schlick, M. [1930] 1962. *Problems of Ethics*. Translated and introduced by David Rynin. New York: Dover Publications.

Schutz, A. & T. Luckmann. 1973. *The Structures of the Life-World* (Vol. 1). Evanston: Northwestern University Press.

Searle, J. 1969. *Speech Act*. Cambridge, Oxford, London: Oxford University Press.

——1975. Indirect speech acts. In P. Cole & J. L. Morgan (eds.), *Syntax and Semantics* (3): *Speech Acts*. New York: Academic Press, 59—82.

——2001. *Rationality in Action*. Cambridge: Cambridge University Press.

——2007. Grice on meaning: 50 years later. *teorema*, XXVI (2), 9—18.

Shand, A. 1895. Attention and will: A study in involuntary action. *Mind* (New Series), 4(16), 450—471.

Simon, H. 1983. *Reason in Human Affairs*. Stanford: Stanford University Press.

——2000. Bounded rationality in social science: today and tomorrow. *Mind & Society*, 1(1), 25—39.

Smith, B. 1999. Conversation and Rationality. Unpublished MS. , Yale University.

Smith, N. (ed.). 1982. *Mutual Knowledge*. New York: Academic Press.

Soames, S. 2003. *Philosophical Analysis in the Twentieth Century*, 2 vols. Princeton: Princeton University Press.

Sperber, D. & Wilson, D. 1982. Mutual knowledge and relevance in theories of comprehension. In N. Smith. 1982, 61—131.

——1986/1995. *Relevance: Communication and Cognition*. Cambridge: Blackwell.

Stalnaker, R. 1989. On Grandy on Grice. *The Journal of Philosophy*, 10, 526—527.

Sterba, J. 1989. (ed.). *Contemporary Ethics: Selected Readings*. New Jersey: Printice Hall.

Stevenson, C. 1944. *Ethics and Language*. New Haven: Yale University Press.

Stout, G.. Voluntary action [J]. *Mind*, 1896, V (19), 354—366.

Strawson, P. 1950. On referring. *Mind*, 59, 320—344.

——1952. *Introduction to Logical Theory*. London: Methuen.

——1964. Intention and convention in speech acts. *The Philosophical Review*, 73 (4), 439—460.

——1971. Meaning and truth. In P. F. Strawson. *Logico-Linguistic Papers*. London: Methuen, 170—189.

——1986. 'if' and '⊃'. In R. E. Grandy & R. Warner. 1986b, 229—242.

——1990. Review of *Studies in the Way of Words*. *Synthese*, 84, 153—161.

——1992. *Analysis and Metaphysics: An Introduction to Philosophy*. Oxford: Oxford University Press.

Strawson, P., & Wiggins, D. 2001. Herbert Paul Grice: 1913—1988. *Proceedings of the British Academy*, 111, 515—528.

Streeck, J. 1980. Speech acts in interaction: a critique of Searle. *Discourse Processes*, 3, 133—154.

Sweetser, E. 1987. The definition of lie: an examination of the folk models underlying a semantic prototype. In D. Holland & N. Quinn (eds.), *Cultural Models in Language and Thought*. Cambridge: Cambridge University Press, 43—66.

Taylor, T. 1992. *Mutual Misunderstanding: Scepticism and the Interpretation*. London: Routledge.

Taylor, T. & Cameron, D. 1987. *Analysing Conversation*. New York: Pergamon Press.

Thomas, J. 1986. The Dynamics of Discourse: A Pragmatic Analysis of Confrontational Interaction. Ph. D. Thesis. Lancaster University.

——1994a. The conversational maxims of H. P. Grice. *The Encyclopedia of Language and Linguistics*. Oxford: Pergamon Press, 754—758.

——1994b. The cooperative principle of H. P. Grice. *The Encyclopedia of Language and Linguistics*. Oxford: Pergamon Press, 759—762.

——1995. *Meaning in Interaction: An Introduction to Pragmatics*. London: Longman.

——1998a. Conversational maxims. In J. Mey (ed.), *Concise Encyclopedia of Pragmatics*. Amsterdam: Elsevier, 171—175.

——1998b. Cooperative principle. In J. Mey (ed.), *Concise Encyclopedia of Pragmatics*. Amsterdam: Elsevier, 176—179.

Thompson, J. 2007. Still relevant: H. P. Grice's legacy in psycholinguistics and the philosophy of language. *teorema*, XXVI (2), 77—109.

——2008. Grades of meaning. *Synthese*, 161, 283—308.

Thompson, S. 2003. Paul Grice. In B. D. Philip & B. M. Leemon (eds.), *American Philosophers*, 1950—2000. *Dictionary of Literary Biography*, Vol. 279. Detroit: Gale.

Tsohatzidis, S. 1993. A paradox of cooperation in the conversational calculus. *Language and Communication*, 13, 305—309.

Unger, P. 1971. A defense of skepticism. *The Philosophical Review*, 73 (4), 439—460.

Verschueren, J. 1978. Reflection on presupposition failure: a contribution to an integrated theory of pragmatics. *Journal of Pragmatics*, 2, 107—151.

——1999. *Understanding Pragmatics*. London: Edward Arnold Ltd.

Warner, R. 1986. Grice on happiness. In R. E. Grandy & R. Wraner. 1986b, 475—493.

——1989. Reply to Baker and Grandy. *Journal of Philosophy*, 86, 528—529.

——2001. Grice on reasons and rationality. Introduction to *Aspects of Reason*. Oxford: Oxford University Press, xii-xxxviii.

Warnock, G. 1969. *English Philosophy since* 1900. Oxford: Oxford University Press.

Welker, K. 1994. Plans in the Common Ground: Toward a Generative Account of Conversational Implicature. Ohio State Dissertations in Linguistics. Columbus: Department of Linguistics.

White, A. 1990. Review of Grice. *Philosophy*, 65(251), 111—113.

Wharton, T. 2010. Paul Grice. In L. Cummings (ed.), *The Pragmatics Encyclopedia*. Abingdon, Oxford; New York: Routledge, 182—183.

Wierzbicka, A. 1987. Boys will be boys: "Radical semantics" vs. "radical pragmatics". *Language*, 63(1), 95—114.

——1991. *Cross-Cultural Pragmatics: The Semantics of Human Interaction*. New York: Mouton de Gruyter.

Wilson, N. 1959. Substance without substrata. *Review of Metaphysics*, 12, 521—539.

Wilson, D. 2005. New directions for research on pragmatics and modularity. *Lingua*, 115, 1129—1146.

Wilson, D., & Sperber, D. 1981. On Grice's theory of conversation. In P. Werth (ed.), *Conversation and Discourse*. London: Croom Helm, 155—178. Reprinted in A. Kasher. 1998, 347—368.

Wittgenstein, L. 1953. *Philosophical Investigations*. Oxford: Oxford University Press.

Yu, P. 1979. On the Gricean program about meaning. *Linguistics and Philosophy*, 3(2), 273—288.

Ziff, P. 1967. On H. P. Grice's account of meaning. *Analysis*, 28(1), 1—8.

陈嘉映，2003，《语言哲学》，北京：北京大学出版社。

陈治安、马军军，2006，论 Grice 的理性哲学观，《现代外语》第 3 期，257—264。

——2007，理性：Grice 思想的核心，熊学亮，曲卫国（编），2007：55—66。

程雨民，2009，关于'会话含义'的两点探讨，《暨南大学华文学院学报》第 3 期，53—61。

段维军、张绍杰，2008，自然意义与非自然意义之哲辨，《东北师大学报（哲学社会科学版）》，第 2 期，85—91。

范连义，2008，维特根斯坦后期哲学思想中的语用蕴涵，《外语学刊》第 5 期，5—8。

冯光武，2005，合作必须是原则，《四川外语学院学报》第 5 期，108—113。

——2006，理性才是主旋律——论格赖斯意义理论背后的哲学关怀，《外语学刊》第 4 期，6—11。

——2007,格赖斯的意义理论——老话题新解读,《外语学刊》第 6 期,19-26。

——2008a,规约含义的哲学溯源与争鸣,《现代外语》第 2 期,194-202。

——2008b,自然语言的规约含义探索,《外语学刊》第 3 期,1-6。

——2008c,弗雷格哲学思辨中的语用学元素,《西安外国语大学学报》第 3 期,9-13。

冯　平(主编),2009,《现代西方价值哲学经典:语言分析路向》,北京:北京师范大学出版社。

封宗信,2002,理想世界中的会话含义理论及其现实意义,《外语与外语教学》第 8 期,7-9。

——2008,格莱斯原则四十年,《外语教学》第 5 期,1-8。

高卫东,1997,合作原则的两个基本概念,《山东外语教学》第 4 期,6-9,12。

顾曰国,2002,《言辞用法研究》导读。北京:外语教学与研究出版社。

——2010,《顾曰国语言学海外自选集:语用学与话语分析研究》,北京:外语教学与研究出版社。

顾中华,1992,《韦伯学说新探》,台北:唐山出版社。

郭　湛,2002,《主体性哲学:人的存在及其意义》,昆明:云南人民出版社。

韩仲谦,2009,从语义学到语用学——Grice 语义理论的嬗变与影响。安徽大学学报(哲学社会科学版)第 2 期,49-54。

何　颖,2003,《非理性及其价值研究》,北京:中国社会科学出版社。

何自然,1995,Grice 语用学说与关联理论,《外语教学与研究》第 4 期,23-27。

——2003,《语用学讲稿》,南京:南京师范大学出版社。

胡　建,2000,《启蒙的价值目标与人类解放》,上海:学林出版社。

胡　泽,2005,格赖斯的会话含义理论研究——从语言逻辑的观点来看。华南师范大学硕士论文。

姜望琪,2000,《语用学——理论及应用》,北京:北京大学出版社。

——2002,再评关联理论,《外语教学与研究》第 5 期,301-308。

——2003,《当代语用学》,北京:北京大学出版社。

——2009,从访谈节目看会话含义,第十一届全国语用学会议论文,武汉。

康　德,2007,《道德形而上学基础》,孙少伟译。北京:九州出版社。

李福印,2007,《语义学概论》(修订版),北京:北京大学出版社。

李瑞华,1994,语用的最高原则——得体,《外国语》第 3 期,25-27。

林允清,2007,《Paul Grice——哲学家及语言学家》评介,《现代外语》第 1 期,105-107。

刘　恒,1999,《贫嘴张大民的幸福生活》,北京:华艺出版社。

刘　旭,2007,例解格赖斯(Grice)的合作原则,时代文学(理论学术版)第3期,48—49。

钱冠连,1987,会话不合作选择:再论Grice合作原则的拯救,《鄂西大学学报》(社会科学版)第4期,63—74。

——1988,面相身势与话语必须和谐:一条会话合作原则,《鄂西大学学报》(社会科学版特刊二)第3期,72—79。

——2002,《汉语文化语用学》(第二版),北京:清华大学出版社。

束定芳,2000,《现代语义学》,上海:上海外语教育出版社。

苏国勋(主编),1996,《当代西方著名哲学家评传》(第10卷),济南:山东人民出版社。

孙　玉,1994,Grice会话含义理论中的几个问题,《外语学刊》第4期,8—11,49。

索振羽,2000/2007,《语用学教程》,北京:北京大学出版社。

王传经,1995,H. P. Grice的意向意义理论述评(上),《外语教学与研究》第1期,39—44。

——1995,H. P. Grice的意向意义理论述评(下),《外语教学与研究》第2期,17—21。

——1996,再论H. P. Grice的意向意义理论,《外语学刊》第3期,8—13。

王宏军、何　刚,2011,Grice合作原则的哲学轨道,《当代外语研究》第11期,12—16。

王义娜、周流溪,2004,语用意义的体验认知研究,《外语教学》第5期,90—94。

吴炳章,2009,交际博弈论。河南大学博士论文。

向明友,2008,语用三律,《外语教学》第2期,1—5。

熊学亮,2007,《语言使用中的推理》,上海:上海外语教育出版社。

熊学亮、曲卫国(编),2007,《语用学采撷》,北京:高等教育出版社。

徐盛桓,2002,关联原则与优化思维,《外国语》第3期,2—10。

徐盛桓,2006,常规推理与"格赖斯循环"的消解,《外语教学与研究》第3期,163—170。

徐盛桓,2013,白首变法,好个江天,《当代外语研究》第6期,1—5。

徐思益,1991,重视语用学的研究,《语言与翻译》第1期,15—20。

徐友渔、周国平、陈嘉映、尚杰,1996,《语言与哲学:当代英美与德法传统比较研究》,北京:三联书店。

亚里士多德,苗力田译,2003,《尼各马科伦理学》,北京:人民大学出版社。

杨善华、谢立中(主编),2005,《西方社会学理论》(上卷),北京:北京大学出版社。

姚晓东,2010,Grice 会话含义理论的伦理学基础,《语言学研究》(第 8 辑),北京:高等教育出版社,40—49。

姚晓东,2012a,Kasher 对合作原则的修订:反叛还是拯救?《外语学刊》,第 2 期。

姚晓东,2012b,Grice 意义理论中的意向与规约,《外语与外语教学》,第 3 期。

姚晓东,2012c,合作原则的层次性再思考,《北京航空航天大学学报》(哲社版),第 3 期。

姚晓东,2014,合作:在原则与准则之间,《语言学研究》第 15 辑。北京:高等教育出版社。

姚晓东、秦亚勋,2012,语用学理论建构中的理性思想及其反拨效应,《现代外语》第 4 期,338—345。

叶 闯,2006,《理解的条件:戴维森的解释理论》,北京:商务印书馆。

叶 辛,1992,《孽债》,南京:江苏文艺出版社。

詹敬秋,2007,理由与意义:Paul Grice 的意义理论研究。苏州大学硕士论文。

张德岁,2009,合作原则研究综述,《江淮论坛》第 4 期,135—140。

张华夏,2001,主观价值和客观价值的概念及其在经济学中的应用,《中国社会科学》第 6 期,24—33。

张妮妮,2008,《意义,解释和真》,北京:中国社会科学出版社。

张绍杰,1997,第五届国际语用学大会,《外语教学与研究》第 1 期,74—76。

周流溪,1998,近五十年来语言学的发展(下),《外语教学与研究》第 1 期,29—34。